УДК 130.122
ББК 87.3

Лайтман М.
Осягнення Вищіх світів/ Міхаель Лайтман – Laitman Kabbalah Publishers, 2017. – 304 с.
Надруковано в Ізраїлі.

Laitman M.
Comprehension of the Higher Worlds/ Michael Laitman – Laitman Kabbalah Publishers, 2017. – 304 pages.

ISBN 978-1-77228-020-3

Хто я і для чого існую?
Звідки я, куди йду я, для чого з'явився в цьому світі?
Можливо, що я вже тут був?
Чи прийду я знову в цей світ?
Чи можу я пізнати причини того, що відбувається зі мною?
Чому приходять страждання в цей світ і чи можна їх уникнути?
Як знайти спокій, задоволення, щастя?

Кабала відповідає на ці питання однозначно: тільки в осягненні духовного світу, всієї світобудови, можна ясно побачити причини того, що відбувається з нами, наслідки всіх наших вчинків, активно керувати своєю долею.
Методика осягнення духовного світу називається «кабала». Кабала дозволяє кожному ще за життя в цьому світі відчути і зрозуміти духовний світ, що керує нами, жити в обох світах. Це дає людині абсолютне пізнання, впевненість, щастя.

ISBN 978-1-77228-020-3

Copyright [c] 2017 by Laitman Kabbalah Publishers
1057 Steeles Avenue West, Suite 532
Toronto, ON M2R 3X1, Canada
All rights reserved

Міхаель Лайтман

ОСЯГНЕННЯ ВИЩІХ СВІТІВ

Передмова

Серед усіх книг і записів, котрими користувався мій Рав Адмор Барух Шалом Алеві Ашлаг (РАБАШ), був один зошит, якого він завжди тримав при собі. В цьому зошиті ним були зібрані бесіди його батька, найвизначнішого кабаліста 20 сторіччя Рабі Єгуди Лева Алеві Ашлага, рава Єрусалима, автора 21-томного коментаря на Книгу Зоар, 6-томного коментаря на книги великого АРІ та багатьох інших книг з кабали.

Відчувши нездужання, пізнім вечором, будучи вже у постелі, він підкликав мене і передав мені цього зошита зі словами: «Візьми та вчись по ньому». Назавтра рано вранці мій Учитель помер у мене на руках, залишивши мене і багатьох учнів без поводиря в цьому світі.

Він казав: «Я мрію навчити тебе звертатися не до мене, а до Творця – до єдиної сили, єдиного джерела всього існуючого, до того, хто справді може тобі допомогти і чекає від тебе прохання про це. Допомогти у пошуку шляху визволення із клітки цього світу, допомогти в духовному піднесенні над нашим світом, у пошуках самого себе, свого призначення, – тільки Творець, котрий сам посилає тобі всі ці прагнення, аби ти звернувся до Нього, може дати відповідь і допомогти».

У цій книзі я спробував передати деякі із записів того зошита, як вони прозвучали мені. Неможливо передати те, що написано, а лише те, що прочитано, адже кожен, згідно із властивостями своєї душі, зрозуміє на власний розсуд такі записи, бо вони відображають почуття кожної душі від взаємодії з Вищим світлом.

З питань учнів у багатьох країнах світу, з питань, які були задані на заняттях, лекціях, у радіобесідах, в листах з усього світу, виявилася необхідність у цій книжці.

Складність викладу і вивчання кабали полягає в тому, що духовний світ не має подоби в нашому світі. І, навіть, якщо об'єкт вивчання стає зрозумілим, – то тимчасово, оскільки сприймається у духовній частині нашої свідомості, котра постійно оновлюється з неба. І тому матеріал, який раніше був опанованим, знову постає перед людиною як абсолютно незрозумілий.

Залежно від настрою та духовного стану текст може здаватися читачеві то сповненим глибокого змісту, то зовсім беззмістовним.

Не слід впадати у відчай, коли знову є незрозумілим те, що вчора було таким ясним. Не слід впадати у відчай, що текст взагалі незрозумілий, здається дивним, нелогічним і т.п. Кабалу вчать не для того, щоб теоретично знати, а для того, щоби почати бачити та відчувати, а особисте споглядання і осягнення духовних сил, світла, ступенів дадуть абсолютне знання!

Допоки людина сама не отримає вищого світла, відчуття духовних об'єктів, вона не зрозуміє, як влаштована і діє світобудова, бо аналогів тому, що вивчається, в нашому світі немає.

Перші кроки на шляху саме до відчуття духовних сил допоможе здійснити ця книга. А потім, звичайно, без прямої допомоги вчителя не обійтись.

Книга не поділена на глави тому, що мовить тільки про одне – про пошуки шляху до Творця. Назви фрагментів чи номери їм може дати сам читач.

Рекомендовано не читати у звичному розумінні слова, а, проглянувши який-небудь абзац, обмірковувати його, добираючи до нього всілякі приклади з життя та включаючи свої власні переживання, наполегливо й неодноразово продумувати речення, намагаючись увійти до відчуттів автора, повільно читати, відчуваючи смак мовленого, повертатися до початку фрази.

Це допоможе увійти в оповідь своїми почуттями або пережити відсутність відчуттів, – що також є необхідним попереднім етапом духовного розвитку.

Книга написана зовсім не для побіжного читання, а **для глибокого відчуття** власної реакції. Тому, хоча каже вона тільки про одне, – ставлення до Творця, – каже про це в різних формах, аби кожен міг знайти потрібну йому фразу, слово, з котрого зможе почати йти вглиб тексту.

Хоча в книзі описані бажання і дії егоїзму у третій особі, але доки людина неспроможна відокремити чуттєво свою свідомість від бажань, вона сприймає спонукання та бажання егоїзму як «свої».

Читання повинно бути багаторазовим, у будь-яких станах та різних настроях, аби краще пізнати себе і свої реакції та погляди на один і той же текст. Незгода з прочитуваним так само є позитивною, як і згода, **головне – переживати текст**, а почуття незгоди означає попередній ступінь пізнання.

Саме у підсумку повільного переживання описуваних станів розвиваються необхідні для відчування духовних сил почуття (келім), до яких потім зможе увійти Вище світло, котре поки що є навколо нас невідчутним нами, але оточує наші душі.

Книга написана не для знання, не для запам'ятовування. Читач в жодному випадкові не повинен перевіряти себе, – що ж залишилося у нього в пам'яті від прочитаного. Добре, якщо все забувається і текст, який прочитаний повторно, здається абсолютно незнайомим.

Це свідчить про те, що людина цілком заповнила попередні почуття, і вони відійшли, звільнивши місце роботі, – заповненню новим, незвіданим почуттям. Процес розвитку нових органів чуттів постійно поновлюється і акумулюється в духовній, невідчутній сфері душі.

Тому головне – як відчуває себе читач у тому, що читає, **під час читання**, а не після нього: почуття звідані, і вони проявляються всередині серця та в розумі за потребою для подальшого розвитку даної душі.

Не поспішайте закінчити книгу, вибирайте ті місця, де книга каже про вас, – тоді лише вона зможе вам допомогти і стати першим провідником у пошуках свого особистого духовного сходження.

Мета книги – допомогти читачеві зацікавити самого себе причиною свого народження, можливістю реального виходу в духовні світи, можливістю пізнання мети творіння, явного відчуття Творця, вічності, безсмертя.

Осягнення Вищих світів

*Якщо тільки звернемо увагу на всім відоме питання, впевнений я, що всі ваші сумніви щодо необхідності вивчання кабали, зникнуть, – питання гірке, справедливе, що його задає кожен народжений на землі: «**У чому сенс мого життя?**»*

Бааль Сулам

Покоління продовжують змінювати одне одного на цій планеті, але кожне покоління, кожна людина запитує себе про смисл життя, особливо під час війн, глобальних страждань чи смуг невдач, що проносяться над кожним із нас. В ім'я чого наше життя, – таке коштовне для нас, його незначні радості, коли відсутність страждань уже здається нам щастям?

Воістину справедливо сказано: «Не по своїй волі ти народився, не по своїй волі ти живеш, не по своїй волі ти помираєш». Кожному поколінню призначена його гірка чаша. Ми належимо до покоління, життя якого сповнене турбот і страждань, невлаштованості, яке не знайшло себе, і тому питання про смисл життя відчувається ним особливо гостро. Воістину, наше життя важче смерті, і недаремно сказано: «Не по своїй волі ти живеш...».

Природа нас сотворила, і ми змушені існувати з тими властивостями, котрі в нас є, як напіврозумні істоти: розумні в тому лише, що можемо усвідомити: ми діємо в силу тих рис характеру і властивостей, з котрими ми створені, але йти проти цього не можемо.

А якщо ми віддані під владу природи, то невідомо, куди ще заведе нас ця дика, нерозумна природа, зіштовхуючи постійно одну людину з іншою, і цілі народи між собою, у злісній боротьбі в ім'я перемоги інстинктів, як диких звірів. Та десь підсвідомо з цим поглядом не погоджується наше уявлення про себе як про розумних істот.

Якщо ж існує Вища сила, що створила нас, – чому ми не відчуваємо її, чому вона криється від нас? Адже якби ми знали, чого вона від нас хоче, ми б не робили помилок у житті і не отримували б на покару страждань!

Наскільки простіше було б жити, якби Творець не крився від нас, а явно був би відчутним або видимим кожному. Не було б ніяких сумнівів у Його існуванні, можна було б бачити і відчувати на собі й на довколишньому світові Його керівництво, усвідомити причини й мету нашого створення, бачити наслідки наших вчинків, Його реакцію на них; заздалегідь у діалозі з Ним з'ясовувати всі наші проблеми, просити допомоги, шукати захисту і ради, скаржитись і просити пояснень, – навіщо Він так чинить із нами; питати порад на майбутнє, постійно у зв'язку з Творцем і у злагоді з Ним змінювати себе, аби було би до вподоби Йому та хороше нам.

Як діти з моменту народження відчувають матір (а Творець відчувався б не менш близько, бо людина відчувала б Його як джерело свого народження, свого батька, причину свого існування і своїх майбутніх станів), так уже «з пелюшок» ми могли б постійно спілкуватися з Творцем і вчитися правильно жити, бачачи Його реакцію на свої вчинки і, навіть, на свої наміри.

Відпала би потреба в урядах, у школах, у вихователях, все звелося б до чудового, простого існування народів в ім'я всім явної мети – духовного зближення з явно відчутним і видимим Творцем.

Усі б керувалися в своїх діях явно видимими духовними законами, законами дії духовних світів, що називаються заповідями, котрі б усі природно виконували, оскільки бачили б, що інакше вони завдають собі шкоди, – як, наприклад, людина не стрибне у вогонь чи з висоти, знаючи, що цим негайно нашкодить собі.

Якби всі явно бачили Творця і його управління нами, світом, світобудовою, нам не було б важко виконувати найтяжчу роботу, знаючи, який великий зиск є від неї.

Наприклад, – безкорисливо віддавати все, що є в нас, незнайомим і далеким від нас людям, зовсім не думаючи про себе ні сьогодні, ні на майбутнє; бо ми бачили б горішнє управління, – які корисні наслідки є від наших альтруїстичних вчинків, наскільки всі ми у володарюванні доброго й вічного Творця.

Наскільки було б природно (і як це протиприродно і неможливо у нашому нинішньому становищі прихованого управління) всією душею віддатися Творцю, віддати під його владу свої думки, бажання, не оглядаючись і без перевірки бути такими, як Він захоче; абсолютно не турбуватися про себе ні миті, цілком відірватися подумки від себе, наче взагалі перестати себе відчувати; перенести всі свої відчуття поза себе, неначе на Нього, спробувати вселитися в Нього, жити Його почуттями, думками, бажаннями.

Із усього сказаного ясно, що в нашому світі нам не вистачає тільки одного – відчуття Творця!

Тому тільки в цьому людина повинна бачити свою мету в нашому світі і лише в ім'я цього повинна докласти всіх своїх зусиль, бо тільки відчуття Творця є її порятунком, – як від усіх нещасть цього життя, так і від духовної смерті, в ім'я душевного безсмертя, без повернення у цей світ. Методика пошуку відчуття Творця називається кабалою.

Відчуття Творця називається вірою. Характерною є масова похибка в розумінні цього слова, адже практично всі вважають, що віра означає шлях потемки, не бачачи і не відчуваючи Творця, тобто розуміють це слово у прямо протилежному сенсі. За кабалою світло Творця, яке наповнює людину, світло зв'язку з Творцем, відчуття злиття (ор хасадім) називається «світлом віри» або просто вірою.

Віра, світло Творця, дає людині відчуття зв'язку з вічним, розуміння свого Володаря, відчуття повного, ясного спілкування з Творцем, почуття абсолютної безпеки, безсмертя, величі, сили.

Лише у досягненні почуття віри – наш порятунок від сповненого страждань і втомливої гонитви за скороминущими насолодами тимчасового існування.

У будь-якому випадку вся причина наших нещасть, нікчемності, тимчасовості нашого життя – тільки у відсутності відчуття Творця. Кабала закликає нас: «Спробуйте і переконайтеся, який прекрасний Творець!» («Тааму ве-реу кі-тов а-Шем»).

Мета цієї книги – допомогти читачеві подолати кілька попередніх етапів на шляху до реального відчуття Творця. Той, хто усвідомлює дійно життєву необхідність у відчутті Творця, дійде рішення вивчати кабалу з першоджерел: Книги Зоар з коментарем «Сулам», творів Арі, Вчення десяти сфирот.

Ми бачимо, скільки страждань і болю, які страшніші смерті, від дня сотворіння світу зазнало людство. І хто, якщо не Творець, – джерело цих страждань, більших, ніж смерть, – хто, якщо не Він, посилає нам це!

А скільки було за історію людства особистостей, готових на будь-які страждання заради осягнення вищої мудрості і духовного сходження, котрі добровільно взяли на себе нестерпні тягар та біль заради того, аби знайти хоча б краплину духовного відчуття і пізнати вищу силу, злитися з Творцем та знайти можливість бути його рабом!

Та всі вони безвідплатно прожили своє життя, нічого не досягнувши, залишили цей світ, як і прийшли до нього, – ні з чим…

Але чому не відповів Творець на їхні молитви, відвернувся від них, знехтував їхніми стражданнями?

І вони спочували, що Він нехтує ними! Адже вони неявно відчували, що є вища мета існування всесвіту та усіх подій, що зветься краплиною злиття людини з Творцем воєдино. І вони, ще занурені в глибини свого егоїзму, в моменти переживання ними нестерпних страждань, відчуваючи, як нехтує ними Творець, раптом сприймали, як розкривається в їхньому серці, закритому від дня створіння для відчуття істини, – в серці, що відчуває лише свій біль і своє бажання, – якийсь отвір, завдяки якому вони удостоюються почути цю жадану краплю злиття, яка проникає всередину серця крізь його розбиту стінку...

І змінюються всі їхні якості на протилежні, що подібні до Творця, і починають бачити самі, що саме в глибині цих страждань, і тільки в них, – там лише можна осягнути єдність Творця, там – Він і крапля злиття з Ним.

І в мить осягнення цього почуття, яке розкривається і заповнює їхні рани, і завдяки цим ранам відчутого та усвідомленого, саме завдяки жахливим, тим, що розпинають душу протиріччям, саме їх, усіх їх, Сам Творець заповнює безмежно прекрасним блаженством. Таким, що неможливо усвідомити щось більш досконале, – настільки, що здається їм, ніби є якась цінність у пережитих задля відчуття цієї досконалості стражданнях...

І кожна клітинка тіла переконує, що у нашому світі кожен готовий сам відрубувати собі кінцівки по кілька разів на день, аби осягти хоча б єдиний раз за життя подібне до відчутого ними блаженства, коли вони стають часткою Творця...

А причина мовчання Творця у відповідь на їхні благання в тому, що людина піклується лише про своє просування вперед, а не про звеличування Творця у своїх очах.

І тому подібна до того, хто плаче порожніми слізьми... та йде з життя, як і прийшла, адже кінець кожної тварини у забиванні, а хто не осягнув Творця, – подібний до тварини. Та коли людина піклується про звеличування Творця в своїх очах, Творець відкривається їй.

Адже крапля єдності, мета творіння, вливається в серце того, хто піклується про велич і любов Творця та стверджує з глибини серця, що все, що створив Творець, – створив для нього. І не вливається в серце того, хто егоїстично скаржиться на несправедливість Вищого управління.

Духовне не ділиться на частини, але людина осягає з цілого якусь частину, доки не осягне все ціле... Тому все залежить від чистоти прагнень, і в очищену від егоїзму частину серця, – саме в неї, – вливається духовне світло.

Якщо людина спробує подивитися осторонь на ситуації навколо нього та на стан людства, то зможе більш правдиво оцінити створіння.

І якщо насправді існує Творець, як стверджують кабалісти, – ті, хто з ним, начебто, безпосередньо спілкуються, – і Він керує всім, і Він створює нам усі ті життєві ситуації, котрі ми постійно на собі відчуваємо, то немає нічого більш розумного, ніж постійно бути зв'язаним з Ним, та якомога тісніше.

Та якщо ми спробуємо внутрішньо напружитись і відчути такий стан, то з огляду на прихованість Творця від наших почуттів, ми відчуємо себе неначе такими, що зависли у повітрі без точки опори. Адже не бачачи, не відчуваючи, не чуючи, не отримуючи ніякого сигналу в наші органи чуттів, ми немовби працюємо в один бік, – кричимо в порожнечу.

Навіщо ж Творець створив нас такими, що ми не можемо відчути Його? Більше того, навіщо Йому потрібно ховатися від нас? Чому, навіть якщо людина волає до Нього, Він не відповідає, а бажає діяти на нас приховано від нас, за ширмою природи й людей, що навколо нас?

Адже якби Він хотів нас виправити, тобто виправити Свою «помилку» у створінні, то міг би давно вже це зробити, потай чи явно. Якби Він розкрився нам, то ми б усі побачили й оцінили Його, – так, як можемо оцінити тими почуттями та розумом, з якими Він нас сотворив, і, напевне, знали б, що і як робити в цьому світі, котрий Він створив нібито для нас.

І понад це, тільки-но людина починає тягнутися до Творця, бажаючи відчути Його, зблизитись із Ним, – одразу відчуває, що її прагнення до Творця зникають. Але, якщо Творець дає нам всі наші почуття, то навіщо Він відбирає у того, хто хоче Його пізнати, це бажання, а навпаки, – ще й додає йому всіляких перешкод в його намаганнях віднайти свого Творця?

Такі спроби з боку людини зблизитись із Творцем і, у відповідь, – відмова Творця піти на зближення та заподіяння страждань тим, хто шукає Його, можуть тривати роками! Людині здається іноді, що та погорда і пиха, від котрих, як їй кажуть, вона повинна звільнитися, проявляються у Творця безмежно більшою мірою!

А на сльози і волання людина не отримує відповіді, попри ствердження, що Творець милосердний, особливо до тих, хто шукає Його. Якщо ми можемо самі щось змінити в нашому житті, значить, Він дав нам свободу волі, але не дав достатніх знань, – як уникнути страждань нашого існування та розвитку.

А якщо свободи волі немає, то чи є більш жорстоке поводження, ніж примушувати нас десятки років безглуздо страждати у створеному Ним жорстокому світі? Подібні скарги можна, звичайно, продовжити до безкінечності, бо якщо Творець є причиною нашого становища, то нам є за що Його критикувати і звинувачувати, – що наше серце й робить, коли відчуває такі почуття.

Адже якщо людина незадоволена будь-чим, – цим своїм почуттям вона вже, навіть не звертаючись до Творця, звинувачує Його. Навіть якщо не вірить в існування Творця, – адже Творець бачить усе, що коїться в серці людини.

Кожний із нас правий у тому, що він стверджує, – що б він не стверджував, – бо стверджує те, що відчуває на той момент своїми почуттями і аналізує своїм розумом. Хто має великий життєвий досвід, знає, наскільки змінювалися його погляди протягом минулих років.

І неможна сказати, що раніше він був неправий, а сьогодні правий. Бо стверджуючи таким чином, він мусить зрозуміти, що його сьогоднішня точка зору також є невірною, у чому переконається завтра. Тому в кожному своєму стані людина робить висновки, – і вони є вірними для того стану, та можуть бути зовсім протилежними її висновкам, зробленим в інших станах.

Так і ми, – не можемо міркувати про інші світи, їхні закони, судити про їхні якості з точки зору своїх сьогоднішніх критеріїв, критеріїв нашого світу. В нас немає неземного розуму, неземних почуттів, неземних понять, і тому ми неспроможні судити про щось невідоме та схвалювати рішення. Адже ми бачимо, що, навіть у рамках нашого світу, ми постійно помиляємось.

Судити про неземне може той, хто володіє неземними властивостями. Якщо він водночас знає й наші властивості, то може хоча б приблизно щось розказати нам про неземне. Таким може бути тільки кабаліст – людина нашого світу, яка створена з тими ж властивостями, що й кожний з нас, і, водночас, така, що отримала згори інші властивості, які дозволяють їй розказати про те, – що ж там, у тому іншому світі, відбувається.

Ось чому Творець дозволив декотрим кабалістам розкритися перед широким загалом – для того, щоб допомогти ще декотрим прилучитися до Нього. Кабалісти пояснюють нам мовою, зрозумілою нашому розуму, що в духовному, неземному світі розум влаштований та діє за іншими законами. Ці закони є протилежними нашим.

Немає ніякої стіни між нашим і неземним, духовним світом. Але саме те, що духовний світ – це «антисвіт» за своїми властивостями, робить його невідчутним для нас, – настільки, що, народжуючись у нашому світі, тобто отримуючи його природу, ми зовсім забуваємо про свій попередній «антистан».

Зрозуміло, що відчути цей антисвіт можна, якщо людина набуває його природу, його розум, його властивості. Як і в чому ми повинні змінити нашу природу на протилежну?

Основний закон духовного світу – абсолютний альтруїзм. Як може людина набути цієї властивості? Кабалісти пропонують здійснити цей внутрішній переворот дією, що називається «віра вище розуму». Оскільки наш «здоровий глузд» є основним інструментом наших вчинків, то здається, людина не в змозі повністю анулювати його докази і спробувати, замість цього, коли ноги без опори у вигляді здорового глузду «повисають у повітрі», схопитися обома руками за Творця. Бо не бачить у такому стані своїм розумом, як вона може порятуватися від загрозливих обставин, котрі їй «підкидає» Творець, а в безнадійному намаганні вирішити питання «повисає в повітрі» без опори і розумної відповіді, – що ж із нею коїться.

Та якщо людина спроможна подумки, обома руками, – незважаючи на критичний підхід розуму та радіючи наданій можливості, – ухопитися за Творця, може хоч на мить витримати такий стан, – то бачить, який він чудовий: що саме в такому стані вона перебуває в істинній, вічній правді, котра не зміниться назавтра, як всі її погляди у минулому, тому що зв'язана з вічним Творцем, і тільки крізь цю істину дивиться на всі події.

Як вже не раз згадувалося у попередніх книгах, просування вперед можливе лише по трьох паралельних лініях одночасно, де права лінія називається «віра», ліва – «усвідомлення, осягнення». І ці дві лінії перебувають у протиріччі, оскільки взаємно заперечують одна одну. І тому врівноважити їх можливо тільки за допомогою середньої лінії, що складається із правої та лівої одночасно, – лінії такої духовної поведінки, коли використовується розум лише у відповідності з величиною віри.

Всі духовні об'єкти, в мірі свого послідовного народження від Творця, неначе нашаровуються, «вдягаються» на Нього. Все, що нашарувалося у світобудові на Творці, існує лише відносно створінь, і все це – породження первісного створіння, яке називається «малхут».

Тобто всі світи і всі створіння, – все, крім Творця, – є єдиним створінням, і це – малхут, яка називається коренем, джерелом всіх створінь, яке потім розпадається на безліч дрібних своїх частинок. І всі вони разом називаються «шхіна». А світло Творця, Його присутність, Він сам, Який заповнює шхіну, зветься «шохен».

Час, який потрібний для повного заповнення всіх частин шхіни, називається часом виправлення («зман тікун»). За цей час створіння виконують виправлення своїх частин малхут, кожне – своєї частини, з якої воно створене.

А до того моменту, поки Творець не зможе повністю злитися зі створіннями, – тобто не проявиться повною мірою, поки шохен не заповнить шхіну, – стан створінь, які його утворюють, називається «вигнанням шхіни» (від Творця, «ґалут шхіна»), бо ж у такому стані немає у вищих світах довершеності.

І в нашому, найнижчому зі світів, в котрому також кожне зі створінь повинне повністю відчути Творця, поки що кожен зайнятий постійною гонитвою за угамуванням дрібних бажань нашого світу й наосліп йде за вимогами свого тіла.

Такий стан душі називається «шхіна у попелі», коли кожен уявляє собі духовно чисті насолоди як вигадку і нісенітницю, і такий стан зветься «стражданням шхіни».

Всі страждання людини походять із того, що її примушують згори геть відмовитись від здорового глузду та йти наосліп, поставивши віру вище розуму.

І чим більшими є в людини розум та знання, чим вона сильніша й розумніша, тим важче їй іти шляхом віри і, відповідно, – тим більше страждає, відкидаючи здоровий глузд.

І в жодному випадкові не може погодитись із Творцем, котрий обрав саме такий шлях духовного розвитку, – проклинає в серці необхідність такого шляху і не може ніякими силами самопереконання виправдати Творця. І не може витримати такого стану без всякої опори, доки не допоможе їй Творець і не розкриє всю картину світобудови.

Якщо людина перебуває у стані духовного піднесення, коли всі її бажання спрямовані тільки до Творця, – це найбільш сприятливий час заглибитися у книги з кабали, щоби спробувати зрозуміти їхній внутрішній зміст.

І хоча бачить, що попри всі її зусилля вона не розуміє нічого, все одно, – необхідно навіть сотні разів заглиблюватися у вивчання кабали і не впадати у відчай від того, що нічого не розуміє.

Сенс цих зусиль у тому, що прагнення людини збагнути таємниці Тори – є її молитвою про те, щоб розкрився їй прояв Творця, щоби

Творець заповнив це прагнення. Причому сила молитви визначається величиною прагнень людини.

Є правило: витрачені зусилля збільшують бажання отримати те, до чого прагнемо, і величина його визначається стражданням від відсутності бажаного. Самі ж страждання, – без слів, одним відчуттям у серці, – є молитвою.

З цього стає зрозумілим, що лише після великих зусиль досягти бажаного людина є здатною настільки щиро вмолитися, що отримає жадане.

Та якщо під час спроб заглибитись у книгу серце не бажає звільнитися від сторонніх думок, то й розум не в змозі заглибитись у вивчення, бо тільки за бажанням серця працює розум.

Але щоби сприйняв Творець молитву, вона мусить бути з глибини серця, – тобто лише на цьому повинні бути зосереджені всі бажання людини. І тому мусить сотні разів заглиблюватись у текст, навіть не розуміючи нічого, аби дійти до істинного бажання, – бути почутою Творцем.

А істинне бажання – це таке, в котрому більше немає місця ні для якого іншого бажання. Разом із тим, під час вивчання кабали людина вивчає дії Творця, і тому зближається з Ним і поступово стає гідною відчути те, що вона вчить.

Віра, тобто відчуття Творця, мусить бути такою, щоби людина спочувала, що вона стоїть перед Царем всесвіту, – тоді, безсумнівно, проймається необхідним почуттям любові і страху.

А поки не досягла такої віри, – не повинна заспокоюватись, бо лише таке почуття дає їй право на духовне життя і не дозволить скотитися в егоїзм та знову стати споживачем насолод.

Причому потреба в такому відчутті Творця мусить бути постійною, поки не стане звичкою людини, – як постійний потяг до предмета любові, який не дає жити.

Але все оточення людини зумисне гасить в ній цю потребу, оскільки отримання насолоди від будь-чого відразу ж зменшує біль відчуття духовної порожнечі.

Тому при отриманні насолод нашого світу необхідно контролювати, – а чи не гасять ці насолоди потребу у відчутті Творця, чи не крадуть у неї таким чином вищі відчуття.

Взагалі, внутрішня необхідність відчути Творця властива лише людині, – причому не кожному, хто має зовнішній вигляд людини. І ця необхідність витікає з потреби людини зрозуміти, хто вона така, осмислити себе і своє призначення в світі, джерело свого походження. Саме пошук відповідей на питання про себе приводить нас до необхідності шукати джерело життя.

І ця необхідність примушує нас якими завгодно зусиллями розкривати всі таємниці природи, не залишаючи жодної, ні в нас самих, ні в нашому оточенні. Але лише прагнення осягти Творця є істинним тому, що Він є джерелом всього, а головне – нашим Володарем. Тому, навіть якби людина була в нашому світі одна, чи перебувала б в інших світах, все одно, – пошук себе привів би її до пошуку Творця.

Є дві лінії у сприйнятті впливу Творця на Його створіння. Правою лінією називається особисте управління Творця кожним із нас, незалежно від наших вчинків.

Лівою лінією називається управління Творця кожним із нас залежно від наших вчинків, або, іншими словами, – покарання за погані вчинки та винагорода за хороші.

Коли людина вибирає для себе час перебувати у правій лінії, вона повинна сказати собі, що все, що відбувається, – відбувається тільки за бажанням Творця, за Його планом, і нічого від самої людини не залежить. У такому випадку немає в неї ніяких провин, але й заслуг також, – всі її вчинки вимушені, під дією тих прагнень, котрі вона отримує ззовні.

І тому повинна людина дякувати Творцеві за все, що отримала від Нього. А усвідомивши, що Творець веде її у вічність, може відчути любов до Творця.

Просуватися вперед можна лише при правильному поєднанні правої та лівої ліній, точно посередині них. Якщо, навіть, почав із правильно обраної вихідної точки правильно просуватись, але не знає точно, яким способом постійно перевіряти і коректувати свій напрямок, – неодмінно зійде вбік від правильного напрямку праворуч чи ліворуч.

І більше того, відхилившись навіть на міліметр убік в однієї з точок свого шляху, хоч і продовжить далі весь шлях у правильному напрямку, з кожним кроком його помилка зростатиме, і все більше відхилятиметься від мети.

До сходження вниз по духовних сходинах наша душа є часткою Творця, Його маленькою точкою. Ця точка називається коренем душі. Творець вміщує душу в тіло, аби, перебуваючи в ньому, вона піднялася разом із бажаннями тіла і знову злилася з Творцем.

Іншими словами, наша душа вміщується в наше тіло, що називається народженням людини в нашому світі, для того, щоб, перемагаючи бажання тіла, незважаючи на них, ще за життя людини в цьому світі, піднятися до того рівня, котрим вона володіла ще до спуску в наш світ.

Переборюючи бажання тіла, душа досягає того ж духовного рівня, з котрого вона спустилась, осягає в багато разів більші насолоди, ніж у своєму початковому стані, будучи частиною Творця, та з точки перетворюється в об'ємне духовне тіло, яке є в 620 разів більшим, ніж початкова точка, до свого спуску в наш світ. Таким чином, у своєму завершеному стані духовне тіло душі складається з 620 частин, або органів. Кожна частина, або орган, зветься «заповіддю». Світло Творця чи Сам Творець (що являє собою одне й те ж), який заповнює собою кожну частину душі, зветься «Торою».

Істинний шлях до цієї мети пролягає по середній лінії, сутність якої у сполученні в одному понятті трьох складових:
– людина, котра прагне повернутися до Творця;
– Творець – мета, до котрої прагне людина;
– шлях, йдучи яким людина може досягти Творця.

Як мовилося вже не раз, крім Творця не існує нікого, а ми – це щось створене Ним з відчуттям власного існування. В міру свого духовного піднесення людина виразно це усвідомлює і відчуває.

А всі наші, – тобто такі, що ми сприймаємо як свої власні, – відчуття – це створені Ним в нас реакції на Його вплив; тобто, зрештою, наші відчуття – це ті почуття, котрі Він хоче, аби ми відчували.

Але поки людина не досягла абсолютного осягнення цієї істини, три об'єкти світобудови, – людина, її шлях до Творця і сам Творець, – сприймаються нею не як єдине ціле, а як три окремих об'єкти.

Досягнувши ж останнього ступеня свого духовного розвитку, тобто піднявшись до того ступеня, з котрого спустилася її душа, але вже будучи обтяжена бажаннями тіла, людина цілком осягає всього Творця в своєму духовному тілі, яке приймає всю Тору, все світло Творця, Самого

Творця. І, таким чином, три раніше відокремлених у відчуттях людини об'єкти, – людина, шлях її та Творець зливаються в один об'єкт, – духовне тіло, заповнене світлом.

Тому для правильного просування вперед учень повинен постійно перевіряти себе – чи прагне з рівною силою бажання до всіх трьох, поки що розділених у його сприйнятті, об'єктів уже на початку шляху, – немовби вже від початку поєднуючи їх в один, якими вони й мають постати перед ним в кінці шляху та якими вони і є зараз, однак лише з огляду на свою недосконалість він їх такими ще не відчуває.

І якщо прагнутиме до одного з них більше, ніж до іншого, – відразу ж збочить з істинного шляху. Найлегша ж перевірка істинності шляху, – а чи прагнув він зрозуміти властивості Творця, аби злитися з Ним.

«**Я**кщо не я собі, – то хто допоможе мені, а якщо тільки я, – то ж нікчема я». Це суперечливе твердження містить у собі ставлення людини до своїх зусиль досягти мети, до котрої вона прагне: хоча людина повинна стверджувати, що якщо не вона, то хто ж допоможе їй, та діяти за принципом винагороди за гарні вчинки і покарання за погані, з упевненістю, що є прямі наслідки від її вчинків, і вона сама буде своє майбутнє, але, водночас, каже собі: «хто я такий, щоб допомогти самому собі вибратися зі своєї ж природи, і ніхто з оточення не в змозі мені допомогти».

Та якщо все відбувається за планом управління Творця, – який зиск людині від її зусиль? Справа в тому, що в результаті особистої роботи за принципом винагороди і покарання людина отримує згори усвідомлення управління Творця та піднімається на ступінь свідомості, коли ясно їй, що всім керує Творець і все заздалегідь передбачено.

Але до цього ступеня людина спочатку повинна дійти, і не може, ще не досягнувши його, вже стверджувати, що все у владі Творця. А до досягнення такого стану вона не може в ньому жити і за його законами діяти, адже не в такий спосіб вона відчуває управління світом, – тобто людина мусить діяти тільки за тими законами, котрі вона відчуває.

І тільки в результаті зусиль людини в роботі за принципом «винагорода і покарання» вона заслуговує повного довір'я Творця і заслуговує побачити істинну картину світу і управління ним. І лише тоді, – хоча й бачить, що все залежить від Творця, – прагне сама назустріч Творцеві.

Не можна вилучити егоїстичні думки та бажання і залишити своє серце порожнім. Лише заповнюючи його замість егоїстичних бажань духовними, альтруїстичними прагненнями, можна замінити колишні бажання на протилежні й анулювати егоїзм.

Той, хто любить Творця, неодмінно відчуває відразу до егоїзму, адже явно відчуває на собі шкоду від будь-якого його прояву, і не бачить, яким шляхом може звільнитися від нього, та явно усвідомлює, що це не в його силах, оскільки цієї властивості сам Творець надав своїм створінням.

Позбутися егоїзму людина сама не спроможна, але наскільки вона усвідомлює, що егоїзм – її ворог та духовний вбивця, настільки вона зненавидить його, і тоді Творець зможе допомогти їй позбутися ворога, настільки, що навіть егоїзмом вона зможе користуватися із зиском для духовного піднесення.

Мовлено в Торі: «Я створив світ тільки для абсолютних праведників або для абсолютних грішників». Те, що світ створений для праведників, – нам зрозуміло, але не зрозуміло, чому він не створений для незакінчених праведників чи для незакінчених грішників, а ось для абсолютних грішників, – для них створював всю світобудову Творець?

Людина мимоволі погоджується з управлінням Творця відповідно до того, яким воно їй видається: як хороше і добре, – якщо відчуває його приємним, чи як погане, – коли страждає. Тобто, яким людина відчуває наш світ, таким вона й вважає Творця, – добрим чи поганим.

І в цьому відчутті управління Творця світом можливі лише два стани: людина відчуває Творця, – і тоді все здається прекрасним, – або їй здається, що немає управління Творця світом, а світом керують сили природи. І хоча розумом тямить, що це не так, але почуття вирішують ставлення людини до світу, а не розум, і тому вважає себе за грішника, бачачи різницю між почуттями і розумом.

Розуміючи, що бажання Творця натішити нас, – що є можливим лише при наближенні до Творця, – людина, якщо відчуває віддалення від Творця, це сприймається нею як погане, і вона вважає себе грішником.

Та якщо людина відчуває себе грішником настільки, що мимоволі кричить Творцю про свій порятунок, щоби розкрився їй Творець і цим дав сили вийти із клітки егоїзму в духовний світ, то Творець негайно допомагає їй.

Саме для таких станів людини і створений наш та всі вищі світи, аби, дійшовши стану абсолютного грішника, людина заволала до Творця, піднялася би до рівня абсолютного праведника.

Тільки людина, яка звільнилася від зарозумілості та відчула власне безсилля і ницість своїх прагнень, стає гідною відчути велич Творця.

І чим важливішою є для неї близькість Творця, тим більше вона відчуває Його, оскільки тим більше вона може відшукати відтінків у проявах Творця їй; а захоплення породжує почуття серця, і відтак у неї виникає радість.

Тому, якщо людина бачить, що нічим не краща за інших, які не заслужили такого особливого ставлення Творця, котре переживає вона, і які навіть не здогадуються про взаємозв'язок з Творцем та, навіть, не помишляють відчути Творця і усвідомити смисл життя й духовного просування, – а вона заслужила, невідомо як, особливого ставлення до себе тим, що Творець дає їй можливість хоча б іноді згадувати про мету життя і зв'язок з її Творцем, – якщо вона здатна оцінити унікальність і неповторність ставлення Творця до неї, – вона осягає відчуття безмежної вдячності і радості.

І чим більше може оцінити особливість удачі, тим більше може дякувати Творцеві, тим більше може відчути різноманітних відтінків почуттів у кожній точці і миті свого контакту з Вищим, тим більше може оцінити й велич духовного світу, що їй розкривається, і велич та могутність всесильного Творця, тим з більшою впевненістю вона передчуває майбутнє злиття з Творцем.

Дивлячись на несумісну різницю властивостей Творця та створіння, неважко зробити висновок, що їхня збіжність можлива за умови, що людина викорінить свою природу абсолютного егоїзму. У такому випадку вона ніби не існує, і немає нічого, що би відокремлювало її від Творця.

Тільки відчуваючи в собі, що без отримання духовного життя вона помирає, – як помирає наше тіло, втрачаючи життя, – і що жадібно бажає жити, людина отримує можливість увійти в духовне життя і вдихнути духовне повітря.

Але яким шляхом можна дійти такого стану, коли повне визволення з тенет власних інтересів і турбот про себе та прагнення всіма силами роздати себе стане метою всього життя, аж до того, що без досягнення цієї мети виникає відчуття смерті?

Досягнення подібного стану приходить поступово за принципом зворотного впливу: чим більше людина докладає зусиль у пошуках духовного шляху, у вивчанні, в спробах штучно спадкувати духовним об'єктам, – тим вона все більше переконується, що не в змозі своїми силами досягти цього.

Чим більше вона вивчає важливі для духовного розвитку джерела, тим заплутаніше сприймається те, що вона вивчає. Чим більше зусиль вона докладає в намаганнях ставитись до своїх керівників і товаришів у навчанні краще, – якщо вона справді просувається духовно, – тим більше вона відчуває, як всі її вчинки продиктовані абсолютним егоїзмом.

Такі результати породжує принцип «бити, поки не захоче сам»: людина може позбутися егоїзму лише, якщо вона бачитиме, як егоїзм умертвляє її, не дозволяючи почати жити справжнім, вічним та сповненим насолод життям. Ненависть до егоїзму відриває його від людини.

Головне – це бажання всього себе віддати Творцю з усвідомлення величі Творця. (Віддати себе Творцю – означає розлучитись із власним «я».) І тут людина мусить уявити собі, в ім'я чого їй варто працювати в цьому світі: в ім'я скороминучих цінностей чи в ім'я вічних. Адже нічого навічно не залишається зі зробленого нами, – все зникає. Вічними є лише духовні структури, – тільки альтруїстичні думки, дії, почуття.

Тобто, прагнучи своїми думками, бажаннями і зусиллями бути схожою на Творця, людина в дійсності творить цим власну будову вічності.

Йти цим шляхом, віддаючи себе Творцеві, можливо тільки, якщо усвідомлюєш велич Творця. І це подібно до того, як у нашому світі, коли хтось у наших очах виглядає великим, – такій людині ми із задоволенням зробимо послугу та вважатимемо, що не ми для нього зробили щось, а він, погодившись прийняти щось від нас, виявив до нас знаки уваги, і наче дав нам, хоча прийняв від нас.

Із цього прикладу видно, що внутрішня мета може змінювати сенс зовнішньої механічної дії, – брати чи давати, – на протилежний. Тому тією мірою, в якій людина звеличує в своїх очах Творця, – тією ж мірою вона може віддавати Йому свої думки, бажання і зусилля, і при цьому відчуватиме, що не віддає, а отримує від Творця, – отримує можливість зробити послугу, можливість, котрої удостоюються одиниці в кожному поколінні.

Отже, основне завдання людини – звеличити в своїх очах Творця, тобто придбати віру в Його велич та могутність, і це – єдина можливість вийти із клітки егоїзму у вищі світи.

―

Як зазначено вище, причиною того, що людина відчуває такий непосильний тягар у той час, коли хоче йти шляхом віри і не турбуватись про себе, є почуття, наче вона одна віддаляється від усього світу і, наче, підвішена у порожнечі без будь-якої опори у вигляді здорового глузду, розуму та попереднього життєвого досвіду, і наче залишає своє оточення, сім'ю та друзів в ім'я злиття з Творцем.

Вся причина такого почуття, яке виникає в людини, – тільки у відсутності віри в Творця, – тобто відсутності відчуття Творця, Його наявності та управління всіма створіннями, тобто – у відсутності самого об'єкта віри.

Але тільки-но починає відчувати наявність Творця, відразу ж готова цілком віддатися Його владі та йти із заплющеними очима вслід за своїм Володарем, і готова до останку розчинитися в Ньому, нехтуючи розумом у найприроднішій спосіб.

І тому найголовніше завдання людини – відчути Творця! Отже варто віддати всю свою енергію і думки в ім'я того, аби відчути Творця, оскільки відразу ж, коли з'являється таке відчуття, людина вже сама усією душею прагне злитися з Творцем.

Тому всі свої думки, заняття, бажання і час слід спрямувати лише до цього. Це відчуття Творця й називається вірою!

Пришвидшити цей процес можна, якщо людина надає цій меті ваги. І чим важливіша вона для неї, тим швидше людина може досягти віри, тобто відчуття Творця. І чим більшою є важливість відчуття Творця, – тим більше й саме відчуття, аж до того, що таке почуття буде в ній постійно.

Удача – це особливий вид управління згори, на котре людина аж ніяк не може впливати. Але покладений на людину згори обов'язок – прагнути самій досягти зміни власної природи, а після цього вже Творець, підрахувавши зусилля людини, Сам змінює її і підносить над нашим світом.

Раніше, ніж людина робить будь-яке зусилля, вона жодному разі не повинна сподіватися на вищі сили, удачу й особливе до неї ставлення згори, а мусить підійти до справи з усвідомленням, що якщо вона не докладе зусиль – не досягне того, чого хоче досягти.

Та по закінченні роботи, навчання чи будь-якого іншого зусилля, вона повинна погодитись із висновком, що те, чого вона досягла в результаті своїх зусиль, – навіть коли б нічого не робила, – все одно сталося би так само, бо саме так вже заздалегідь було замислене Творцем.

Тому той, хто бажає усвідомити істинне управління, вже на початку свого шляху повинен намагатися в усіх випадках життя поєднати в собі ці два протиріччя.

Наприклад, вранці людина зобов'язана почати свій звичайний день в навчанні і праці, абсолютно прибравши зі своєї свідомості будь-які думки про вище управління Творця всім світом та кожним із нас. І трудитися, наче тільки від неї залежить кінцевий результат.

Та по закінченні роботи жодному разі не повинна дозволяти собі й подумати, що те, чого досягла, є результатом її зусиль. Навпаки, – повинна усвідомити, що навіть якби пролежала весь день, все одно досягла б того ж самого, бо цей результат був уже заздалегідь замислений Творцем.

Тому, з одного боку, кабаліст повинен, як і всі, в усьому керуватися законами суспільства й природи, та, водночас, – вірити в абсолютне управління світом Творця.

Всі наші вчинки можна розподілити на хороші, нейтральні й погані. Завдання людини, виконуючи нейтральні вчинки, піднести їх до рівня хороших тим, що подумки поєднує їх виконання з усвідомленням абсолютного управління Творця.

Наприклад, хворий, прекрасно розуміючи, що його зцілення цілком у руках Творця, зобов'язаний отримати від відомого своїм мистецтвом лікаря перевірені й відомі ліки, та зобов'язаний вірити, що лише мистецтво лікаря допоможе йому здолати недугу.

Та, вживши точно за приписом лікаря ліки і одужавши, – зобов'язаний вірити, що й без будь-якого лікаря видужав би за допомогою Творця. І замість подяки лікареві повинен дякувати Творцеві. І цим перетворює людина нейтральну дію на духовну. І чинячи так в усіх нейтральних діях, поступово одухотворяє всі свої думки.

Наведені приклади й роз'яснення є необхідними, оскільки подібні питання стають каменем спотикання на шляху духовного сходження ще й тому, що ті, хто буцімто знає принципи управління, прагнуть штучно збільшити силу своєї віри у всюдисутність вищого управління, та замість роботи над собою, – аби уникнути зусиль, – продемонструвати свою віру в Творця; чи просто від ліні, ще до початку роботи вирішують, що все у владі Творця, і тому всі потуги даремні!

І більше того, заплющивши очі у буцімто сліпій вірі, уникають цим питань про віру. А не відповідаючи на ці питання, позбавляють себе можливості духовно зростати.

Про наш світ сказано: «У поті лиця свого зароблятимеш свій хліб». Та після того, як щось зароблене працею, людині важко погодитись, що результат був незалежним від її праці і здібностей, а замість неї все робив Творець. І мусить «у поті лиця свого» зміцнювати в собі віру в абсолютне управління нею Творця.

Але саме у прагненнях і спробах поєднати удавані протиріччя Вищого управління, що походять від нашої сліпоти, саме із зіткнення цих протилежних і тому незрозумілих нам підходів до дій, які від нас вимагаються, – саме завдяки цим переживанням зростає той, хто осягає їх, та завдяки їм отримує нові духовні відчуття.

Стан до початку творіння зводиться до існування Єдиного Творця. Початок творіння полягає в тому, що в собі Творець виділяє певну точку, тим, що в майбутньому надасть їй відмінних від себе властивостей. У цьому суть творіння, бо, надавши цій точці егоїстичних властивостей, Творець немовби вигнав її із себе. Ця точка і є наше «я». Та оскільки не існує місця й відстані, то віддалення за властивостями сприймається цією точкою як скритість Творця, тобто вона Його не відчуває, – між ними пітьма, створювана егоїстичними властивостями цієї точки.

Ця темна прірва сприймається чуттями цієї точки жахливо безпросвітною, якщо Творець бажає наблизити її до себе. Якщо ж Творець не бажає наближення точки, вона не відчуває ніякої прірви і, взагалі, віддалення від Творця, і взагалі Творця, а тільки може уявляти собі такі переживання.

Темна прірва, яку відчуває точка, – це звичайні страждання, що спричинені матеріальними труднощами чи недугами, дітьми і рідними, – взагалі, всім, що побудував Творець як оточення точки, щоб саме через це оточення міг впливати на неї. Як і для чого?

Аби показати людині, що для її ж порятунку від страждань необхідно звільнитися від егоїзму, Творець створює через навколишні об'єкти, – дітей, роботу, борги, хвороби, сімейні неприємності, – такий стан відчуття страждань у точці, що життя здається нестерпним тягарем через власну зацікавленість досягти чогось, і виникає єдине бажання – нічого не хотіти, тобто не мати ніяких особистих інтересів, втекти від будь-якого егоїстичного бажання, бо воно породжує страждання.

І тому не залишається жодного іншого виходу, як просити Творця позбавити від егоїзму, який змушує бути зацікавленим у подоланні всіх неприємностей, і тому завдає страждань.

У передмові до Вчення Десяти Сфірот (параграф 2) пише рабі Ашлаг: «Та якщо дослухаємося нашим серцем одного відомого питання, впевнений я, що всі ваші сумніви, чи потрібно вивчати кабалу, зникнуть, наче їх й не було».

І це тому, що це питання, яке людина задає в глибині свого серця, а не розуму чи вченості, яке кричить в її серці, – питання про її життя, про його смисл, про смисл її страждань, які в багато разів перевищують насолоди; про життя, коли смерть здається легким визволенням і порятунком; про життя, в котрому, якщо зробити простий підрахунок, страждання в багато разів перевищують насолоди; про життя, в котрому не видно кінця коловерті болю, доки ми, вже геть знесилені і спустошені, не йдемо з нього. І хто ж зрештою тішиться цим, чи кому я завдаю радості, чи чого я ще від нього очікую?

І хоча підсвідомо кожного гризе це питання, та іноді воно несподівано б'є нас до помутніння розуму та безсилля будь-що змінити, і розбиває наш мозок, і кидає в темну прірву безвиході й усвідомлення власної нікчемності, – доки не пощастить нам знову знайти відоме всім рішення: й далі існувати, як і вчора, пливти за течією життя, не замислюючись особливо над ним.

Але, як вже було сказано, такі усвідомлені відчуття Творець дає людині для того, щоб вона поступово зрозуміла, що всі її нещастя, причина всіх її страждань полягає в тому, що вона особисто зацікавлена в результаті своїх вчинків, що її егоїзм, тобто її істота, її природа змушують її діяти в ім'я свого «блага», і тому вона постійно страждає від невиконання своїх бажань.

Та якби вона позбулася своєї особистої зацікавленості в будь-чому, – відразу б стала вільною від усіх пут своєї істоти і сприймала б усе навколишнє без будь-якого болю та страждань.

Методика виходу з рабства егоїзму називається кабалою. А Творець навмисне створив між Собою й нами, між Собою і точкою нашого серця, наш світ з усіма його стражданнями, аби привести кожного з нас до відчуття необхідності позбутися егоїзму як причини всіх наших страждань.

Усунути ці страждання й відчути Творця, – джерело насолоди, – можна лише при справжньому бажанні з боку людини звільнитися від власного егоїзму. Бажання в духовних світах є дією, оскільки істинні, цілісні бажання негайно приводять до дії.

Творець сам приводить людину до твердого й остаточного рішення позбутися будь-якої особистої зацікавленості в усіх життєвих ситуаціях, примушуючи людину страждати в них настільки, що єдиним бажанням залишається тільки одне, – перестати відчувати страждання, що є можливим лише за відсутності всякого особистого, егоїстичного інтересу в завершенні всіх життєвих справ, які постають перед людиною.

Але де ж тоді наша свобода волі, наше право вільного вибору, яким шляхом йти та що в житті обирати? Так, сам Творець штовхає людину обрати певне рішення – тим, що дає їй повну страждань ситуацію, настільки, що смерть миліша за це життя, але сил покінчити з життям й уникнути таким чином страждань не дає Творець, а в повній нестерпним стражданням ситуації Він раптом, як променем сонця крізь величезні хмари, світить людині однісіньким рішенням: не смерть, не втеча, а звільнення від власної зацікавленості у результаті чого б то не було. Таке вирішення питання, – лише воно, – приведе до спокою і перепочинку від нестерпних страждань.

І дійсно, в цьому немає ніякої свободи волі, а мимоволі так обирає людина з необхідності уникнути страждань. А вибір та свобода рішення полягають у тому, щоби, трохи вийшовши зі стану занепаду, здійснювати вже ухвалене рішення і, зміцнюючись у ньому, шукати самому, – вже в дії, – вихід із жахливого становища, щоби тепер метою всіх думок було «заради Творця», оскільки життя «заради себе» завдає страждань. І ця безперервна робота та контроль над своїми думками називається роботою очищення.

Почуття страждання через власну зацікавленість у наслідках життєвих ситуацій повинно бути настільки гострим, що людина готова на те, щоб «сидіти на шматку хліба, ковтку води, спати на голій землі», – тільки б відштовхнути від себе егоїзм, особистий інтерес у житті.

І якщо внутрішньо людина дійшла до такого стану, що при цьому відчуває себе щасливою, то вступає в духовну царину, що називається «майбутній світ».

Таким чином,

– якщо страждання примусили людину до остаточного рішення відмовитись від егоїзму задля свого блага, і потім, внаслідок власних зусиль, постійно згадуючи пережиті страждання, підтримуючи та зміцнюючи в собі це рішення, вона досягає такого стану, що мета всіх її вчинків – лише у тому, щоб це було на користь Творцю, а стосовно себе – вона, навіть, боїться подумати про власну вигоду і благо, крім найнеобхіднішого, через побоювання знову відчути ті нестерпні страждання, котрі виникають відразу ж при появі особистої зацікавленості;

– якщо вона змогла повністю вилучити з себе особисті мотиви, навіть у найнеобхіднішому, – настільки, що дійшла до останньої точки відвертання від власних потреб;

ось тоді, – вже звикнувши до такого складу думок у повсякденному житті, у спілкуванні, в сім'ї, на роботі, в усіх справах нашого світу, нічим не відрізняючись зовні від оточення, коли в її тілі, за принципом «звичка – друга натура», не залишилося особистих інтересів, – ось тоді вона може перейти до другої частини свого духовного життя, тоді вона починає зазнавати насолоди тим, що своїми діями завдає насолоди Творцю.

І ця насолода її вже не йде на її рахунок, а вся вона – на рахунок Творця, тому що людина «вбила» в собі абсолютно всі свої потреби в особистій насолоді. Ця насолода є безкінечною за часом і безмежною за своєю величиною, оскільки не обмежена особистими потребами людини. І бачить тоді, – наскільки добрий і прекрасний Творець тим, що створив можливість дійти до такого нелюдського щастя злиття у вічній любові зі своїм Володарем!

І тому для досягнення цієї мети творіння є в цьому шляху людини два послідовних етапи: перший – страждань і тяжких випробувань, доки не позбавиться егоїзму; другий – після того, як закінчила людина першу частину шляху і вилучила із свого тіла всі особисті бажання, – вона може всі свої думки спрямувати до Творця, і тоді вона починає нове життя, сповнене духовних насолод і вічного спокою, що й було замислене Творцем на початку Творіння.

Необов'язково йти шляхом абсолютної відмови від усього, настільки, щоб задовольнятися куснем хліба, ковтком води і сном на голій землі і, таким чином, привчати своє тіло до відмови від егоїзму.

Замість примусового пригнічення тілесних бажань дана нам Тора, точніше – світло Тори, що здатне допомогти людині позбутися джерела своїх нещасть – егоїзму. Тобто, є певна сила, яка називається світлом Тори, котра може дати людині сили вийти за межі інтересів свого тіла.

Але ця духовна сила, що є в Торі, діє на людину лише, якщо вона вірить в те, що це їй допоможе, що їй це необхідне для того, щоб вижити, а не помирати, зазнаючи нестерпних страждань, – тобто вірить у те, що навчання приведе її до мети і вона отримає очікувану винагороду за вивчання Тори (кабали), – звільнення від егоїстичних бажань.

Та оскільки відчуває істинно життєву необхідність, то постійно подумки тільки й шукає шляхів визволення, і під час вивчання Тори (кабали) шукає інструкцію, – яким способом може вийти із клітки власних інтересів.

Залежно від почуття необхідності занять й пошуків можна сказати, наскільки в людини віра в Тору є великою. І якщо всі її думки постійно зайняті тільки пошуком звільнення від егоїзму, можна вважати, що в неї цілковита віра, а це може бути лише у випадку, якщо вона дійсно відчуває, що, не знайшовши виходу зі свого становища, вона – гірша за мертвого, оскільки страждання від особистої зацікавленості в результатах її діяльності є воістину безмежними.

І лише якщо вона дійсно цілеспрямовано шукає свого спасіння, їй допомагає світло Тори, надається духовна сила, яка спроможна «витягти» її з власного «я». І вона відчуває себе істинно вільною.

Для тих, хто не відчуває такої необхідності, чи необхідності взагалі, світло Тори обертається пітьмою, і чим більше вони вчать, – тим більше занурюються у власний егоїзм, оскільки не використовують Тору за її єдиним призначенням.

Тому приступаючи до вивчення Тори (кабали), відкриваючи сторінку з написаного РАШБІ, АРІ, рабі Ашлагом чи РАБАШем, зобов'язується той, хто розкриває книгу, отримати від Творця силу віри в очікувану ним винагороду, – що знайде у результаті вивчення шлях, яким способом себе змінити, – стати гідним, аби Творець змінив його, – що зросте його віра в очікувану винагороду, придбає впевненість, що навіть в егоїстичному стані можливо отримати згори такий подарунок, як перехід у протилежний духовний стан.

І навіть якщо він ще не пережив всіх страждань, що змушують абсолютно відмовитись від власних інтересів у житті, все одно йому допоможе світло Тори, і замість очікуваних від егоїзму страждань, він отримає іншу можливість пройти свій шлях.

У боротьбі з нашою первісною впертістю, що проявляється в небажанні відмовитись від егоїзму, і з нашою непам'яттю щодо страждань, котрих він нам завдає, також допоможе світло, яке випромінюється з написаного великими синами Творця!

Все виправлення приводиться в дію молитвою, – тим, що відчуває Творець у серці людини. А справжня молитва та відповідь (спасіння) приходять лише за умови, що людина здійснила повне зусилля, все, що було в її силах, і за кількістю, і, особливо, за якістю.

Тобто жага спасіння мусить бути такою, аби ні на мить під час навчання не відволіктися від думки й прагнення знайти потрібні для свого спасіння ліки в Торі, серед її літер та в її внутрішньому смислі, де людина шукає себе і про себе, шукає мовлене про те, як вилучити з себе своє «я».

Тому, якщо страждання ще не «загнали» людину, наче переляканого звіра в куток клітки, якщо десь у схованках серця є ще бажання до задоволень, – тобто ще не до кінця усвідомлено і вистраждано, що саме егоїзм і є її єдиним ворогом, – не зможе людина видати повну суму зусиль, знайти в Торі сили й шлях вибратися з ув'язнення в своєму егоїзмі, і тому не досягне звільнення.

Хоча на початку навчання людина сповнена рішучості тільки з цією метою вчити кабалу, але під час навчання мимоволі тікає від неї ця думка, оскільки бажання, як вже не раз мовилося, визначають наші думки, а мозок, наш розум, як допоміжний інструмент, лише шукає шляхів виконання наших бажань.

Хоча на початку навчання людина сповнена рішучості лише з цією метою вчити Тору, але під час навчання мимоволі збіжить від неї ця думка, бо бажання, як вже неодноразово було мовлено, визначають наші думки, а наш розум, – як допоміжний інструмент, – лише шукає шляхи вдоволення наших забаганок.

Різниця між вивченням відкритої частини Тори від таємної, – кабали, – в тому, що при вивченні кабали легше віднайти ту силу, яка допомагає людині вибратися з пут егоїзму. Вивчаючи кабалу, людина безпосередньо вивчає опис дій Творця, властивості Творця, свої властивості та їхню відмінність від духовних, цілі Творця в творінні й шляхи виправлення свого «я». І тому небагато легше втримати думку (намір) у необхідному напрямкові. Й друге: світло Тори, та духовна сила, що допомагає людині здолати егоїзм, під час вивчання кабали є незрівнянно більшим, ніж світло, яке отримує вона при вивчанні відкритої Тори. Бо Тора викладає духовні дії мовою нашого світу, тому людина мимоволі починає входити до матеріалізації описуваних подій чи судово-правових дискусії, та зникають від неї духовні дії, що сховані за цими словами.

Тому той, хто вчить Тору задля знань, може вчити її в простому викладі, але тому, хто вчить Тору для свого виправлення, варто вчити її безпосередньо по кабалі.

Кабала – це наука про систему наших духовних коренів, що походять згори за строгими законами, які поєднуються і вказують на одну-єдину вищу мету, – «осягнення Творця творіннями, що перебувають у цьому світі».

Кабала, тобто осягнення Творця, складається з двох частин: викладу в письмових працях кабалістів, тобто тих, хто вже осягнув Творця, й того, що осягається лише тим, в кого з'явилися духовні «судини» – альтруїстичні прагнення, в котрі він може отримати, як у судину, духовні відчуття, відчуття Творця.

Тому, хоча кожен може придбати книги з кабали, але лише той, хто заробив вже духовні альтруїстичні прагнення, – здатен зрозуміти й відчути, що саме викладається в них, і не зможе передати свої відчуття тому, хто не набув альтруїстичних властивостей.

———

Якщо людина кожного разу після свого духовного піднесення знову опускається до нечистих бажань, ті хороші бажання, що були у неї під час духовного піднесення, приєднуються до нечистих.

Накопичення нечистих бажань поступово збільшується. І так триває до тих пір, коли людина зможе постійно залишатися у піднесеному стані тільки чистих бажань.

Коли людина вже закінчила свою роботу та розкрила собі всі свої бажання, то вона отримує згори таку силу світла, котра назавжди виводить її зі шкаралупи нашого світу, і вона стає постійним мешканцем духовних світів, про що оточення навіть не підозрює...

———

Правий бік, або лінія, – це стан, в якому Творець завжди правий в очах людини, коли людина в усьому виправдовує управління Творця. І цей стан називається вірою.

Від перших же своїх спроб духовного розвитку та піднесення людина повинна намагатися діяти так, ніби вже цілком осягнула віру в Творця, повинна переживати в своїй уяві, наче вона вже відчуває всім своїм тілом, що Творець править світом абсолютно добрим управлінням і весь світ отримує від Нього лише добро.

І хоча, розглядаючи свій стан, людина бачить, що позбавлена всього, чого бажає, а озираючись довкола, бачить, як увесь світ страждає, – кожен по-своєму, – незважаючи на це, вона мусить сказати собі, що те, що вона бачить, – це спотворена картина світу, оскільки бачить цю картину крізь призму власного егоїзму, а справжню картину світу вона побачить, коли досягне стану абсолютного альтруїзму. Тоді вона побачить, що Творець править світом з метою привести створіння до абсолютної насолоди.

Такий стан, при котрому віра людини в абсолютну доброту Творця більша за те, що вона бачить і відчуває, називається вірою вище розуму.

Людина не здатна оцінити свій істинний стан і визначити, чи перебуває вона у стані духовного підйому чи, навпаки, – духовного падіння. Адже вона може відчувати себе в духовному занепаді, а насправді це Творець бажає показати їй істинне її становище, – що без самонасолоди вона не спроможна нічого зробити та відразу впадає в нудьгу чи, навіть, в депресію і гнів тому, що тіло не отримує достатніх насолод від такого життя.

А насправді це – духовний підйом, оскільки людина в цей час є ближчою до істини, ніж була раніше, коли їй просто було хороше, як дитині в цьому світі.

І тому сказано: хто збільшує розум – збільшує скорботу. І навпаки, – коли людина вважає, що переживає духовне піднесення, може бути, що це оманливий стан звичайної самонасолоди і самовдоволення.

І тільки той, хто вже відчуває Творця і лише Його владу над усіма створіннями, може правильно оцінити, в якому стані він перебуває.

Отже, неважко зрозуміти, що чим більше просувається людина вперед, працюючи над собою з намаганням виправити власний егоїзм, чим більше докладає зусиль, – тим більше з кожною спробою, з кожним прожитим днем, з кожною пройденою сторінкою розчаровується у можливості чогось досягти.

І чим більшого відчаю зазнає вона у своїх намаганнях, тим більшими є її претензії до Творця з вимогою визволити її із цієї чорної прірви (в'язниці бажань власного тіла), в котрій вона себе відчуває.

І так відбувається до того часу, поки, перепробувавши всі свої можливості, здійснивши все, що тільки їй під силу, людина не переконується, що вона неспроможна допомогти собі, що допомогти може тільки Творець, – єдиний, хто створює всі ці перешкоди, з тим, аби людина була змушена звернутися до Нього за допомогою, захотіла знайти з Ним зв'язок.

А для цього прохання повинне йти із глибини серця, що неможливо, доки людина не перебере всі свої можливості і не переконається, що вона є безсильною. Лише тоді вона здатна на прохання з глибини всього свого єства, прохання, яке стало її єдиним бажанням, оскільки переконується, що лише диво згори може врятувати її від найбільшого ворога – власного «я». Тільки на таку молитву відповідає Творець та замінює егоїстичне серце на духовне, «кам'яне серце – на серце живе».

А до того часу, поки Творець не виправив людину, чим більше вона просувається, тим вона стає гіршою у власних очах і в почуттях. Та, насправді, вона завжди була такою! Просто, вже розуміючи якоюсь мірою властивості духовних світів, вона все більше відчуває, наскільки є протилежною їм за своїми бажаннями.

Але якщо людина, незважаючи на відчуття втоми і безнадії, у спробах впоратися власними силами зі своїм тілом, а також зробивши всі підрахунки і переконавшись, що не бачить виходу з власного стану, все ж таки, зможе зусиллям розуму, з усвідомленням істинної причини таких почуттів, створити в собі оптимістичний і радісний настрій, який свідчить про те, що вона вірить у справедливість саме такого устрою та управління світом і в доброту Творця, то цим вона стане духовно придатною для сприйняття світла Творця, оскільки будує своє ставлення до всього, що відбувається, на вірі, звеличуючи її вище розуму.

Немає в житті того, хто духовно просувається, більш цінної миті, ніж та, коли він відчуває, що вичерпав усі сили, зробив усе, що тільки можна собі уявити, і не досягнув того, чого так бажає. Бо лише в таку мить він спроможний щиро заволати до Творця з глибини серця тому, що остаточно переконався, що всі його зусилля не допоможуть йому більше ні в чому.

Та раніше, ніж виснажив усі свої сили у пошуках виходу зі свого стану, він все ще впевнений, що сам здатен досягти бажаного, і не зможе обманути себе і правдиво вмолитися про спасіння. Оскільки егоїзм обганяє його думки і переконує його, що зобов'язаний посилити свої потуги.

І тільки переконавшись, що він – найслабкіший у боротьбі зі своїм егоїзмом з усіх, хто живе, приходить він до усвідомлення власного безсилля і нікчемності та готовий схилитися, прохаючи Творця.

Але до досягнення такого принизливого стану, не зрозуміє тіло, що тільки прохання до Творця може вивести людину з глибин її природи.

Віра в єдиність Творця означає, що людина сприймає усім своїм єством весь світ, у тому числі й себе, як знаряддя в руках Творця. І навпаки, якщо людина вважає, що й вона спроможна якось впливати на те, що відбувається, – це називається вірою у наявність в природі багатьох сил, а не волі одного Творця.

Тому, знищуючи власне «я», людина попросту ставить себе у відповідність з істинним станом світу, в котрому, крім волі єдиного Творця, нічого більше не існує. Та якщо людина ще не дійшла у своїх відчуттях до такого стану, вона не має права діяти так, ніби в світі є тільки Творець, і сидіти склавши руки.

Тому дійти до відчуття того, що немає в світі нікого, крім Творця, можна лише внаслідок наполегливої роботи й розвитку в собі відповідних прагнень. І тільки досягнувши в усіх своїх відчуттях явно відчутного злиття з Творцем, – тобто піднявшись на рівень світу Ацилут, – людина осягає єдиність Творця і тоді, звичайно, діє у відповідності до цієї істинної дійсності.

До досягнення цього стану вона мусить діяти згідно з тим рівнем, на котрому перебуває, а не з тим, котрий може лише уявити в своїх фантазіях і мріях.

Справжня робота над собою в такому стані повинна бути в поєднанні віри в свої сили на початку роботи, і в те, що те, чого вона досягнула в результаті своїх зусиль було б досягнуте й без них, оскільки вже від початку вся світобудова розвивається за планом Творця, Його Замислом Творіння. Але так людина зобов'язана думати лише після того, як все, що залежало від неї, вона здійснила.

Не в силах людських зрозуміти таку духовну властивість як абсолютний альтруїзм і любов, бо розум неспроможний усвідомити, – як може взагалі бути таке почуття у світі, бо ж в усьому, що здатна робити й бажати людина, мусить бути її особистий зиск, інакше не зможе зробити щонайменшого поруху. І тому така властивість дається людині лише згори, і тільки той, хто відчув її, може це усвідомити.

Та якщо ця властивість дається людині згори, – навіщо ж потрібно докладати зусиль, аби досягти її? Адже самі зусилля нічого не дадуть, доки Творець не допоможе людині і не дасть їй згори нових якостей, нової природи?

Справа в тому, що людина повинна «знизу» дати молитву – прохання, бажання, щоб Творець змінив її властивості. І тільки якщо є справді сильне бажання, Творець відповідає на нього.

Саме для того, щоб розвинути в собі таке сильне бажання, з тим, щоб Творець відповів на нього, й мусить людина докласти багато зусиль. А в спробах досягти мети самій вона поступово усвідомлює, що немає у неї ані бажання, ані можливості самій досягти її. Тоді й з'являється в людини істинна вимога до Творця про звільнення від первісних властивостей та отримання нових, – душі.

Але це неможливо без того, щоб людина вклала всі свої сили у самостійні спроби і сама на собі переконалася в тому, що вони є безплідними. І лише на крик про допомогу з глибини серця відповідає людині Творець.

З таким проханням про допомогу людина може заволати до Творця лише після того, як переконається, що жодне з її бажань, жодна клітинка її тіла не погоджуються на зміну своєї природи, аби віддати себе Творцю без будь-яких умов, – тобто наскільки вона зараз раб своєї природи, настільки бажає стати рабом альтруїзму.

І тільки глибоко відчувши, що немає жодної надії на те, що її тіло будь-коли погодиться з такою переміною, вона може вмолитися до Творця про допомогу з глибини свого серця, і тоді вже Творець приймає її прохання та відповідає їй тим, що замінює всі її егоїстичні властивості на протилежні, альтруїстичні, і цим людина зближається з Творцем.

Та якщо людина замислиться над тим, що дають всі її зусилля в цьому світі, то дійде висновку, що не так вже й «неймовірно важко» працювати з намаганням змінити себе, адже мимоволі вона мусить працювати в цьому світі, і що ж залишається в неї в кінці днів від усіх її зусиль?

І, крім цього, у того, хто досягнув переміни властивостей, з'являються величезні насолоди від самих душевних зусиль тому, що бачить, в ім'я чого він працює, а, отже, й самі зусилля сприймаються не як обтяжливі, а як радісні, і чим вони є більшими, тим з більшою радістю він їх зустрічає, негайно відчуваючи величезну і вічну «плату» за кожне з них.

Навіть на прикладі нашого світу можна бачити, як натхнення гасить скруту великих зусиль: якщо ви дуже шануєте когось і він у ваших очах – найбільша людина в світі, то для нього все, що ви спроможні зробити, ви зробите з радістю від того, що вам припала така можливість, і будь-яке зусилля здаватиметься вам, навпаки, насолодою, – як у того, хто любить танцювати чи виконувати фізичні вправи, – напруження його не є роботою, а є насолодою.

Тому в того, хто усвідомлює і відчуває велич Творця, не виникає інших почуттів, крім радості за найменшої можливості зробити хоча б що-небудь, бажане Творцеві, і те, що відчувалося раніше рабством, перетворюється, насправді, в сповнену насолод свободу.

І тому якщо людина відчуває перешкоди в своєму духовному прагненні і мусить докладати надприродних зусиль у спробах досягти духовного, це свідчить про те, що Творець в її очах, – тобто відчуттях, – ще не постає великим, а спроквола переслідуються інші цілі. А переслідуючи їх, людина не отримає від Творця ніякої підтримки, позаяк тільки ще більше віддалиться від мети.

Але й тоді, коли є прагнення до Творця, людина не зразу отримує духовну підтримку від Нього. Адже якби вона відразу відчула натхнення і насолоду від своїх зусиль, то її егоїзм, звичайно ж, відразу зрадів би від такого стану, і людина продовжувала б свої зусилля з метою зазнати насолоди. І не було б у неї жодної можливості вийти за межі своєї егоїстичної природи та досягти чистого альтруїзму, оскільки бачила б у духовній роботі над собою більші насолоди, ніж у будь-чому.

Якщо людина займається якимось певним видом діяльності, то починає поступово набувати особливої гостроти у відчутті тих об'єктів, з котрими працює. Тому немає будь-чого у світі, чого б людина не змогла почати відчувати в силу звички, навіть якщо попервах у неї не було ніякого відчуття даного об'єкта.

Відмінність між Творцем і нами – у відчутті або розумінні будь-чого: ми відчуваємо себе і об'єкт відчуття окремо, – є той, хто відчуває, і те, що він відчуває (об'єкт відчуття), той, хто розуміє, і те, що він розуміє.

Для відчуття чогось необхідний певний контакт між тим, хто відчуває і об'єктом відчуття, – дещо, що їх зв'язує, спільне під час відчуття. Людина осягає все своє оточення тільки через відчуття, і те, що вона спочуває, сприймається нею як достовірна істинна інформація.

Не маючи можливості об'єктивно бачити те, що нас оточує, ми беремо за істину ту картину, котру створюють в нас наші органи чуттів. Як виглядає світобудова поза нашими чуттями, якою вона уявлялася б істоті з іншими органами чуттів, ми не знаємо. Всю навколишню картину дійсності ми сприймаємо тільки через її відчуття, і те, що ми відчуваємо, те й вважаємо за достовірну картину.

Виходячи з умови, що немає нікого в світобудові, крім Творця і Його створіння, можна сказати, що та картина і ті відчуття, котрі сприймаються кожним із нас, і є з'явлення Творця нашій свідомості, і на кожному ступені духовного сходження ця картина все більше наближається до істинної, доки, на останньому ступені сходження, людина не осягає самого Творця, і лише Його. Тому всі світи, все, що ми сприймаємо поза нами, існує тільки відносно нас, тобто відносно людини, що відчуває у такий спосіб.

———

Якщо людина не відчуває в даний момент Творця і Його управління собою, – це подібне до того, наче вона сидить у пітьмі. При цьому вона аж ніяк не може стверджувати, – хоча й перебуває в пітьмі, що сонця взагалі не існує в природі, адже її відчуття є суб'єктивними, – так лише вона сприймає довколишнє відносно себе.

І якщо людина усвідомлює, що її заперечення Творця та Вищого управління особисто суб'єктивні і змінювані, то зусиллям волі, за допомогою книг і вчителів, навіть із такого стану вона може почати підніматися, причому тоді вона починає усвідомлювати, що такі переживання пітьми Творець навмисне створює для неї, аби забагла допомоги Творця і змушена була зблизитись із Ним.

Дійсно, такі умови Творець навмисно створює саме для того, з ким хоче зближення. І необхідно усвідомити, що саме піднесенням зі стану пітьми людина завдає радості своєму Володареві, оскільки чим із більшої пітьми підіймається людина, тим яскравіше вона зможе усвідомити велич Творця і належним чином оцінити свій новий духовний стан.

Та під час відчуття пітьми, скритості управління Творця та відсутності віри в Нього людині не залишається нічого іншого, як зусиллям волі намагатися за допомогою книги, вчителя шукати будь-якого шляху, аби вийти із подібного стану, доки не відчує хоча б слабкого променя світла, – слабкого відчуття Творця, – і зможе, посилюючи його постійними думками про Творця, вибратися з тіні до світла.

І якщо людина усвідомлює, що такі переживання пітьми є необхідними для її просування вперед, і тому – бажані для неї та надсилаються Творцем, то саме таким переживанням вона радіє, – радіє, що Творець створив у ній такі відчуття тіні, тобто неповної пітьми, з котрих в її є ще можливість шукати джерело світла.

Та якщо вона не використовує цієї можливості і не намагається вийти до світла, то Творець зовсім ховається від неї, настає суцільна темрява, – відчуття відсутності Творця, відсутності Його управління, – і людина вже не спроможна навіть уявити собі, як вона раніше могла жити з якимись духовними цілями, нехтуючи дійсністю і своїм розумом. Стан повної пітьми триває, поки Творець знову не осяє його хоч маленьким промінцем світла.

Бажання людини називаються «судиною», в котру вона може отримати духовне світло, або насолоду. Але ці бажання повинні бути за своєю природою подібними до властивостей духовного світла, інакше світло в них не може увійти за законом відповідності духовних об'єктів: наближення чи віддалення, чи взаємне проникнення та поєднання відбуваються тільки за принципом схожості властивостей. Тому, в тій мірі, в якій людина зможе очистити від егоїзму своє серце, в тій же мірі її серце наповниться відчуттям Творця за законом відповідності властивостей світла і «судини».

З будь-якого свого стану людина зможе почати піднесення, якщо уявить собі, що зі всіх можливих станів, котрі міг би створити для неї

Творець, – від найвищих до найнижчих, – Творець обрав саме нинішній стан як найкращий для людини, для її подальшого духовного просування.

Тобто не може бути для неї кращого і більш корисного стану, ніж той стан духу, настрою і зовнішніх обставин, в котрому людина перебуває зараз, навіть якщо він здається їй найбільшим занепадом та безвихіддю.

Від усвідомлення цього людина радіє й отримує можливість вмолитися про допомогу Творця та дякувати Йому, перебуваючи у найнижчих й безнадійніших настроях.

Духовним називається те, що є вічним і не зникає зі світобудови, навіть по досягненню кінцевої мети. Егоїзм же, тобто всі первісні бажання людини, вся її суть, називається матеріальним, оскільки зникає при виправленні.

Існування духовного «місця» не зв'язане з будь-яким простором, але залежить від властивостей духовного об'єкта. Тому всі, хто досягає цього стану поліпшенням своїх духовних властивостей, бачать (відчувають, осягають) одне й те ж.

Тора (кабала) складається з сімдесяти ступенів (ликів). На кожному з них вона сприймається по-різному, згідно з властивостями кожного ступеню. Звідси випливає, що людина, яка набула властивості якогось ступеню, бачить нову для себе Тору та нового для себе Творця.

Усі, хто осягнув якийсь з сімдесяти ступенів кожного з духовних світів, бачать те, що бачать усі, хто знаходяться на цьому ступені. («шивім панім ле Тора»)

Звідси можна зрозуміти, що, коли мудреці описують: «так сказав Авраам Іцхаку», вони просто знаходяться на тому ж рівні, де був Авраам, та їм зрозуміле, що він повинен був сказати Іцхаку, бо в цьому стані вони – як самий Авраам.

І всі коментарі на Тору написані тим же чином, – кожним з осягнутого ним рівня. Кожен з сімдесяти рівнів – це те, що об'єктивно існує, і кожен з тих, хто осягнув, бачать одне й те ж, – подібно до того, як всі, хто живе в цьому світі та знаходяться в якомусь визначеному місці, бачать одну й ту ж картину того, що їх оточує.

Тільки-но в людини з'являється хоча б найменше альтруїстичне бажання, вона встає на шлях злетів і падінь: то вона готова до останку розчинитися в Творці, то зовсім відсутні думки про це, і взагалі, – будь-яка думка про духовне піднесення відштовхується і видається абсолютно чужою.

Це подібне до того, як мати вчить ходити дитину: вона тримає її за руки, дитина відчуває її підтримку, і раптом мати відсувається, відпускає дитину. І саме в цей час, хоча й відчуває себе зовсім залишеною без опори, дитина мимохіть мусить зробити крок уперед у напрямку до матері, і тільки таким способом може навчитись сама пересуватися.

Тому, хоч і здається людині, що Творець раптом покинув її, насправді ж Творець чекає тепер її кроків.

Мовиться, що Вище світло перебуває в абсолютному спокої. Під спокоєм у духовному світі розуміється відсутність змін у бажаннях.

Всі дії і рухи в духовному (альтруїстичному) світі, і в нашому (егоїстичному) душевному, внутрішньому світі в кожному з нас, зводяться до переміни колишнього бажання на нове, а якщо воно не змінилося, то нічого нового не відбулося, руху не відбулося.

І це попри те, що саме постійне бажання може бути дуже яскравим і не давати людині спокою. Та якщо воно постійне, значить, руху немає. Тому, кажучи про те, що Вище світло перебуває у спокої, мають на увазі постійне, незмінне бажання Творця завдати нам насолоди.

Це світло пронизує нас, та оскільки та точка в нас, котру ми називаємо «я», міститься в шкаралупі егоїзму, ми не відчуваємо насолоди світлом, в котрому «плаваємо».

Насолоди нашого світу можна розділити на кілька видів: ті, що визнані суспільством як престижні (багатство, відомість), природні (сімейні), кримінальні (насолоди за рахунок інших), любовні тощо. Всі вони сприймаються суспільством, хоча частина з них засуджується і карається. Та є один вид насолоди, що не прийнятний в жодному суспільстві і викликає протест, на боротьбу з котрим не шкодують величезних витрат, хоча безпосередньо суспільству він завдає не такого вже й значного збитку.

Наркомани, як правило, люди невибагливі, вони не заважають, заглиблені у свої внутрішні насолоди. Чому ж ми не дозволяємо таким же як ми, людям отримувати незагрозливі для суспільства насолоди? Наркомани, як правило, безробітні. Ми не в змозі надати їм роботу, як і ще великій кількості членів нашого суспільства. Чому б суспільству не роздавати разом із допомогою у зв'язку з безробіттям і безплатними обідами, також, і безплатний наркотик, щоб не примушувати цих людей продавати все, що мають, залишати без хліба дітей, йти на злочини і вбивства, будучи рабами наркотичного голоду? Чому б не дати людям втішатися таким невибагливим, спокійним видом насолоди? Адже ця насолода досягається не за рахунок наших страждань, як у кримінальних та інших провинах. Вартість наркотику також не є істотною у порівнянні з тими величезними коштами, котрі суспільство витрачає на боротьбу з наркоманією.

Чи не таким же оманливим носієм насолоди є всі привабливі для нас об'єкти? Адже й вони відволікають нас від справжньої мети, в гонитві за ними ми бездумно проводимо все життя, як у забутті. Замість того, щоб у пошуках справжньої насолоди, не знаходячи її, звернутися до духовного, ми шукаємо вдоволення, постійно змінюючи моду, стандарти, виготовляючи нові предмети вжитку, щоб не зникли навколо нас привабливі носії нових насолод, інакше відчуємо життя таким, що позбавлене втіхи.

Адже щойно людина досягає того, до чого прагнула, вона відразу повинна побачити перед собою наступну ціль, бо ж досягнуте одразу втрачає цінність, а без надії на нову насолоду, без пошуку і гонитви за нею людина втрачає бажання існувати.

Тож чи не є всі наші моди, стандарти, все, за чим ми постійно в гонитві, тим же наркотиком? Чим же відрізняються насолоди наркотичні від насолод предметами нашого світу?

Чому Творець, Вище управління, проти наркотичної насолоди, і тому ми внизу ухвалюємо такі закони, але не заперечуємо матеріальних насолод в оболонках предметів нашого світу?

Наркотики в нашому світі заборонені саме тому, що відволікають людину від самого життя, вводять її в такий стан, в якому вона не здатна сприймати всі удари нашого життя, які є наслідком відсутності насолод егоїзму. Ці удари – засіб нашого виправлення, адже із загальної маси небагато людей приходить до кабали.

Хоч це може видатися дивним, проте, якщо вдуматися, але в біді, у скруті, нещасті людина звертається до Творця, горе пробуджує людину. Хоча людина мусила б, навпаки, відвернутися від Творця, котрий посилає їй страждання.

Наркотики є оманливим носієм насолоди і тому заборонені. Людина перебуває у стані оманливої насолоди, яка позбавляє її можливості просування до істинних духовних насолод, і тому наркотики підсвідомо сприймаються суспільством як найбільш небезпечне захоплення, попри те, що вони зовсім не становлять загрози для оточення і могли б стати непоганим методом соціальної роботи з більшою частиною непродуктивного населення.

Помилкою більшості тих, хто звертається до релігійного способу життя в тому, що вони вважають вивчання законів Тори задля знання й виконання – метою дарування Тори та метою людини в цьому світі, умовою виконання волі Творця і свого завдання в цьому житті. Тому, що отримують неправильне тлумачення принципу «Тора лішма» і вважають, що їхнього навчання та виконання заповідей вже достатньо для дотримання цієї умови Тори. І, навіть ті, хто бажає духовного піднесення, – внаслідок отриманого невірного визначення «лішма» залишаються на рівні, який духовно не розвивається, – як і їхні вчителі.

Зустрічаються навіть такі, що вивчають Тору заради знання, що взагалі заборонено, оскільки є чітка вказівка: «бараті єцер ра, бараті Тора тавлін», «ло натну мицвот, елє лєцареф ба хем ісраель», і всім відомо, що вивчати «Тора ло лішма» – це великий злочин, оскільки той, хто вивчає у такий спосіб, бере дар Творця людству, що наданий лише для викорінення егоїзму, та за його допомогою ще більше зрощує свій егоїзм (як ті, хто вивчає Тору, і, тим більше, кабалу, в університетах і гуртках).

Як розкрита, так і таємна частина Тори – це одна Тора – розкриття Творця створінням. І все залежить від наміру людини при вивченні Тори (кабали), – від того, що саме людина бажає отримати від Тори.

Якщо її метою є знання всіх законів та їхніх наслідків, всіх коментарів, суперечок і шляхів викладу висновків кабалістів, то така людина («бен Тора») не осягне навіть найменшого духовного рівня.

Та якщо намір людини – наблизитись до Творця, бути провідником Його дій у своєму егоїзмі, то Тора (кабала) перетворюється для неї на джерело сили та дії, – для чого і створена, – без поділу на скриту й розкриту її частини.

Але за допомогою кабали людина швидше й безболісніше прийде до «лішма» (наміру «заради Творця»).

Проблема в тому, що той, хто вивчає Тору, не може визначити своїх намірів. Хоча вивчає «ло лішма», егоїзм і суспільство підтримують його у хибному відчутті власної праведності. Тора «лішма» означає, що всі бажання людини збігаються з бажаннями Творця, що вся людина є провідником дій Творця, – і наш егоїзм в змозі довести будь-кому з нас, що він є саме такою людиною!

Той, хто прагне до «лишма» – прагне в усьому побачити дії Творця, постійно контролює свій погляд на світ, – чи намагається він скрізь бачити лише Творця, Його силу і дію, – або знову відчуває себе та інших створіннями, що діють самостійно. Всі вимоги до намірів людини описані в Талмуді, але, як правило, пропускаються чи поверхнево прочитуються при вивченні.

Єдине, що створене Творцем, – це наш егоїзм, і якщо людина анулює його дію, то знову відчуває тільки Творця, а створіння-егоїзм зникає, як і до початку творіння, в чому й полягає сходження (повернення, «тшува») по «сходах Яакова». У такому випадку людина є поєднанням тваринного тіла і божественної душі.

Робота над собою повинна провадитись як у відчутті власної нікчемності відносно Творця, так і в гордості, що людина – центр Творіння (якщо виконує його мету, інакше – тварина). З відчуття цих протилежних станів походять безпосередньо два звертання до Творця: прохання про допомогу і вдячність за можливість духовного піднесення (шляхом виконання заповідей з наміром «заради наближення до Творця», що звуться у такому випадкові «Галаха», від слова «галиха» – рух).

Та головний засіб духовного просування людини – це її прохання до Творця про допомогу: аби посилив її бажання духовно розвиватися, дав сили перемогти страх перед майбутнім; якщо чинитиме вона не за егоїстичними канонами, – щоби зміцнив її віру у велич і силу Творця, в Його єдність, а також дав сили збороти в собі постійні поривання діяти за власним розумінням.

Є такі, що починають заглиблюватись у різноманітні «каванот», – наміри під час прохань, молитов чи виконання якихось дій. Творець не чує того, що промовляють наші вуста, а читає наші почуття в серці кожного.

Не варто трудитися вимовляти порожні для серця фрази і незрозумілі слова, читати за кабалістичними молитовниками незрозумілі знаки. Єдине, що вимагається від людини, – це спрямувати своє серце до Творця, глибоко відчути свої бажання і просити Творця змінити їх! І не припиняти діалог з Творцем ніколи!

У читачів, які володіють івритом, є можливість звернутися до нижченаведених джерел і самим переконатися, – яким чином Тора вказує нам на властивості нашої природи та на шляхи її виправлення.

Найголовніше в роботі над собою – це приниження себе стосовно Творця. Але це не повинно бути удаваним, – а як ціль. Якщо в результаті роботи над собою людина поступово відчуває появу цієї якості, – значить правильно просувається.

Талмуд, Авода Зара 20;2

Людина народжена абсолютним егоїстом, і ця якість у ній є настільки витонченою, що той самий егоїзм переконує людину, що вона вже є праведником та позбулася егоїзму.

Талмуд, Хагіга 13;2

Тора – це світло Творця, і лише той, хто його отримує, зветься таким, що вивчає Тору.

«Зоар», Мецора 53;2

Світло Тори вкрите і розкривається лише тим, хто досягає рівня праведника.

Талмуд, Хагіга 12;1

Досягнення своїми заняттями стану, коли, крім духовного піднесення, людина не бажає нічого, і необхідне бере лише для підтримування життя тіла, а не заради насолоди, – ступінь, з котрого починається входження у духовний світ.

Талмуд, Псахім 25;2

Чим нижче відчуває себе людина, тим вона ближче до істинного свого стану, і тим ближче до Творця.

Талмуд, Сота 5;1

Заборонено вчити Тору заради будь-якої іншої мети, окрім як для духовного сходження.

Талмуд, Санедрін 60;2

Найбільший ступінь людини – досягнення «маасе меркава» (дії управління) – настільки виправити себе, щоб через нього проходило управління світом.

Талмуд, Сука 28; 1

Неодмінна умова піднесення – постійно прагнути зв'язку з Творцем.

Орех Хаїм 1;1, Тора, Ваікра 4;39, РАМБАМ, Ілхот Єсодей Тора перек 1, Талмуд, Сука 39;1

Не впадати у відчай на шляху, оскільки Творець запевняє нас в успіху за умови належного напрямку прагнення.

Талмуд, Псахім 50;2, Талмуд, Брахот 35;2, Талмуд, Сука 52;2

Головне в людині – її прагнення, а не досягнення, оскільки це вже вимога егоїзму.

Талмуд, Явамот 104;2, Талмуд, Сота 25;1

Наскільки людина повинна прагнути відчувати первісну ницість, настільки ж вона повинна пишатися своєю духовною роботою і своїм призначенням.

Талмуд, Тааніт 25;1, Талмуд, Брахот 6;2

Той, хто прагне до Творця, зветься Його сином.

Талмуд, Шабат 66;2

На відміну від тих, хто бажає винагороди (пошана, знання, гроші) за своє навчання. Пізнай Творця.

Діврей аямім 1;28;9, Талмуд, Недарим 32;1

Кабала називається таємним вченням (ністар) тому, що осягається лише в тій мірі, в котрій людина змінила свої властивості. Тому те, що осягнула людина, вона не може передати іншим, а тільки може й повинна допомогти їм подолати той же шлях.

Талмуд, Хагіга 14;2, РАМБАМ, Ілхот Єсодот Тора, перек 4

Хто уявляє собі світ, не заповнений Творцем...

Талмуд, Йома 86; 1, Талмуд, Шабат 77; 2, Талмуд, Мінхот 39; 2

Людина повинна уявляти собі, ніби вона одна у світі наодинці з Творцем. Безліч персонажів і сюжетів Тори означають властивості однієї, будь-якої людини, етапи її духовного шляху, що названі іменами людей, позначені їхніми вчинками та географічними назвами.

Талмуд, Санедрін 37; 1, Талмуд, Кідушін 40; 2

Не повинна людина впадати у відчай, коли за мірою вивчання і докладання зусиль в роботі над собою, у намаганнях духовно піднятися, вона починає бачити себе більш поганою, ніж до занять кабалою. Хто вищий за інших, тому більше розкривається істинна природа егоїзму, і тому він вважає себе гіршим, хоча став кращим.

Талмуд, Сука 52;2, Талмуд, Мегіла 29;1

Не варто звертати увагу на те, що весь світ перебуває у безперервній гонитві за насолодами, а таких, що йдуть до Творця – одиниці.

Талмуд, Рош Ашана 30;1, Талмуд, Брахот 61;2

Головне в духовному просуванні – це прохання до Творця про допомогу.

Талмуд, Брахот 6;2, Талмуд, Таанит 11;2, Талмуд, Йома 38;2

Головна негативна властивість у прояві егоїзму – зарозумілість, самовпевненість.

Талмуд, Сота 49;2

Людина повинна отримувати сили від усвідомлення мети творіння, заздалегідь радіючи неодмінному виправленню всього світу і настанню стану заспокоєння людства.

Талмуд, Шабат 118;2, Талмуд, Трума 135;1 136;2

Лише віра є єдиним засобом спасіння тому, що в усіх інших властивостях егоїзм здатен заплутати людину, але віра є єдиною основою виходу людини у духовний простір.

Талмуд, Макот 24;1, Талмуд, Шабат 105;2

Віра не може проявитися в людині без почуття страху, бо лише перед страхом схиляється егоїзм.

Талмуд, Шабат 31;2

Навіть якщо людина нічого не робить, її егоїзм штовхає її на різного роду дурні діяння, відтак той, хто не чинив гріха, – наче є тим, хто вчинив добро.

Талмуд, Кідушим 39;2, Талмуд, Бава меція 32;2

Зближення з Творцем відбувається лише за ознакою подоби властивостей.
Талмуд, Сота 5;1

Слух називається «віра», бо якщо людина бажає сприйняти те, що вона чує, за істину, – вона повинна в це вірити. У той час як зір зветься «знання» тому, що людина в цьому разі не повинна вірити в те, що кажуть, а бачить своїми очима. Доки людина не отримала згори замість егоїзму властивості альтруїзму, – вона не може бачити, тому що сприйматиме побачене в егоїстичні почуття, і ще важче їй буде вийти з егоїзму. Тому спочатку необхідно йти наосліп, вище того, що каже нам наш егоїзм, а затим, всередині віри – починати осягати, бачити вище знання.

Для зміни егоїзму на альтруїзм, свого розуму на віру, необхідно правильно оцінити велич, грандіозність духовного у порівнянні з нашим матеріальним, тимчасовим, ушкодженим існуванням, усвідомити, – наскільки безглуздо піклуватися, прислужувати все своє життя людині, – тобто собі, – наскільки вигідніше служити Творцю, наскільки приємніше зробити щось приємне Творцеві, ніж такому убозтву, як наше тіло, котре наситити ми все одно не в змозі, а вдячність його – тільки в тому, що дає нам на мить пережити приємне відчуття.

Поставивши поруч своє тіло і Творця, людина повинна зважити, – на кого варто працювати, чиїм рабом варто бути. Третього не дано. Чим виразніше людина усвідомлює свою нікчемність, тим легше їй буде віддати перевагу роботі на Творця.

Нежива природа сама по собі є довершеною. І це видно з того, що ні в чому не має потреби. Так само і духовно неживий отримує сили виконувати заповіді Творця, оскільки отримав відповідне виховання. І тому не відрізняються його бажання від бажань йому подібних, – тобто не бажає і не може зробити особистих духовних рухів.

Духовна природа, яка володіє такими властивостями, називається неживою тому, що має спільний з усіма рух. Це, до речі, є найкращим ґрунтом для незмінного збереження традиції. А відчуття досконалості, притаманне віруючій масі, походить від оточуючого світла, – ор макіф, – що світить здалеку, і це далеке світло світить їм, хоча вони за властивостями є протилежними Творцеві. Але немає іншого шляху в людини, як почати виконувати заповіді на неживому рівні, – тільки в дії.

Подібно до того, як рослинна природа виростає на ґрунті неживої природи, духовно рослинний рівень також має потребу в попередньому відносно нього неживому рівні.

Таким чином, той, хто не хоче залишатися на духовно неживому рівні розвитку, не повинен погоджуватися з причинами, котрі живлять неживу духовну природу, тобто виховання. І це означає: здійснювати те, що він здійснює, не тому що його зобов'язує до цього суспільство, оточення, яке зветься віруючою масою («клаль Ісраель») та яке надало йому таке виховання.

(Та не зрозуміє мене читач хибно: все, що є в іудаїзмі, в тому числі кабала і всі великі кабалісти, постало, зросло з цієї віруючої маси, – в цьому бажання Творця, такою є створена Ним природа світу. Кабала закликає тих, хто відчуває необхідність рости далі, слідувати нею, а не шукати чужі теорії та помилятися в пошуках).

Людина, котра бажає рости далі, стати духовно рослинною, мати особистий духовний рух, незалежний від розуміння, звичок, виховання суспільства, – бажаючи покінчити з цією залежністю, відмовляється подумки сліпо коритися вихованню (робить «соф», що зветься «малхут де-еліон»).

Із цих рішень покінчити з автоматичними рухами з'являється зародок нового, рослинного духовного стану («малхут де-еліон нааса кетер ле тахтон»).

Та як зерно повинно розкластися в ґрунті, аби зрости, так і людина повинна зовсім перестати відчувати будь-яке духовне життя в неживому існуванні мас, – настільки, що подібним до смерті відчуває «неживе життя». І це відчуття є її молитвою.

Але щоби стати «рослинним», з особистим духовним рухом, необхідно виконати ряд вправ над собою, починаючи з «оранки неживого ґрунту».

Духовні рухи можна виконувати тільки за допомогою протидії бажанню зазнати насолоди. Тому людина, яка бажає зростати в напрямку до Творця, постійно контролює свої бажання і вирішує, які насолоди можна собі дозволити. Тому, що бажання Творця – завдати їй насолоди, вона повинна зазнати насолод, але тільки тих, котрі може отримати заради Творця.

Мовою кабали це описується так: сила волі (екран, який знаходиться в розумі, – «пе де-рош»), підраховує, – зважує, – яку кількість насолоди може людина отримати заради Творця, аби завдати Йому радості, – в точній мірі любові людини до Творця («ор хозер»), – і цю кількість людина отримує («ор пними»). Але ту кількість насолоди, яку отримала б і не з почуття любові до Творця, – не бере («ор макіф»), з остраху завдати прикрості Творцю.

У такому випадкові всі вчинки людини визначаються її прагненням зробити приємне Творцеві, – не прагненням наблизитися чи страхом віддалитися, оскільки це також егоїстичне поривання, – а некорисливою любов'ю, бажанням зробити приємне або острахом засмутити.

Справжні почуття – радість, горе, насолоду, страх тощо ми відчуваємо всім нашим тілом, а не лише якоюсь певною його частиною. Тому людина, яка бажає проконтролювати свої бажання, повинна відчути, – чи все її тіло згідне з тим, що вона думає.

Наприклад, коли вона читає молитву, – чи всі її думки, бажання, органи згідні з тим, що промовляють вуста. Чи все в неї відбувається автоматично; чи на частину з того, що промовляє, не звертає уваги тому, що не бажає відчувати незгоду тіла і неприємні відчуття внаслідок цього; чи не розуміє, яку користь принесуть їй ті прохання, котрі вона автоматично вимовляє по молитовнику.

Варто спитати своє серце, що саме воно хотіло б вимовити у молитві. Молитвою називається не те, що автоматично вимовляють губи, а те, чого бажає все тіло й розум. Тому сказано, що молитва – це робота серця, коли серце цілком погоджується з тим, що промовляють уста.

І лише коли в результаті роботи всього тіла людина отримає його реакцію, яка свідчить про те, що жоден орган не бажає позбутися егоїзму і, тим паче, просити про це Творця, – тоді це й буде повна молитва про порятунок з духовного вигнання.

У фізичному виконанні заповідей Творця всі люди є рівними. Як маленька дитина або неук, так і старець або мудрець, – всі зобов'язані виконувати їх однаково. Тільки є різниця в залежності від статі, часу дня і року, сімейного стану, та інших встановлених нам згори обставин. І нема чого додати, і нема чого відняти від установленого, – що й як виконувати. Але вся відмінність може бути в тому, – для чого виконувати.

Людина повинна прагнути, аби причина дії і сама чисто механічна дія виконання бажання Творця збігалися. Як, не розуміючи, для чого, не бачачи негайних вигідних наслідків, її тіло діє, як робот, виконуючи вказівку Творця, – так і причиною виконання заповідей повинно бути: «тому що бажає Творець».

Така дія називається «заради Творця» – «лішма». Перевірка, – якою є причина виконання людиною заповідей Творця, – дуже проста: якщо причина дії «заради Творця» – тіло неспроможне здійснити щонайменшого руху. Якщо ж причиною є власна вигода в цьому чи майбутньому світі, то чим більше думає людина про винагороду, тим більше енергії з'являється для здійснення і всіляких додавань до виконання.

З цього стане зрозумілим, що саме спрямованість думки (намір) – «кавана» – визначає якість дії, а на якість виконання заповіді не впливає її кількісне перебільшення.

Все, що відбувається з нашим народом, відбувається на основі дії вищих духовних сил. А ми на нашій землі спостерігаємо протягом віків, в розгортанні у часі, причинно-наслідковий зв'язок духовних сил. Мудрим зветься той, хто, не дочікуючись наслідку того, що відбувається, заздалегідь бачить наслідки тих чи інших подій, тому може передбачити і попередити небажані наслідки.

Та оскільки наш світ – це світ наслідків дій духовних сил, а вся арена їхніх дій знаходиться вище наших відчуттів, то лише кабаліст є спроможним наперед, до прояву на землі, побачити у упередити події. Та оскільки всі ці події дані нам для нашого виправлення, без котрого ми не зможемо досягти мети творіння, то ніхто, крім нас самих, нам допомогти не зможе. Творець посилає нам не страждання, а засоби нашого просування вперед, що пробуджують до виправлення.

Кабаліст – не чарівник, що творить дива. Його роль серед нас у загальній допомозі, в тому, щоби підняти рівень людської свідомості до усвідомлення необхідності самовиправлення, а також, – аби особисто допомогти кожному з нас, якщо людина того бажає.

Наше розсіювання серед інших народів триватиме до тих пір, поки всередині себе не побажаємо позбутися наших «внутрішніх гоїв» – егоїстичних бажань. Та будемо відчувати на собі загальну ненависть теж до тих пір, поки не поставимо егоїзм на службу альтруїзму. Уклінність євреїв перед егоїзмом дає сили народам світу над нами. І навпаки, – якби ми хоч трохи віддали перевагу альтруїзму над егоїзмом, не зміг би продиктувати нам свою волю жоден народ.

Після нашого виправлення, як то мовлено в Торі, прийдуть всі народи вчитися у нас. І тоді отримаємо нашу землю і станемо незалежними. Тому, що земні євреї та гої, Ерец Ісраель і землі вигнання – є не чим іншим, як наслідком духовних альтруїстичних та егоїстичних сил. У тій мірі, в якій ми підкоряємося нашому тілу, – в тій же мірі змушені будемо підкорятися іншим народам.

———

Немає у людини ніякої влади над своїм серцем – ні в сильного, ні в розумного, ні в талановитого. Тому єдине, що може людина, – це механічно робити добрі справи і просити Творця, аби дав їй інше серце (під серцем зазвичай розуміються всі бажання людини). Все, що вимагається від людини, – це велике бажання і щоб це бажання було єдиним, а не одним з багатьох. Тому, що бажання, яке людина відчуває в своєму серці, і є її молитвою. І велике сильне бажання не залишає місця для інших.

Створити в собі велике бажання людина може лише при щоденному, щогодинному зусиллі. Прекрасно усвідомлюючи, що перебуває далеко від мети і що всі її заняття кабалою – заради особистої вигоди, незважаючи на різноманітні доводи тіла: про втому, про необхідність приділити час для…; про те, що все одно це не духовна робота, а егоїстична, що коли треба, то сам Творець усе зверху зробить, як і привів до цього стану; що потрібно зробити перевірку того, що вже досягнуте (хто ж працює без контролю?); що з тих пір як почав займатися кабалою, – ще гірше стало…; що всі її ровесники є більш успішними, ніж вона у своїх заняттях…; – і до безкінечності всіляких подібних звинувачень, докорів і закликань до розуму, – як з боку тіла, так і з боку рідних. Саме долаючи ці труднощі, людина буде в собі справжнє бажання.

А подолати їх можна тільки одним способом, як радить сама Тора – «дати в зуби!» егоїзму, – тобто залишити його претензії без відповіді або відповісти: я йду як йолоп, без будь-яких доказів і перевірок, тому що всі вони можуть бути здійснені мною тільки на ґрунті егоїзму, з якого я повинен вийти. А оскільки інших почуттів у мене поки що немає, то я не можу слухати тебе, а лише тих видатних, котрі вже проникли у вищі світи і знають, як в дійсності слід чинити людині. А те, що моє серце стає ще егоїстичнішим, – це тому, що я просунувся вперед, і тепер мені можуть показати з небес ще трохи мого справжнього егоїзму, аби ще сильніше міг просити Творця про виправлення.

І тоді у відповідь Творець розкриває Себе людині так, що людина відчуває велич Творця і мимоволі стає Його рабом. І вже не зазнає ніяких спокус з боку свого тіла. І це називається заміною «кам'яного» серця, яке відчуває лише самого себе, на «живе» серце, що відчуває інших.

У нашому світі людина просувається вперед, використовуючи свої органи пересування – ноги. А коли досягає своєї мети, використовує органи отримання – руки. Духовні органи є протилежними нашим: людина йде вперед по східцях духовних сходин, якщо свідомо відмовляється від опори під собою у вигляді здорового глузду. А отримати мету творіння може, піднявши руки вгору і віддаючи.

Метою творіння є насолода людини. Чому ж Творець веде нас до цієї мети таким болісним шляхом?

Оскільки людина створена досконалим Творцем, а ознака досконалості – це стан спокою, – тому що рух є наслідком недоліку, нестачі у чомусь, намаганням досягти бажаного, – то й людина любить спокій і готова знехтувати ним лише заради позбуття страждань через відсутність чогось важливого, наприклад їжі, тепла тощо.

Відчуття відсутності необхідного штовхають людину до дії. І чим більше страждання через відсутність бажаного, – тим більша готовність людини докласти ще більших зусиль задля досягнення бажаного.

Тому якщо Творець дає людині страждання внаслідок відсутності духовного, вона змушена докласти зусиль для здобуття цього. А досягнувши духовного, мети творіння, – отримає насолоду, вже вготовану їй Творцем. Тому ті, хто бажають просуватися духовно, – не відчувають страждань від власного егоїзму як покарання, а бачать у цьому прояв доброго бажання Творця допомогти їм: замість прокляття – благословення.

І тільки досягнувши духовного, людина побачить, – що це таке, що це за насолода, бо до цього лише страждала від її відсутності. Відмінність матеріального від духовного в тому, що за відсутності матеріальних насолод людина страждає. А за відсутності духовних – ні. Тому, щоби привести людину до духовних насолод, Творець створює їй відчуття страждань через їхню відсутність.

Та при відчутті матеріальних насолод людина ніколи не відчує повного, безмежного наповнення, яке неодмінно є навіть у найменшій духовній насолоді.

Тільки-но людина починає відчувати смак у духовному, відразу ж виникає небезпека отримати ці насолоди в свої егоїстичні бажання і, відтак, ще більше віддалитися від духовного. Причина цього в тому, що людина починає займатися духовним, оскільки відчула в ньому смак насолоди більший, ніж в усьому своєму осоружному, нікчемному житті, та вже не має потреби в основі духовного – вірі, оскільки явно бачить, що варто займатися цим задля своєї вигоди.

Але так чинить Творець тільки з початківцем, аби привабити, а потім – виправити. І це схоже на те, як мати вчить дитину ходити: чим більше дитина здатна самостійно пересуватися, тим далі мати відсувається.

———

Кожен із нас відчуває, що він, мовляв, краще знає, що йому потрібно робити і що йому на користь. Це почуття йде від того, що людина в егоїстичній точці свого «я» відчуває себе і не відчуває нікого і нічого, окрім себе. Тому відчуває себе людина наймудрішою, – адже тільки вона знає, чого хоче в кожний момент свого життя.

———

У нашому світі Творець влаштував управління за чіткими матеріальними законами природи. Тому не допоможуть ніякі хитрощі, якщо людина піде проти них: хто стрибне зі скелі – розіб'ється, без кисню – задихнеться і т.п.

Творець встановив такі закони природи в ясному вигляді для того, щоб ми зрозуміли, що задля виживання необхідно докладати зусиль і бути обережним. У духовному світі, де людина не відчуває наслідків і не знає законів виживання, вона повинна зрозуміти на початку шляху, що найголовніший закон, котрого не обминути, як і закони природи нашого світу, – це закон, що не можна керуватися почуттям насолоди; що визначає користь чи шкоду в духовному житті не насолода, а альтруїзм, віддача...

———

Тора – це світло, яке виходить від Творця і відчувається нами як величезна насолода. Осягнення Тори або Творця (що одне й те ж, оскільки ми відчуваємо не Його, а світло, що сходить до нас) є метою творіння.

Віра – це сила, яка дозволяє відчути впевненість у можливості досягти духовного життя, ожити з духовно мертвого стану. Необхідність в ній існує у тій мірі, в котрій людина відчуває, що вона мертва духовно.

Молитва – це зусилля, яких докладає людина, – в першу чергу, зусилля в серці, – аби відчути Творця і просити у Нього впевненості у досягненні істинного, духовного життя. Робота, зусилля, молитва можливі тільки при відчутті утаєння Творця. Справжня молитва – це прохання про те, щоби Творець дав сили йти всупереч егоїзму із заплющеними очима, без розкриття Його людині, бо це найбільша винагорода, а ступінь духовності визначається ступенем прагнення безкорисливо віддавати. Коли ж людина впевнена у своїх альтруїстичних силах, вона може потроху починати отримувати насолоди заради Творця, бо цим вона тішить Творця. А оскільки бажання Творця – натішити людину, то збігом бажань обоє зближуються, і людина, крім насолоди від отримання світла Творця, отримує безмежну насолоду від осягнення рівня Творця, від злиття з самою досконалістю. Ця насолода і є метою творіння.

Оскільки егоїзм є нашою природою, – він панує на всіх рівнях природи, від атомно-молекулярного, гормонального, тваринного рівнів і до найвищих систем нашого розуму і підсвідомості, включаючи наші альтруїстичні бажання, і людина неспроможна ні в чому свідомо піти проти нього.

Тому той, хто бажає вийти з-під влади егоїзму, мусить в усьому, що пов'язане з просуванням до духовного, діяти проти бажань тіла й розуму, незважаючи на те, що не бачить ніякого зиску для себе, інакше ніколи не зможе вийти за межі нашого світу.

Цей принцип роботи називається в кабалі «бити, поки не захоче». А коли Творець допоможе тим, що дасть свою природу людині, тоді тіло захоче працювати в духовному ключі, і цей стан називається поверненням – «тшува».

Змінення природи егоїстичної на альтруїстичну відбувається так: бажання зазнати самонасолоди, створене Творцем, егоїзм, чорна точка, на котру відбулося скорочення («цимцум»), і тому світло Творця пішло з неї, проходить виправлення, що називається екраном («масах»), за допомогою якого егоїзм змінюється на альтруїзм.

Як може статися таке диво, – ми зрозуміти неспроможні до тих пір, поки не відчуємо цього на собі, оскільки абсолютно неймовірним здається нам можливість змінити основний закон природи, щоб там, де ми навіть зусиллям волі не могли нічого поробити із собою і не могли діяти, раптом можемо діяти.

У результаті людина знаходить, що її діяння залишилися тими ж самими і нічого вона не може дати Творцеві тому, що Творець – досконалий і бажає тільки наповнити досконалістю людину.

А взамін безмежної насолоди, отримуваної від Творця, не може дати людина нічого, окрім думки, що ті ж вчинки робить, що й раніше, але тому, що радує цим Творця.

Але й ця думка також не для Творця, а на користь людини тому, що дозволяє їй отримувати безмежні насолоди без сорому за дарований хліб, позаяк досягає схожості з Творцем, ставши альтруїстом, і тому може безкінечно отримувати, – бо не для себе, – і тому насолоджуватись.

Людина владна примусити себе щось зробити фізично, але не в змозі змінити свої бажання, робити що-небудь не ради себе. Та недаремно сказано, що молитва без правильного спрямування помислу, – як тіло без душі. Тому, що дії стосуються тіла, а помисел – душі. І якщо людина ще не виправила свого помислу (душі), – задля чого вона виконує дію (тіло), – то сама дія є духовно мертвою (без світла в ній).

В усьому є загальне й окреме. Віруюча маса називається «загальне», духовно неживе, що говорить про можливість лише загального руху для всіх складових цієї маси. Немає особистого духовного руху тому, що немає внутрішньої потреби, яка викликає рух. І тому немає індивідуального зростання, а лише спільне зростання, у відповідності з рухом загального управління згори. Тому маси завжди відчувають свою правоту і досконалість.

Духовно рослинне – «цомеах» – означає, що кожен об'єкт має вже особистий внутрішній рух і зростання. І він вже називається «людина», «адам», – за визначенням Тори: «людина – дерево в полі».

Оскільки для духовного зростання необхідне прагнення до руху, а рух можна викликати лише почуттям нестачі, недоліку в чомусь, то людина постійно відчуває свої недоліки, що змушують її шукати шляхів зростання. А якщо зупиняється на якомусь рівні духовного розвитку, то спускають людину донизу в її відчуттях, аби підстьобнути її йти, а не стояти. І якщо піднімається, – то вже не на минулий рівень, а на більш високий.

Отже, людина або рухається вгору, або спускається вниз, але стояти на місці не може, бо цей стан не відповідає рівню «людина». Лише ті, хто належать до маси, стоять на місці і не можуть впасти зі свого рівня та ніколи не відчувають падінь.

Розділимо подумки порожній простір горизонтальною лінією. Над лінією міститься духовний світ. Під лінією міститься егоїстичний світ.

Над лінією може перебувати той, хто віддає перевагу діям всупереч своєму земному розуму; навіть якщо є можливість все знати і бачити, – бажає, заплющивши очі, вірити (йти шляхом віри – «емуна ле-мала мі даат») і бажати (альтруїзм замість егоїзму) духовного.

Духовні сходини визначаються ступенем альтруїзму. У відповідності зі своїми властивостями людина перебуває на тій духовній сходинці, котрій вона за своїми властивостями відповідає.

Над лінією відчувається Творець – чим вище над лінією, тим сильніше. Вище – нижче визначається екраном людини, що відбиває пряму егоїстичну насолоду від світла Творця. Світло над лінією зветься Торою.

Екран, лінія, що відмежовує наш світ від духовного, називається заслоном («махсом»). Ті, хто проходить заслін, уже духовно ніколи не опускаються на рівень нашого світу. Під лінією – влада егоїзму, над лінією – влада альтруїзму, але, паралельно духовним альтруїстичним ступеням, від лінії вгору, містяться також нечисті ступені – «оламот» (світи) Асія, Єцира, Брія «де-тума» (нечисті), кожен по 10 ступенів-сфірот, – усього 30.

Від лінії вгору: весь світ Асія і до половини світу Єцира, паралельно з чистими й нечистими ступенями, займає також відділ основних нечистих бажань – «мадор кліпот». Вище трьох чистих світів (кожен по 10 ступенів-сфірот, усього 30) міститься світ Ацилут, який також складається з 10 сфірот.

Ацилут – це світ повного відчуття Творця та злиття з Ним. Людина поступово піднімається до світу Ацилут, набуваючи альтруїстичних властивостей. Досягши світу Ацилут, тобто набувши всіх властивостей «віддавати», людина, стоячи на найнижчому ступені світу Ацилут, починає «отримувати ради Творця». Якщо до цього вона набувала додаткових альтруїстичних властивостей, то тепер вона за допомогою придбаних альтруїстичних властивостей починає виправляти (не знищувати!) саму суть своєї істоти, – не знищує бажання насолоджуватись, а виправляє намір, – заради чого зазнавати насолоди.

Поступово виправляючи егоїзм на альтруїзм, людина відповідно до цього, піднімається, поки не отримає все, що має отримати, згідно з коренем своєї душі (шореш нешама), яка первісно є частиною останнього ступеня (малхут) світу Ацилут, але, внаслідок виправлення стає такою, що піднімається до свого повного злиття з Творцем і отримує при цьому в 620 разів більше, ніж до вдягання у людське тіло.

Все світло, вся кількість насолоди, котру Творець бажає дати створінням, називається спільною душею всіх створінь, чи «шхіною». Світло, що призначене кожному з нас (душа кожного з нас) є часткою цієї спільної душі. І цю частку кожен повинен отримати в міру виправлення свого бажання.

Людина може відчути Творця (свою душу) лише в своєму виправленому бажанні зазнати насолоди. Це бажання називається «судина» («клі») душі. Таким чином душа складається із судини і світла, що йде від Творця. Якщо людина повністю виправила свою судину з егоїстичної на альтруїстичну, то ця судина абсолютно зливається зі світлом тому, що набула його властивостей.

Таким чином людина стає рівною Творцеві, цілком зливається з Ним у властивостях. При цьому людина звідує все те, що є в світлі, яке її наповнює.

Немає в нашій мові слів, аби описати цей стан. Тому мовиться, що вся сума всіх насолод в цьому світі являє собою іскру від безмежного вогню насолоди душі від злиття з Творцем.

Просуватися по східцях духовних сходів можна лише за законом середньої лінії («кав емцаї»). Принцип цього стану можна стисло охарактеризувати словами «багатим є той, хто щасливий тим, що має»: скільки розуміється в Торі, – досить йому, адже головне для нього те, що може виконувати своїми діями бажання Творця, відчуваючи, наче виконав бажання Творця в усіх тонкощах, і щасливий при цьому, наче дісталася йому найкраща доля в світі.

Таке почуття народжується в людині, якщо вона ставить Творця над собою як Царя всесвіту. І тому вона щаслива, що з багатьох мільярдів Творець обрав її тим, що вказав їй через книги та вчителів, чого Він від людини хоче. Такий духовний стан називається прагненням до віддачі (хафец хесед). У такому випадку властивості людини збігаються з властивостями духовного об'єкта, що зветься «біною».

Але це ще не є досконалістю людини тому, що в цій роботі над собою людина не використовує свій розум і називається «бідний знанням» (ані бе даат), бо нічого не знає про зв'язки її дій з їхніми духовними наслідками, – тобто діє несвідомо, не розуміючи, що робить, діючи лише вірою.

Тому, аби свідомо духовно діяти, людина мусить докласти багато зусиль, – відчути, що думка повинна бути «заради Творця». І тут вона починає відчувати, що зовсім не піднімається духовно, а навпаки, – кожного разу при виконанні чогось бачить, що є все більш далекою від справжнього наміру, – завдати Творцеві насолоди так само, як Творець цим бажає завдати насолоди їй.

У такому стані людина повинна приймати знання не більш від того, що дозволяє їй залишатись щасливою через досконалість, як і раніше. І ось цей стан називається «середньою лінією» («кав емцаї»). А поступово додаючи знань, – «ліву лінію» («кав смоль»), – вона досягає повної досконалості.

Розберемо ще раз роботу в середній лінії. Людина повинна почати своє духовне сходження з «правої лінії», – відчуття досконалості в духовному, щастя від своєї долі, поривання безвідплатно і безкорисливо виконувати бажання Творця. А скільки насолоди є в неї в її духовних пошуках? Достатньо в неї, – бо ж вірить в особисте управління нею Творцем, що це бажання Творця, аби вона себе так почувала у своєму духовному пошукові. Яким би не був її стан, він походить від Творця. І одним цим усвідомленням духовного управління та досконалості вона щаслива, відчуваючи й свою досконалість, – і в радості дякує Творцеві.

Але в такому стані відсутня ліва лінія, – коли людина повинна робити перевірку свого стану («хешбон нефеш»). І ця внутрішня робота є протилежною роботі правої лінії, де головне – звеличування духовного й Творця, без усякого зв'язку з собою і своїм станом. А коли людина починає перевіряти, – що вона дійсно собою являє, наскільки серйозне її ставлення до духовного, наскільки вона сама є досконалою, – то бачить, що занурена у свій дріб'язковий егоїзм, а для інших, заради Творця не здатна зрушити з місця. І в тій мірі, в якій вона знаходить у собі зло, розуміючи, що це зло, наскільки вона прагне цього позбутися, – настільки вона мусить докласти зусиль його подолати і піднести молитву про допомогу, бо ж бачить, що сама неспроможна нічого з собою вдіяти.

Таким чином з'явилися в людині дві протилежні лінії: права – відчуває, що все у владі Творця і тому все досконале, а, отже, – не бажає нічого і тому є щасливою. Ліва – відчуває, що сама вона абсолютно не має жодного відношення до духовного, нічого не пізнала; що перебуває, як і раніше, у шкаралупі свого егоїзму та не просить Творця про допомогу аби вирватися з цього стану.

Але після того, як людина побачила у собі все своє зло, і, незважаючи на це, відкинувши здоровий глузд, який відмовляє її від безнадійної роботи щодо виправлення егоїзму, вона все одно дякує Творцеві за свій стан, вірячи в те, що перебуває в досконалості; і тому є щасливою як й до перевірки свого стану, – вона просувається вперед по середній лінії. Та необхідний постійний контроль: «не перебрати» із самокритикою лівої лінії, щоби постійно бути в радості середньої лінії, – тільки тоді людина «обома ногами» сходить у духовне.

Існує два рівня (не плутати з чотирма рівнями бажань: неживий, рослинний, тваринний, мовець) розвитку людини: «тварина» й «людина». Тварина, як ми бачимо в тваринному світі, – якою народилася, так само й продовжує жити, не розвиваючись. А того, що є в ній в день її народження, – досить їй для існування протягом всього його життя. Так само – людина, що відноситься до цього типу, – якою була, отримуючи виховання, навчаючись виконувати заповіді, якою була в день бар-міцви (ритуал підтвердження «повноліття» в іудаїзмі), коли стала виконувати всі заповіді, – такою й залишається, з тим же розумом їх виконує, а всі доповнення – лише в кількості.

Між тим людський тип створений зовсім інакше: егоїстом народжується і, бачачи, що народжений егоїстом, – прагне до виправлення.

Якщо людина бажає дійсно заслужити розкриття Творця, то:
1) це бажання повинно бути в неї сильнішим за всі інші, – тобто щоби не відчувала інших бажань; і, крім того, бажання це мусить бути у неї постійним: оскільки сам Творець – вічний та незмінні Його бажання, – так і людина, якщо хоче наблизитись до Творця, повинна

бути схожою на Нього і цією властивістю, тобто незмінним бажанням, – щоб її бажання не змінювались залежно від обставин;

2) повинна оволодіти альтруїстичними бажаннями «віддати» свої думки і бажання Творцеві, що звіться рівнем «хесед», доки не заслужить світло віри, яке дає людині впевненість;

3) повинна заслужити досконале, абсолютне знання Творця; результат дій людини залежить від її духовного рівня, але якщо світить світло Творця, то немає різниці між ступенями, оскільки судину душі і світло разом, – одномоментно, – отримує людина від Творця, і тому отримуване знання сприймається досконалим.

Зазвичай людина живе цілком у згоді зі своїм тілом: тіло диктує їй свої бажання і платить за її зусилля тим, що через тіло людина відчуває насолоди. Сама насолода є духовною, але в нашому світі вона повинна бути прив'язана до якогось матеріального носія: повинна вбратися в матеріальну оболонку (їжа, протилежна стать, звуки музики тощо), аби людина могла цю насолоду в оболонці матеріального носія сприйняти. А вже всередині нас, у внутрішньому відчутті, ми відчуваємо просто насолоду, але все одно, – повністю її від її носія відокремити не можемо.

Люди відрізняються за типом носія насолоди – хто й від чого насолоджується. Але сама насолода – духовна, хоча й відбувається її відчуття в нашому мозку під дією електричних імпульсів. І, в принципі, подразнюючи електросигналами наш мозок, можна відтворити повне відчуття всіх насолод. А оскільки ми вже звикли отримувати їх у певних одежах-носіях, то така чиста насолода викличе з пам'яті відчуття її носія, і людині будуть вчуватися звуки музики, відчуватимуться смаки їжі тощо.

З вищенаведеного видно, що людина та її тіло навзаєм обслуговують один одного: людина платить за зусилля тіла, за його роботу насолодою. Тому якщо людина бачить, що її тіло згідне працювати, – значить, воно бачить винагороду в результаті своєї роботи, що позначається загальним словом «насолода». (Втеча від неприємних відчуттів також є отриманням насолоди.) Це явна ознака того, що те, що вона робить, є егоїстичною дією.

І навпаки, якщо людина бачить, що її тіло пручається і запитує: «А навіщо працювати?», – значить це, що воно не бачить насолоди більшої, ніж у даний момент, або, принаймні, – достатньої для подолання потягу до спокою, не бачить для себе зиску у зміненні свого стану.

Та якщо людина бажає відірватися від розрахунків тіла, а бере до уваги поліпшення стану своєї душі, то тіло, зрозуміло, не зможе зробити навіть найменшого поруху, не бачачи явної вигоди для себе. І людина не в змозі примусити його працювати. Тому залишається лише одне – просити Творця, аби допоміг йти вперед.

Творець не замінює людині тіло, не змінює законів природи й не творить див. У відповідь на справжнє прохання, – молитву, – Творець дає людині душу – силу діяти за законами істини. Природно, – якщо людина виконує всі вказівки Тори, не відчуваючи перешкод з боку тіла, то немає у неї потреби отримати душу, силу духовного просування.

Не можуть бути щасливими всі, якщо насолоджуються егоїстично, тому що егоїзм зазнає насолоди не лише від того, що є в нього, але й від того, чого немає в інших, тому що всі насолоди порівнювальні та відносні. Тому неможливо побудувати справедливе суспільство на основі правильного використання егоїзму. Безпідставність цих утопій засвідчена всією історією людства: у стародавніх громадах, в ізраїльських кібуцах, у спробах будівництва соціалізму.

Неможливо надати насолоди кожному в егоїстичному суспільстві: завжди людина порівнює себе з іншими, що особливо добре видно саме у невеликих селищах. Тому Творець, бажаючи дати необмежену насолоду кожному, поставив за умову такої насолоди її незалежність від бажань тіла. Ці різноманітні, незалежні від бажань нашого тіла неегоїстичні спонукання ми називаємо альтруїстичними.

Кабала – це порядок духовних коренів, що виходять за незмінними законами один із одного, об'єднуються і вказують на одну їхню вищу мету – «осягнення Творця створіннями, котрі перебувають у цьому світі».

Кабалістична мова нерозривно пов'язана з духовними об'єктами або їхніми діями. Тому вивчати її, навіть у стислому виді, можна лише розглядаючи процес утворення створіння.

Кабала пояснює, – а згодом той, хто осягає, знаходить сам, – що: часу немає, а замість часу є ланцюжок причини та її наслідку, котрий, у свою чергу, стає причиною для подальшого наслідку – народження нової дії чи об'єкта. В принципі, так само і в нашому світі поняття часу ми пов'язуємо із відчуттям внутрішніх причинно-наслідкових процесів. Навіть наука стверджує, що час, як і простір, є поняттями відносними.

Місце або простір – бажання зазнати насолоди.

Дія – насолода або відмова від неї.

«Спочатку», – тобто до початку творіння, – існує тільки один Творець. Його самого ми ніяким іншим словом назвати не можемо тому, що будь-яке ім'я говорить про осягнення об'єкта, а оскільки в Ньому самому ми осягаємо лише те, що Він створив нас, ми можемо назвати Його тільки Творцем, Володарем тощо.

Від Творця виходить світло – це бажання Творця породити створіння і дати йому відчуття насолоди Собою. І тільки за цією властивістю світла, що йде від Творця, ми можемо судити про самого Творця. Вірніше, за відчуттям світла ми судимо не про самого Творця, а про те, які відчуття Він бажає викликати в нас. І тому ми кажемо про Нього як про такого, що бажає завдати нам насолоди.

Але ця насолода не міститься в самому світлі, а народжується в нас від впливу світла на наші органи духовних чуттів, як, наприклад, немає в шматку м'яса тієї насолоди, котрої зазнає той, хто куштує його, а тільки при дотиканні м'яса з нашими органами чуттів з'являється в нас відповідне відчуття насолоди.

Будь-яка дія, як духовна, так і фізична, складається з думки та самої дії, що втілює цю думку. Думка Творця – завдати насолоди створінням, і, відповідно з цим, Він дає нам насолоду. Така дія називається «дати з метою дати»! Така дія називається простою тому, що мета і рух збігаються.

Створіння утворене егоїстичним, – тобто у людини не може бути іншої мети, крім отримання насолоди. Для цього людина може виконувати дві дії: отримувати або давати, щоб отримати те, що хоче, – тобто хоча фізично вона дає, але завжди переслідує за мету отримати.

Якщо дія того ж напрямку, що й мета, тобто якщо дія спрямована на те, щоб отримати, і мета – отримати, то дія людини називається простою. Якщо рух спрямований на те, щоб дати, але мета – отримати, – а в нашому світі іншої мети бути не може, – то така дія називається складною, бо мета і рух не схожі, не збігаються за наміром.

Ми не в змозі уявити собі бажання й поля їхньої дії поза простором, і тому не залишається нічого іншого, як уявити собі Творця духовною силою, що заповнює простір.

Мовиться в Торі, що Творець сотворив людину діючою простим рахунком, а люди його ускладнили («елокім аса адам яшар, ве хем асу хешбонот рабім»). Чим вище людина підіймається по духовних сходах, тим простішими є закони світобудови тому, що основні, базисні категорії – прості, а не складені. Але від того, що людина не відчуває коренів створіння, а сприймає лише їхні далекі наслідки, то бачить закони творіння у нашому світі, як такі, що складені з умов і обмежень, і тому сприймає їх як надзвичайно заплутані.

Оскільки в істинних кабалістичних книгах міститься скрите світло, – присутній вплив автора під час його праці над текстом, – то при вивченні текстів є важливим правильний намір: для чого людина вивчає – чи для того, щоби відчути Творця. Також під час вивчання слід просити отримати розум й розуміння, якими володів автор, і просити зв'язку з ним, – звертатися до нього. І тому дуже важливо не читати сторонніх творів, а, тим паче, таких, котрі начебто також говорять про духовні світи тому, що і в цьому випадку читач отримує вплив від їх авторів.

Людина, яка бажає оволодіти духовними знаннями, мусить перейти у своєму повсякденному житті на певний розпорядок дня: відключитися від впливу сторонніх поглядів, непотрібних новин, шкідливих книжок. Тільки з необхідності на роботі чи в навчанні спілкуватися з людьми, не виказуючи, що вона замикається в собі, але постійно контролюючи, чим зайнятий її розум. Думки повинні бути про роботу коли це необхідно, а решта часу – про мету її життя.

Досягнення мети більше залежить від якості зусилля, ніж від кількості: один може просиджувати над книгами цілодобово, а інший, з огляду на зайнятість сімейними справами і необхідність працювати, в змозі приділити навчанню тільки годину на добу. Зусилля вимірюється тільки відносно вільного часу, – наскільки людина страждає, що не в змозі більше часу приділяти духовному. Результат прямо залежить від інтенсивності наміру, від того, що саме людина бажає здобути в результаті свого навчання і роботи над собою, заповнюючи вільний час.

Є два види годування дитини: силоміць, без її насолоди, але харчування отримує, і це дає силу і можливість зростання. Цей вид духовного вирощування людини називається в кабалі «за рахунок вищого». Та якщо «дитина», – той, хто бажає духовно зростати, – сама бажає приймати духовну їжу, оскільки з'явився до неї апетит (усвідомив необхідність або відчув насолоду від світла), то не лише духовно зростає несамохіть, болісно, шляхом страждань, але й зазнає насолоди процесом життя, духовного осягнення.

Гостре почуття, що відчуває людина в усвідомленні гарного і поганого, зветься в кабалі процесом вигодовування: як мати піднімає дитину до своїх грудей, і дитя у цей час отримує їжу, – так кабаліст отримує світло, що є у вищому духовному об'єкті і явно відчуває і усвідомлює прірву між добром і злом. А згодом, як мати віднімає від своїх грудей дитину, – так і кабаліст втрачає зв'язок із вищим, і зникає чіткість розмежування в його відчутті доброго і злого. Цей процес відбувається з людиною для того, щоби просила Творця дати їй такі ж можливості відчуття (келім) добра і зла, – як у вищого.

Як егоїзм, так і альтруїзм людина отримує згори. Відмінність у тому, що егоїстичні бажання людина отримує автоматично, а альтруїстичні – лише за своїм наполегливим проханням.

Людина спочатку повинна досягти стану, в котрому бажає «давати насолоду Творцеві», незважаючи ні на які свої егоїстичні бажання (сходження по сходах світів БЄА), – як Творець дає їй, – а втім вже шукати, чим може порадувати Творця. Тоді вона бачить, що тільки зазнаючи насолоди, вона радує Творця. І це називається «мекабель аль менат леашпиа» (отримання заради Творця) – рівень світу Ацилут. Опанування силами бажання різної величини лише безкорисливо віддавати Творцю зветься ступенями світів БЄА (Брія, Єцира, Асія). Опанування силою отримувати насолоду від Творця заради Його бажання зветься рівнем світу Ацилут.

Бейт мідраш – це місце, де вчаться «лідрош» (вимагати) Творця (вимагати духовні сили), і де вчаться вимагати відчуття мети творіння, відчуття Творця.

Оскільки ми (наше тіло, егоїзм) природно тягнемося до того, що більше й сильніше за нас, то слід просити Творця, аби Він розкрив себе, щоб ми побачили в Його світлі свою істинну нікчемність та Його істинну велич, і змогли тягнутися до Нього природним потягом – як до найбільш сильного і великого. Найголовніше для людини – це важливість того, чим вона займається. Наприклад, багаті люди важко працюють, щоб інші заздрили їм. Та якби пропав престиж багатства, то перестали б їм заздрити, і зник би у багатіїв сенс, стимул працювати. Тому головне – набути відчуття важливості осягнення Творця.

Ніколи не настане такий час, коли без зусиль людина зможе досягти духовного тому, що зусилля і є судиною для отримання світла. До тих виправлень в світі, які зробив великий АРІ, було відносно легше досягти духовного, ніж після нього: після того як Арі відкрив шлях осягнення духовного, стало важче відмовитися від насолод нашого світу. До Арі шляхи були закритими, і згори не було такої готовності пролити світло. Арі відкрив джерело світла, але стало важче боротися з егоїзмом, – він став більш сильним і витонченим.

Це можна пояснити такою подобою: до Арі давали згори 100 одиниць осягнення, і можна було роботою та зусиллям в 1 одиницю отримати 1 одиницю осягнення. Сьогодні ж, після виправлень, які Арі здійснив у нашому світі, можна за одиницю зусиль отримати 100 одиниць осягнення, але незрівнянно важче зробити це зусилля в 1 одиницю.

Рабі Єгуда Ашлаг (Бааль Сулам) вніс таке виправлення у світ, що людина не в змозі обманювати себе, наче вона є досконалою, а повинна йти шляхом віри вище за знання. І хоча шлях став більш ясним, але покоління не в змозі вкласти необхідну кількість та якість зусиль, як могли це вдіяти попередні покоління: хоча і є, як ніколи, ясне відчуття недоліків людини, але не підносять духовне на відповідну висоту, – як в минулих поколіннях, коли маси були згодні на все в ім'я духовного сходження. Причиною цього є непомірно збільшений особистий та суспільний егоїзм.

Велике виправлення в світі зробив видатний Бааль Шем Тов. Тимчасово навіть маси змогли відчути трохи більше духовного у світі, і тимчасово легше стало досягти духовного тому, хто цього бажає. Для того, щоб вибрати гідних учнів у свою кабалістичну групу, Бааль Шем Тов заснував «адморут», – такий розподіл єврейської громади, коли маси поділені на частини, і кожна частина має свого духовного очільника-кабаліста.

Ці очільники – «адмори» – вибирали гідних вивчати кабалу до своїх класів «хейдерів» (кімнат), і в них зрощувати майбутні покоління кабалістів, очільників мас. Але вплив виправлення, зробленого Бааль Шем Товом, пройшов, і вже не всі керівники покоління є кабалістами (тими, осягають Творця). Після ж відходу Бааль Сулама наш світ перебуває в духовному падінні, що завжди передує майбутньому підйому.

Відчути себе утвореним створінням означає відчути себе відокремленим від Творця.

Оскільки внаслідок нашої егоїстичної природи ми інстинктивно віддаляємося від того, що завдає нам страждань, то це використовує Творець, аби привести нас до хорошого: Він вилучає насолоду з матеріального світу, який оточує нас, і дає нам насолоду лише в альтруїстичних діях. Але це – шлях страждань.

Шлях Тори інший: хоча і є насолоди в нашому світі, але вірою у мету творіння, вище розуму, тобто всупереч тому, що стверджують наше тіло і розум, ми можемо вийти з егоїзму, самолюбства, і починаємо тоді звідувати любов до Творця, відчуваючи, що це взаємно. Це шлях спокою і радості, віри в те, що довгий шлях – насправді короткий, без переживання страждань.

Є духовний розвиток під впливом оточуючого світла («ор макіф»), коли в людини ще немає можливості отримати світло всередину (внутрішнє світло, «ор пнімі»). Такий шлях духовного розвитку людини називається природним, шляхом страждань («дерех бійто»), і ним йде все людство.

Але є шлях індивідуального духовного розвитку людини через особистий зв'язок з Творцем, роботу в трьох лініях. Цей шлях зветься шляхом Тори, і він набагато коротший, ніж шлях страждань. І тому мовлено в Торі: «Ісраель мекадешзманім», – той, хто бажає стати «Ісраель», зменшує час свого виправлення.

Вірити без того, коли страждання примушують вірити, важко. Та головне – людина повинна вірити в те, що плоди її праці залежать лише від її зусиль, – тобто вірити в управління винагородою і покаранням.

Винагорода полягає в тому, що Творець дає людині хороші думки і бажання. Віру людина повинна також отримувати від товаришів по навчанню та з книг, але після того, як почала відчувати в собі віру, отримала відчуття Творця, – мусить сказати собі, що це Творець дав їй.

Тора – це ліки, – наркотик життя та смерті (згадайте: «Релігія – опіум для народу»). Наркотик життя, – якщо дає сили і бажання працювати, і наркотик смерті, – якщо людина каже собі, що все, що би не діялось, – робиться згори і не залежить від її зусиль. Основне зусилля повинне бути в тому, щоб утримати високе прагнення, яке надане згори. Спочатку дають людині духовне відчуття, піднімають її, а втім надходить час роботи, зусиль, – втриматися на цьому рівні своїми силами. Головне зусилля повинно бути у відчутті цінності отриманого духовного піднесення. Тільки-но людина починає нехтувати отриманим і зазнавати самонасолоди, – вона починає втрачати цей рівень.

Все, що перебуває під владою егоїзму, міститься в центральній точці створіння – «некуда емцаїт». Все, що не бажає самонасолоди, міститься вище цієї точки. Тому сказано, що лінія сходження світла («кав») торкається (аби невідчутно оживляти створіння) та не торкається (не наповнює створіння відчутним світлом Творця) центральної точки.

Мовиться, що тому, хто бажає духовно наблизитися, допомагають тим, що дають душу, – світло, частину Творця. Людина починає відчувати, що вона – частина Творця!

Яким чином світло Творця породило бажання втішатися Ним («ор боне клі»)? Приклад: у нашому світі, якщо дати людині почесті, до котрих вона раніше не прагнула, а потім забрати їх, вона вже зажадає знайомих від почестей насолод. Це прагнення – повернути насолоду, що була в ній, і називається судиною. Світло поступово зрощує у такий спосіб судину для насолоди собою (світлом).

У здійсненні зусиль над своїми бажаннями людина повинна усвідомити, що її тіло не розуміє поняття часу, і тому не відчуває ані минулого, ані майбутнього, а лише теперішнє. Наприклад, потрібно зробити якесь останнє зусилля ще протягом п'яти хвилин, а потім заслужено відпочивати, але тіло пручається тому, що не відчуває виграшу в майбутньому відпочинкові. Якщо людина й пам'ятає насолоду після важкої праці, то тіло все одно не дає сили виконати цю роботу, як, наприклад, якщо заздалегідь отримав платню, то немає вже бажання працювати. Тому слід не відкладати боротьбу з тілом, а кожної миті в теперішньому протидіяти йому думками про вище.

Оскільки людина – стопроцентний егоїст, то не захоче сама зв'язку з Творцем. Вона може захотіти цього тільки в тому випадкові, якщо матиме впевненість, що це – задля її блага. Тобто, мало того, що людина бачить своє зло і розуміє, що лише Творець може їй допомогти, – все одно це не дасть сили просити Творця. Необхідне усвідомлення того, що в зближенні, в зв'язку з Творцем – її спасіння.

Тора пропонує нам її шлях замість шляху страждань. Час змінює умови: два тисячоліття тому пошуком зв'язку з Творцем займалися одиниці, – як за часів рабі Шимона. За часів Арі і Рамхаля кабалою вже займалися маленькі групи. За часів Бааль Шем Това – десятки. В часи Бааль Сулама – ще більше.

За наших часів зник бар'єр, що відділяв кабалу від мас, і вже майже немає опору їй. А в наступному поколінні сотні візьмуть собі за мету життя відчуття Творця. Причому, якщо раніше тільки надзвичайно сильні духом могли досягти зв'язку з Творцем, то в наш час навіть початківці без попереднього вивчання Талмуда (а в наступному поколінні – навіть діти) зможуть осягати зв'язок з Творцем без будь-якої попередньої підготовки, – лише вивчаючи кабалу під правильним керівництвом.

⌒

В благословенні на виході суботи ми говоримо: «Благословен Ти, Творець, який розділяє духовне й будні». Людина нездатна відрізнити добро від зла, – що їй на користь, а що на шкоду. Тільки Творець може допомогти людині в цьому, розкриваючи їй очі. Тоді людина все бачить, і це означає: «і вибери життя». Але до того часу, поки людина не переконалася в життєвій необхідності постійного зв'язку, Творець не розкриває їй очі, – саме щоби просила милосердя.

⌒

В середині духовних відчуттів кабаліста міститься частина (АХАП) вищого ступеня, майбутнього його стану. Людина відчуває більш високий духовний стан як пустий, непривабливий, а не як сповнений світла; та долішній сприймає вищого згідно зі своїми якостями, а оскільки за своїми якостями ще не готовий до прийняття такого світла, – то й не відчуває його.

З огляду на утаєння Творця кожен із нас докладає неймовірних зусиль для того, аби досягти заведеного у нашому суспільстві стандарту існування, сліпо йдучи за внутрішньою підказкою, постійним нашіптуванням зсередини нашого егоїзму. Ми, як Його сліпе знаряддя, поспішаємо виконувати Його вказівки, інакше Він покарає нас стражданням, підстьобне цим, і ми змиримося та мимоволі, – потім вже не думаючи, – виконаємо Його волю.

Наш егоїзм сидить в нас, але він настільки вже вжився в нас, що ми сприймаємо його за нашу природу, за наші бажання. Він пронизує всі клітини нашого тіла, примушує оцінювати всі наші відчуття у відповідності з його бажаннями, примушує рахувати за його програмою, – скільки він отримає від наших дій.

Людина навіть не уявляє собі, що можна скинути з себе цей вплив егоїзму, очистити себе, як у фантастичному фільмі, вигнати з себе подібну до нашого тіла за формою егоїстичну хмару, що пронизує нас, одягнену на всю нашу плоть. Ми залишимося без егоїстичних бажань, і тоді Творець дасть нам свої бажання, – альтруїстичні. Та доки всередині нас існує ця егоїстична істота, ми не можемо собі уявити, який виграш матимемо з того, а навпаки, – альтруїстичні думки і бажання здаються нам неприйнятними, нісенітними, несерйозними і такими, що не можуть керувати нашим суспільством, не кажучи вже про всесвіт.

Але це лише тому, що наші думки і бажання перебувають під владою егоїзму. Для об'єктивної оцінки того, що з нею відбувається, людина повинна прагнути відчути егоїзм як щось стороннє, як свого внутрішнього ворога, який видає себе за друга, чи взагалі – за саму людину (ми навіть ототожнюємо себе з ним), прагнути відчути його як щось стороннє, що існує в ній з волі Творця. Такі дії людини називаються усвідомленням зла («акарат ра»). Але й це можливо лише тією мірою, якою людина відчує існування Творця тому, що ми все пізнаємо тільки у порівнянні, відчутті протилежностей. Тому, замість того, щоб займатися пошуками «злого змія» в собі, слід докласти всіх своїх зусиль, аби відчути світло Творця.

Крім нас, все створіння діє за законами альтруїзму. Тільки людина і світ, що її оточує (наш світ – «олам азе»), створені з протилежними егоїстичними властивостями. Якби ми побачили Творця і всі духовні світи, ми б одразу зрозуміли, наскільки наш світ мікроскопічно малий у порівнянні з духовними світами, і тільки в горошині нашого світу діють закони егоїстичної природи.

Так чому ж Творець сховався, зумисне поселивши нас у світ, сповнений пітьми, невпевненості і нещасть?

Створюючи нас, Творець ставив за мету наше вічне існування разом з Ним, але досягти цього стану ми мусимо своїми зусиллями, аби не зазнавати відчуття сорому за незаслужено отриману вічну абсолютну насолоду. Тому Творець створив протилежний собі світ – тим, що створив протилежну собі властивість – прагнення звідати самонасолоди, егоїзм, – і наділив ним нас. Тільки-но людина відчуває на собі дію цієї властивості, – народжується в нашому світі, – вона відразу перестає відчувати Творця.

Це утаєння Творця існує спеціально для створення в нас ілюзії свободи волі у виборі нашого світу чи світу Творця. Якби, незважаючи на егоїзм, ми бачили Творця, то, звичайно, – віддали б перевагу без жодних сумнівів світові Творця, як такому, що дає насолоду і відсутність страждань.

Свобода волі, вибору може бути саме за відсутності відчуття Творця, – у стані Його приховання. Але якщо людина уже з моменту народження відчуває на собі абсолютний, всепоглинаючий вплив егоїзму настільки, що повністю асоціює його з собою, то як може вона вільно, незалежно від егоїзму вирішити, – чому віддати перевагу? Як же Творець створює нейтральне становище для вибору? І взагалі, – в чому може полягати вибір, якщо наш світ є сповненим страждань і смерті, а світ Творця сповнений насолод і безсмертя, – що залишається вибирати людині?

Для того, щоби створити нам умови свободи вибору, Творець:
– час від часу трохи розкривається людині, аби дати відчути велич і заспокоєність від почуття влади вищих сил;
– дав нам Тору, під час вивчення якої, – якщо людина дійсно бажає вийти зі свого стану і відчути Творця, – вона збуджує на себе приховане навколишнє духовне світіння («ор макіф»).

Найсильніший вплив (духовного світіння) відбувається під час вивчання кабали, тому що кабала вивчає духовні структури, які випромінюють світло на людину. Таким чином, в людини залишається вибір: чи займатися їй кабалою, чи ні, і скільки зусиль докласти в цьому напрямку.

Зв'язок людини з Творцем, починаючи з найнижчого, нашого початкового рівня, і до найвищого, де перебуває сам Творець, можна уподібнити щаблям духовних сходів. Всі сходини духовної драбини знаходяться в духовних світах. На її вищий сходинці перебуває сам Творець, а найнижча – торкається нашого світу. Людина перебуває під найнижчим щаблем духовних сходів, оскільки первісний егоїстичний рівень не зв'язаний з останнім східцем драбини, котрий є ще цілком альтруїстичним.

Відчуття більш високого духовного ступеня можливе при збігові властивостей людини і цього ступеня, а міра відчуття – пропорційна збігу властивостей. Можливість відчути вищий ступінь зумовлена тим, що на драбині всі духовні сходини не лише розташовані послідовно знизу вгору, але й частково входять, проникають одна в одну: нижня половина вищого ступеню міститься всередині верхньої половини нижчого («АХАП де еліон» впали до «ГЕ де тахтон»). Тому всередині нас міститься частина нижчого, останнього ступеня, але звичайно вона нами не відчувається. Більш високий ступінь над нами іменується «Творець», тому що саме він і є для нас нашим Творцем, – народжує, оживляє нас і керує нами. Оскільки ми не відчуваємо цього ступеня, ми переконані, що Творця не існує.

Якщо людина перебуває в такому стані, що вочевидь бачить вище управління Творця всіма створіннями нашого світу, у неї зникає будь-яка можливість свободи волі, віри, вибору дії, оскільки ясно бачить тільки одну правду, одну силу, одне бажання, що діє в усьому і в усіх.

Оскільки бажання Творця – дати людині свободу волі, то необхідна скритість Творця від створінь. Тільки в стані утаєння Творця можна стверджувати, що людина сама безкорисливо прагне до злиття з Творцем, до діянь задля блага Творця, «лішма».

Вся наша робота над собою можлива тільки в умовах утаєння Творця, оскільки тільки-но Творець відкривається нам, ми відразу автоматично стаємо Його рабами, цілком скоряємось владі Його величі і сили. І неможливо визначити, які насправді істинні помисли людини. Тому, аби надати людині свободу дії, Творець повинен сховати себе. Але, щоби створити людині можливість вирватися з рабства сліпої покори егоїзму, Творець повинен розкрити себе, бо людина кориться тільки двом силам у світі – владі егоїзму, тіла, або владі Творця, альтруїзму.

Таким чином, необхідна черговість станів утаєння Творця від людини, коли людина відчуває тільки себе та егоїстичні сили, що в ній володарюють, і розкриття Творця, – коли людина відчуває владу духовних сил.

Щоби людина, перебуваючи під владою егоїзму, змогла відчути найближчий вищий об'єкт, тобто свого Творця, останній зрівнює з людиною частину своїх властивостей, – надає частині своїх альтруїстичних властивостей властивість егоїзму і цим зрівнюється з людиною. (Піднімає малхут, мідат дин, до своєї ГЕ, від чого його АХАП набуває егоїстичних властивостей. Таким чином, його АХАП нібито «спускається» на духовний рівень людини, зрівнюючись з ним за властивостями.)

Якщо до цього людина взагалі ніяк не відчувала вищий ступінь, то тепер, внаслідок приховання вищим своїх альтруїстичних властивостей під егоїзмом, – оскільки він таким чином спускається на рівень людини, – людина може відчути Його. Та оскільки властивості вищого відчуваються людиною як егоїстичні, то вона відчуває, що й у духовному немає нічого привабливого, яке б обіцяло насолоду, натхнення, впевненість і спокій.

І ось саме тут з'являється в людини можливість проявити свободу волі і всупереч усьому сказати собі, що відсутність насолоди, смаку, яку вона відчуває у вищому, духовному, в Торі, є наслідком того, що вищий зумисне сховав себе на користь людині тому, що немає ще в людини необхідних духовних властивостей, завдяки котрим можна відчути вищі насолоди, позаяк над усіма її бажаннями панує егоїзм.

І це головне для початківця – саме у стані занепаду і спустошеності знайти в собі сили (проханнями до Творця, навчанням, добрими діяннями) стверджувати, що цей стан наданий зумисне для його подолання. А те, що він не відчуває насолоди і життя в духовних прагненнях, зумисне робиться зверху для того, щоб дати йому можливість вибору самому сказати, що не відчуває в духовному насолоди, бо немає у нього придатних, альтруїстичних властивостей, і тому вищий зобов'язаний ховати від нього свої істинні властивості.

Тому людина мусить пам'ятати, що початок почуття вищого саме у відчуванні духовної пустоти.

І якщо людина в змозі стверджувати, що вищий скриває себе з огляду на несхожість властивостей, і просити допомоги у виправленні свого егоїзму, піднімаючи своє прохання, – МАН, – то вищий об'єкт частково розкриває себе (піднімає свій АХАП), показуючи свої істинні якості, котрі він раніше затуляв егоїзмом, та відповідні їм насолоди. Людина починає відчувати ту велич і духовну насолоду, котру відчуває вищий об'єкт від наявності в собі духовних альтруїстичних властивостей.

Тим, що вищий підняв в очах людини свої альтруїстичні якості, він духовно підняв людину до половини свого ступеня (підняв ГЕ людини разом зі своїм АХАП). Цей духовний стан людини називається малим духовним рівнем, «катнут».

Вищий неначе трохи підіймає людину до себе, на свій духовний рівень, тим, що дозволяє людині побачити свою велич, велич альтруїстичних якостей. Людина, бачачи велич духовного у порівнянні з матеріальним, духовно підноситься над нашим світом. Відчуття духовного, незалежно від волі людини, змінює її егоїстичні властивості на альтруїстичні, – властивості вищого.

Аби людина могла цілком оволодіти першим верхнім ступенем, вищий повністю розкриває себе, всі свої духовні якості, – робить «гадлут». При цьому людина відчуває вищого як єдиного, досконалого правителя всього і осягає вище знання мети творіння та його управління. Людина ясно бачить, що не можна чинити інакше, ніж стверджує Тора. Тепер вже її розум зобов'язує її до цього.

Внаслідок явного пізнання Творця виникає в людині суперечність між вірою і знанням, правою і лівою лініями: маючи вже альтруїстичні властивості, «келим де-ашпаа», у стані катнут, людина бажала б йти шляхом однієї лише віри в могутність Творця тому, що це є індикацією безкорисливості її бажань, але розкриття Творцем своєї могутності, – гадлут вищого, – заважає їй у цьому. Зі свого боку людина готова знехтувати отриманим знанням.

Прохання людини про те, що вона віддає перевагу просуванню наосліп, вірячи у велич Творця, а не внаслідок усвідомлення Його сили і величі, і використовувати розум тільки пропорційно зі своєю вірою, змушує вищого зменшити своє розкриття.

Ця дія людини, що змушує вищого зменшити розкриття загального управління, всесильності, світла («ор хохма»), називається «екраном де-хірік: людина зменшує розкриття вищого розуму, лівої лінії, до тієї міри, в якій може врівноважити її своєю вірою, правою лінією. Отримуване правильне співвідношення між вірою і знанням називається духовною рівновагою, – «середньою лінією». Сама людина визначає той стан, в якому бажає перебувати. У такому випадку людина вже може існувати як духовний об'єкт, оскільки є правильна пропорція віри і розуму, що зветься середньою лінією, завдяки котрій людина досягає досконалості.

Та частина знання, розкриття, – лівої лінії, котру людина може використати у відповідності з величиною своєї віри, – правої лінії, – йдучи шляхом вище розуму, – середньою лінією, – додається до тих духовних властивостей, котрі вона придбала раніше, в малому стані. Набутий духовний рівень називається «гадлут», – великий, повний.

Після того як людина набула свого першого повного духовного рівня, вона стає за своїми якостями рівною першому, найнижчому ступеню духовних сходів.

Оскільки всі східці сходів, як уже зазначалося, частково «входять» один в одного, взаємно проникають своїми властивостями, то, досягнувши повного першого ступеня, людина може віднайти в собі частину більш високого ступеня і за тим же принципом просуватися до мети творіння, – повного злиття з Творцем на найвищому ступені.

Духовний підйом полягає в тому, що людина, кожного разу знаходячи в собі все більше зло, просить Творця дати їй сили впоратися зі злом. І кожного разу отримує сили у вигляді все більшого духовного світла. До тих пір, поки не досягне істинного початкового розміру своєї душі, – всього свого виправленого егоїзму, що повністю наповнений світлом.

Коли навідують людину сторонні думки, вона вважає, що вони заважають їй просуватися в освоєнні духовного, – тому що слабшають її сили і розтрачується розум у сторонніх думках, і серце наповнюється убогими бажаннями. І перестає від усього цього вірити, що лише в Торі вкрите справжнє життя.

А коли людина, всупереч усьому, долає цей стан, то виходить до світла, – отримує вище світло, котре допомагає їй піднятися ще вище. Отже, сторонні думки є помічником людини в її духовному просуванні.

Подолати завади можна лише з допомогою Творця. Бо людина може працювати, тільки якщо бачить хоча б який-небудь зиск для себе у будь-якому вигляді. А позаяк наше тіло, розум не розуміють, яка їм може бути вигода від альтруїзму, то тільки-но людина хоче зробити щонайменшу альтруїстичну дію, – у неї немає сил діяти ні розумом, ні серцем, ані тілом. І залишається в неї лише одне: просити Творця про допомогу. І таким чином, мимохіть, наближається до Творця, доки не зіллється з Ним остаточно.

Не має права людина скаржитись на те, що народилася недостатньо розумною, сильною, сміливою, або що немає у неї якихось якостей, як в інших людей, бо якщо не йде правильним шляхом, – то не до пуття й найкращі задатки та здібності. Можливо навіть стане великим вченим, – навіть буде знавцем Талмуду, та якщо не досягне людина зв'язку з Творцем, то не виконає свого призначення, як і всі інші. Тому головне – досягти рівня праведника, адже лише в такому випадку людина може використовувати всі свої задатки у потрібному напрямку і не розтратити марно свої сили, а всі, навіть найменші й посередні, дані людині Творцем саме для цього здібності, – всі їх використати в ім'я вищої мети.

Якщо людина перебуває у стані духовного падіння, марно вмовляти її збадьоритись, казати вчені премудрості, – ніщо почуте від інших їй не допоможе! Ні розповіді про те, що інші пережили, відчули і радять, – від цього людина зовсім не збуджується тому, що зовсім зникла віра в усе, – у тому числі й в осягнення інших.

Та якщо вона говорить собі те, що сама ж казала і пережила у той час, коли була у стані духовного піднесення, коли була сповнена життям, а не духовно мертва, як зараз, якщо згадує свої прагнення, свої духовні осягнення, – від цього може підбадьоритись. Спогади про те, що сам вірив та йшов шляхом віри вище розуму, – якщо згадуєш про це і збуджуєш цим свої власні переживання, – то це може допомогти вийти із стану духовної смерті. Тому людина повинна спиратися на власні спогади і досвід, – тільки це може допомогти їй вийти із духовного занепаду.

Робота людини, яка піднялася на певну духовну сходинку, полягає в тому, що вона відразу ж у відчуттях насолоди, яких зазнає, провадить селекцію, – і ту частину насолоди, котру не може врівноважити вірою, відразу ж відкидає як таку, що непридатна для життя.

В кабалі частина насолоди, котру людина приймає заради Творця, аби зміцнити свою віру, і не більше, – зветься їжею. Та частина, котру вона не може прийняти, називається відходами. Якщо не здатна провести перевірку і бажає проковтнути всю їжу, що зветься в кабалі «п'яний» (від надлишку насолоди), – то втрачає все і залишається без нічого, що називається в кабалі «злидар».

Людині пояснюють, що можна і чого не можна робити, і якщо вона не виконує, – отримує покарання. Та якщо людина не передбачає заздалегідь того болю й страждання, що їй загрожують, коли порушить закон, – то, звичайно, порушить його, – якщо отримає насолоду від порушення; а потім вона отримає покарання для того, щоб знала в майбутньому, що не можна так чинити.

Наприклад, є закон, що не можна красти гроші. Та якщо у людини великий потяг до грошей і вона знає, де їх можна вкрасти, то навіть якщо знає, що точно отримає покарання за крадіжку, – не здатна оцінити всього страждання від покарання. І тому вирішує, що насолода від грошей є набагато більшою, ніж страждання від покарання. А коли отримує страждання від покарання, то бачить, що вони набагато більші, ніж вона передбачала, і більші, ніж насолоди, котрі отримала від крадіжки грошей. І тому тепер людина в змозі дотримуватись закону.

Та при виході на свободу кажуть людині: знай, що ти отримаєш ще більше покарання, якщо вчиниш так само ще раз. І це тому, що людина забуває страждання, яких зазнала. І тепер, коли знову захоче вкрасти, – згадає, що отримає ще більші страждання від покарання за другу крадіжку. І тому тепер здатна дотримуватись закону.

Із цих та інших прикладів нашого життя, котрі й сам читач може знайти довкола себе, видно, що страждання спрямовують людину навіть по тому шляху, по котрому вона би сама, за власним бажанням свого егоїзму, не пішла б ніколи, оскільки набагато легше вкрасти, ніж заробити, легше відпочивати, ніж думати і працювати, приємніше втішатися, ніж страждати.

Тим паче, якщо людина вирішує вивчати Тору і дотримуватись заповідей, – то вже точно мусить знати, що це їй на користь. Тобто, мусить зрозуміти, що її егоїзм виграє від цього. А брати на себе абсолютно безкорисну, не оплачувану грошима, почестями, насолодами, обіцянками на майбутнє роботу, ніхто з нас не здатен.

Більш того, – не в змозі людина працювати, не бачачи ніяких наслідків роботи, її плодів, – коли навіть не бачить, не спостерігає, що саме виконує, що дає комусь, що хтось отримує, не бачить, на кого працює, – тобто робити зусилля у порожній простір. Природно, що наші егоїстичні розум й тіло не готові до подібного тому, що створені Творцем щоби зазнавати насолоди!

І лише від страждань, що відчуває в усьому повсякденному житті, від повної втрати відчуття смаку і щонайменшої втіхи в ньому, від цілковитої певності, що не в змозі отримати ні від чого навколишнього навіть малої насолоди (у будь-якому вигляді: спокою, відради тощо), людина змушена почати бажати «альтруїстично», – з надією на цьому новому шляху знайти порятунок.

І хоча це також ще не альтруїзм, тому що метою дій є особистий добробут і порятунок, – але ці дії вже близькі до альтруїзму; і поступово з такого стану людина перейде до нього під дією скритого в її вчинках світла.

Тому, що діючи «альтруїстично» заради себе, – даючи, аби отримати, – людина починає відчувати у своїх діях скрите світло, – насолоду, – а природа цього світла така, що виправляє людину.

У природі ми можемо спостерігати таке: можуть пролитися на землю великі дощі, але не в тих місцях, де треба, – наприклад, не в полях, а в пустелі, і не буде ніякого пуття від них, – а від невеликих опадів в потрібному місці з'явиться багато плодів. Подібно до цього людина може безвідривно вивчати Тору, але не побачити плодів, котрі повинні бути від навчання, – духовного осягнення Творця; і навпаки, – вклавши набагато менше праці у вивчання кабали, вивчаючи в потрібному місці, отримає благословенний врожай від своїх трудів.

А також під час вивчання вже самої кабали, – якщо все навчання спрямоване у думках на пошуки Творця, а не на придбання знань, то вся живодайна волога Тори проллється в найпотрібнішому місці, бо ж для цього дана.

Та якщо учень вчить задля знань або, – гірше того, – аби показати свій розум і гордитися цим, то навіть кабала не принесе плодів. Але вона може в такому випадку розкрити людині потрібну мету у вивчанні, а втім вже сама людина докладає зусиль у цьому напрямку.

Цей процес пошуку потрібної спрямованості у думках відбувається постійно саме при вивченні кабали, оскільки вся робота людини полягає саме в тому, аби спрямувати себе в правильний бік, – щоб її думки та діяння були єдиними з метою творіння, – тим паче, під час вивчання кабали тому, що немає більш сильного засобу зближення з духовним.

Єгипет у Торі – це уособлення царства влади нашого егоїзму (тому називається «Міцраїм», від слів «міц-ра» – концентрат зла); «Амалек» – це плем'я, яке билося з «Ісраель» (від слів «ісра», «яшар», – «прямо», – та «ель», – «Творець»), тобто з тими, хто хоче направити себе прямо до Творця, – та уособлює наш егоїзм, який в жодному разі не бажає дозволити нам вийти з-під своєї влади. Проявляється (нападає) егоїзм лише у відчуттях людини, котра хоче вийти з полону егоїзму. Причому, навіть якщо ця людина перебуває на самому початку шляху, Амалек відразу ж стає поперек дороги.

Це відчуття збільшення в людині егоїзму посилається тим, хто обраний самим Творцем. Лише тим обраним, кому Творець дає бажання осягти Його, він посилає Амалека, аби вони мали потребу в самому Творці, а не просто в поліпшенні своїх якостей, наприклад, – бути просто «хорошими» людьми.

І така людина починає відчувати великі труднощі в поліпшенні своїх вчинків, пропадає таке сильне, що було раніше, бажання вчитися, важким в необхідних діях стає тіло.

Боротьба з тілом проходить переважно в тому, що тіло (розум, наше «я») бажає зрозуміти, – хто такий Творець, куди треба йти та для чого, чи буде йому (тілу) хороше від кожного його зусилля. Інакше ні наш розум, ані наше тіло не дадуть ні енергії, ні мотивації щось здійснити. І вони є правими, адже безглуздо щось робити, не знаючи наперед, що може з цього вийти.

Немає іншого способу вийти з рамок нашої природи в духовний «антисвіт», як тільки придбавши інші, – цього антисвіту, – розум та бажання. Вони є протилежними нашим, оскільки все, що ми осягаємо, відчуваємо, все, що дає нам картину того, що ми називаємо нашим світом, рамками нашого світу, – ці поняття, – від егоїстичного розуму та від егоїстичного серця. Тому лише замінивши їх на протилежні, – маючи віру замість розуму і віддачу замість отримання, – можна вийти в духовний світ.

Та оскільки ми володіємо тільки тими інструментами, з якими створені, – розумом і егоїзмом (причому наш розум лише обслуговує наш егоїзм), – то лише ззовні, тобто від Творця, ми можемо отримати інші інструменти розуму й почуттів. Для цього він і «притягує» нас до себе, водночас показуючи, що ми самі неспроможні переробити себе. І мимоволі ми мусимо шукати й створювати зв'язок із Творцем, що і є запорукою нашого духовного спасіння.

Не слід людині просити у Творця можливості бачити, відчувати дива, твердячи, що це, буцімто, допоможе їй іти проти самої себе, дасть сили замість сліпої віри у велич духовного. Тора попереджає про це в прикладі: відразу після виходу з Єгипту Амалек нападає на людину. І тільки-но підняв руки, просячи силу віри, – переміг його Моше.

Але в підсумку нашого духовного сходження ми постійно отримуємо вищий розум, – на кожному ступені все більший. І повинні постійно збільшувати силу нашої віри, щоб вона була більше розуму, інакше потрапимо знову під владу егоїзму. І так – до тих пір, поки повністю не зіллємося з Творцем. У цьому стані ми досягаємо абсолютного пізнання, максимального отримання світла («ор хохма») без будь-яких градацій, як мовиться в Торі: «Світло, створене в перший день творіння, в якому бачила перша людина від кінця світу до його кінця», чи, як то кажуть в кабалі: «На початку творіння вище світло все заливало собою». Це означає, що коли світло світить всім, без різниці у рівнях, і все абсолютно ясно, – то немає йому початку і немає йому кінця, жодних відтінків, а все є абсолютно пізнаваним.

Є шлях Тори, і є сама Тора. Шлях Тори – це важкий період переосмислення мети життя, дослідження себе, своєї природи:
– точне визначення спрямованості своїх бажань, правдиве відчуття мотивації вчинків;

– зусилля у спробах подолання бажань тіла і вимог розуму;
– повне усвідомлення свого егоїзму, тривалий період страждань у пошуках вдоволення бажань, розчарування від неможливості знайти істинний «наповнювач» своїх прагнень;
– усвідомлення, що істинна втеча від джерела страждань, – егоїзму, – можлива лише в альтруїстичних думках, без будь-яких думок про себе;
– поступове відчування насолоди в думках про Творця, – настільки, що лише про це бажає думати людина.

Тільки після того як людина проходить всі періоди свого попереднього духовного розвитку, що називається шляхом Тори, вона осягає саму Тору – вище світло, яке поступово все більше світить їй в мірі сходження по щаблях духовних сходів, – до повного злиття з Творцем.

Тому весь наш шлях складається із двох частин: шляху Тори та самої Тори. Шлях Тори – це період підготовки нових думок і бажань, протягом якого людина відчуває страждання. Але після того як проходить цей перехід, – коридор, що веде до світлиць Творця, – входить у духовність, в царство світла, досягає мети творіння, – повного відчуття Творця.

Поколінням потопу називається період роботи в серці, поколінням будівників Вавилонської башти зветься період роботи розумом.

Вся різниця між людьми полягає в тому, чим кожен з нас бажає втішатися, починаючи з першої миті життя до його останньої миті. Тобто, вся різниця в тому, в якому вигляді людина бажає отримати насолоду, а сама насолода є духовною. І тільки зовнішня оболонка створює ілюзію її матеріальності.

Тому ми несвідомо прагнемо міняти зовнішні оболонки (одежі) насолоди, сподіваючись відчути її в чистому, оголеному виді світла Творця, а оскільки відмінність між людьми полягає в прагненні до різних зовнішніх оболонок насолоди, то за назвами (іменами) цих оболонок ми судимо про людину. Деякі з одеж насолоди сприймаються нами як нормальні, загальноприйняті, – наприклад, любов до дітей, до їжі, тепла і т.п.; деякі не приймаються суспільством, – наприклад, наркотики, і людина змушена приховувати свій потяг до них.

Та всім людством ухвалена угода взаємоврівноважено використовувати свій егоїзм без будь-якого сорому у прийнятих межах. Причому встановлювані межі використання кожним свого егоїзму і мода, – диктат найкращих оболонок, – постійно змінюються в мірі розвитку суспільства. І кожен з нас протягом свого життя під впливом віку, – тобто під загальним «природним» впливом Творця згори, – також міняє оболонки, за допомогою котрих задовольняє свою потребу в насолоді.

Причому навіть в одній людині іноді вражає перехід, зміна оболонок насолоди. Наприклад, дівчинка отримує насолоду від ляльки, але не в змозі отримати насолоду, доглядаючи за справжньою дитиною; а її мати вже не може отримати насолоди від ляльки, та не зможе переконати дочку отримувати насолоду від живого немовляти. З точки зору дівчинки, – як вона може судити за своїми відчуттями, – її мати важко працює з живою дитиною, не отримуючи від цього ніякої насолоди (яку насолоду можна отримати від живої дитини – вона ж не лялька?! Напевне, в майбутньому світі їй за це віддячиться. А я ж хочу втішатися в цьому світі і тому бавлюся з лялькою!). Так вважає дитина, і з нею неможливо не погодитись, оскільки вона ще не доросла до такого стану, в котрому зможе знаходити насолоду в справжніх предметах і не знаходити її в іграшках, – тобто в штучних, несправжніх об'єктах.

Всі ми, Божі створіння, тягнемося тільки до насолоди, що йде від Творця. І всі можемо бажати тільки Його, і лише в цьому відчувати життя. І цим ми не відрізняємося від наших душ ні до їхнього сходження у наш світ та вдягання в наші тіла, ні після всіх наших кругообертів, колі всі повернемося до Творця. Такими, – з бажанням зазнати насолоди світлом Творця, – ми створені, і цього змінити не можна, та й не треба! Все, що від нас вимагається, – для чого й створив нас Творець, – це аби ми змінили зовнішню оболонку наших насолод, – поміняли «ляльку на живу дитину», справді зазнали насолоди!

Людина бажає, – як немовля під час годування, – тільки отримувати те, чого хоче. Та мимоволі згідна докласти зусиль, якщо впевнена, що їхнім результатом буде отримання насолоди. Якщо ж людина бажає зайнятися роботою над собою, вивченням Тори, то тіло її відразу ж запитує: навіщо це потрібно?

На це питання є чотири відповіді:

1) для того, щоби досадити іншим, – найгірша мета, бо прагне завдати страждань іншим;

2) для того, щоб стати великим равом, отримати гарну посаду, шану, гроші, вдало одружитись, – мета, краща за попередню, тому, що від нього буде користь людям; це називається роботою заради інших, оскільки ті платять йому;

3) для того, щоб лише Творець знав про його навчання і роботу над собою, – а люди щоб не знали; не бажає отримувати почестей від людей, але хоче, щоб Творець віддячив йому; це зветься роботою на Творця тому, що винагороди очікує від Творця;

4) для того, щоби всі плоди його праці отримав Творець, але у відповідь не чекає від Нього жодної плати; і тільки в такому випадку егоїзм запитує його: «А що ж тобі буде за це?»; і такій людині нема чого відповісти самій собі, і залишається лише йти всупереч своїм розуму та почуттям, – тобто вище своїх розуму й почуттів («лемала мі даат»).

Таким чином, вся його робота зводиться до того, що він цілком відстороняє свій розум і свої почуття від критики і перевірки свого стану, цілком довіряючи його Творцеві, а сам повну міру своїх сил вкладає в те, щоби всі його думки і почуття постійно були про Творця і про велич духовного життя. А на всі звертання до нього внутрішнього голосу розуму з усіма його доводами щодо необхідності турбуватися про всілякі питання свого життя, він відповідає, що все, що від нього вимагається, він виконує, але всі свої думки і бажання спрямовує лише на благо Творця. А всю критику свого внутрішнього голосу він не бажає сприймати. Отже, людина наче повисає в повітрі без всякої розумної точки опори, що і називається «вище розуму і почуттів» («лемала мі даат»).

Чим більше людина отримує насолоди від володіння чимось, – тим вона більше цим дорожить. А чим більше дорожить, – тим більше боїться втратити. Як же може людина дійти до усвідомлення та відчуття важливості духовного, якщо ніколи не відчувала його? Це приходить до неї від зусиль саме у стані духовної спустошеності, – коли переживає, що немає в неї ані найменшого відчуття величі духовного, що вкрай віддалена вона від Творця, що не здатна змінитися.

Зусилля людини саме в такому стані, що зветься буденною роботою, народжують в ній важливість духовного відчуття, яке називається суботою, – коли їй вже не потрібно (заборонено) працювати над собою, а тільки берегти (суботу), аби не втратити цей подарунок Творця.

Відомо, що якщо людина має особисту зацікавленість у чомусь, то мимоволі вже не може об'єктивно судити про будь-що зв'язане з цим об'єктом. Тому, якщо сказати людині напряму, що вона неправильно себе поводить, – ніколи з цим не погодиться, оскільки так їй зручніше, і тому впевнена, що поступає правильно.

Тому якщо людина бере на себе зобов'язання чинити так, як їй кажуть, то поступово їй відкривається, що правда не в її колишніх вчинках і думках, а в тому, що їй радять. Цей принцип називається «зробити, а потім зрозуміти».

Оскільки мета Творця – завдати насолоди творінню (яким є лише ми, – а все інше створене Ним тільки з допоміжною метою), до тих пір, поки людина не відчула досконалості у насолоді і може знайти в ній (за якістю, ступенем, через деякий час і т.п.) будь-який недолік, – це ознака того, що ще не прийшла до мети творіння.

Але щоб отримати насолоду, мету творіння, необхідно передусім зробити виправлення свого бажання до насолоди: отримувати тому, що так бажає Творець. Причому людина не повинна турбуватися про отримання насолоди, – оскільки негайно, тільки-но виправить себе, відразу відчує насолоду, – а слід думати тільки про те, як виправити себе.

Це подібно до того, як людина, яка бажає купити квартиру, не повинна думати, як вона її отримає, а повинна думати, як вона за неї розрахується, як заробить, бо тільки-но у неї будуть гроші, – квартира вже буде її. Отже, всі зусилля слід спрямовувати не на квартиру, а на гроші.

Так само і в осягненні духовного, всі зусилля слід спрямувати на створення умов для отримання світла, а не на саме світло, – тобто на створення альтруїстичних думок і бажань, – і одразу стане відчутною духовна насолода.

Користь від прогресу людства полягає в тому, що попри те, що людство постійно помиляється і ніби нічому не вчиться на власних помилках, процес накопичення страждань відбувається у вічній душі, а не в смертних тілах. Таким чином жодне страждання не пропадає і призведе в якомусь із кругообертів у цьому світі людське тіло до усвідомлення необхідності шукати шляхів звільнення від страждань у духовному піднесенні.

Вищі духовні світи слушно назвати відносно нас антисвітами, оскільки в нашому світі всі закони природи побудовані на основі егоїзму, прагненні захопити і зрозуміти, а природа вищих світів – це абсолютний альтруїзм, прагнення віддати й вірити.

І настільки зворотними є ці два протилежних полюси духовної та матеріальної природи, що ніякої подоби між ними немає, і всі наші намагання уявити собі, що там відбувається, в жодному випадкові не дадуть нам щонайменшого уявлення. Тільки замінивши бажання серця з «захопити» на «віддати», і бажання розуму із «зрозуміти» на «вірити» всупереч розуму, – можна придбати духовні відчуття. Обидва ці бажання пов'язані одне з одним, хоча бажання захопити міститься в серці, а бажання зрозуміти – в мозку. І це тому, що основа їх – егоїзм.

Мовлено в кабалі, що порядок народження духовного об'єкта починається з того, що «батько виводить матір назовні», – щоби народити сина: досконалість «виштовхує» розум із його аналізу навколишнього, аби отримати новий, вищий розум, який є незалежним від бажань і тому – істинно об'єктивним.

Недостатньою є просто віра в Творця, – ця віра повинна бути ще й в ім'я Творця, а не задля власного блага.

Молитвою називається лише таке звертання до Творця, котре покликане збудити в Творці бажання допомогти тому, хто молиться, в отриманні почуття важливості та величі Творця. Тільки на відчуття такого бажання реагує Творець – тим, що піднімає людину у вищий світ, і розкривається їй уся велич Творця, що дає їй сили піднесення над власною природою.

Тільки отримавши світло Творця, що дає сили протистояти своїй егоїстичній природі, людина отримує відчуття того, що досягла вічності, сталості, бо не може вже в ній нічого змінитися і ніколи не повернеться знову до егоїзму, а вже вічно житиме в духовному світі. Тому в її відчуттях теперішнє і майбутнє стають рівними, і з'являється почуття вічності.

Оскільки наш Творець перебуває у стані абсолютного спокою, то й ми, його створіння, прагнемо до стану спокою, – стану досягнення бажаного. Творець створив дві сили для нашого розвитку: таку, що штовхає ззаду, – тобто страждання, які змушують нас тікати від нашого стану, – і таку, що притягає, вабить насолодою попереду. Але тільки одночасно, а не поодинці, дві ці сили спроможні зсунути нас із місця і примусити рухатись.

І людина в жодному випадкові не повинна скаржитися, що Творець створив її ледачою, – що це, мовляв, Творець винуватий, коли їй так важко зрушити з місця. Навпаки, – саме тому, що вона ледача, вона не поривається бездумно й імпульсивно за будь-якими дрібними захопленнями у житті, а довго прицінюється, – чи варто витрачати сили на те, що ненароком приглянулося. І від страждань вона тікає не відразу, а оцінює, – навіщо, з якою метою вона їх отримала, вчиться на них, аби уникнути в майбутньому, – бо вони спонукають її до дії й руху, котрі їй так важко виконати.

В усіх життєвих ситуаціях людина хотіла б використовувати весь свій егоїзм. Але оточення не дозволяє їй діяти таким способом. Всі закони людського співжиття побудовані на тому, щоби домовитись між собою щодо використання кожним свого егоїзму, аби при цьому не постраждали інші. Тому при будь-якому спілкуванні ми хочемо максимального: адже продавець хотів би отримати гроші, не віддаючи товару, а покупець хотів би отримати товар безплатно. Хазяїн мріє про безплатних робітників, а робітник бажає отримати зарплатню, не працюючи.

Наші бажання можна виміряти лише за силою страждань від браку того, чого ми бажаємо: чим більше страждання від браку бажаного, тим більшим є бажання до нього.

Мовиться: «Бажає Творець жити в нижчих створіннях», – створити ці умови в нас самих і є мета творіння та наше призначення.

Ідоловірство – це дотримання егоїстичних бажань тіла, у протилежність духовній роботі – дотриманню альтруїстичних бажань або цілей (якщо бажань ще немає).

Духовне злиття – це повне зрівняння властивостей двох духовних об'єктів.

Духовна любов – це наслідок відчуття повного злиття. Оскільки мається на увазі злиття двох протилежних властивостей – людини і Творця, то перевірка, – це любов чи підкорення, – полягає в тому, що якщо у людини немає бажання повернутися до своєї влади, влади своїх бажань, – то це ознака того, що вона справді любить Творця.

Збіжність означає, що, так само, як є у Творця радість від доброго впливу на створіння, – і в людини є радість від того, що може щось дати Творцю.

Повернення, «тшува», означає, що людина протягом життя в цьому світі повернеться в духовний стан, у котрому перебувала при створенні її душі (стан першої людини до гріхопадіння).

Є два органи дії, дві діючих основи в людині: розум і серце, думка й бажання. І над обома людина повинна провести роботу щодо перетворення їхньої егоїстичної основи на альтруїстичну.

Всі наші насолоди ми відчуваємо в серці. І тому, якщо людина здатна відмовитись від будь-якої земної насолоди заради володіння духовною властивістю, вона заслуговує отримувати справжні насолоди з неба, бо вже не використовує свій егоїзм.

Розум не відчуває насолоди від того, що розуміє те, що робить. Якщо людина здатна діяти не розуміючи, а в силу віри, – всупереч тому, що каже їй розум, що зветься «йти вище розуму», незважаючи на те, що розум осягнув і думає інакше, – то значить і в розумі усунула свій егоїзм і може чинити за розумом Творця, а не за своїм розумом.

Світло Творця пронизує все створіння, в тому числі і наш світ, хоча жодним чином нами не відчувається. Це світло зветься світлом, яке оживляє все створіння. Завдяки йому створіння, світи, існують, – інакше не лише припинилося би життя, але й зникнув би сам матеріал, з котрого вони створені. Це живлюще світло проявляє свою дію у різноманітних матеріальних вбраннях – об'єктах і явищах нашого світу перед нашими очима.

Все, що нас оточує, і ми самі, – є не що інше, як світло Творця. А різниця відчувається тільки нами, – тими, хто сприймає зовнішні оболонки, одежу світла. Насправді ж всередині всіх творінь діє одна сила – світло Творця.

Більшість людей не відчувають світло Творця, а лише – його зовнішнє вбрання. Є люди, які відчувають світло Творця тільки в Торі. А є люди, які відчувають світло Творця в усьому, – відчувають, що все навколо – це світло, яке виходить від Творця і все собою заповнює.

Творець вирішив створити людину в нашому світі, аби із самих низин свого первісного стану людина змогла духовно підвестися до рівня Творця, – стати як Творець. Тому Творець створив властивість, яка йменується «егоїзм» – бажання отримати насолоду.

Це почуття егоїзму й називається першим створінням. Оскільки Творець – це світло, то, природно, перше творіння виявилось таким, що заповнене світлом-насолодою.

Таким чином, на початку творіння світло-насолода заповнювало весь створений простір-егоїзм, – заповнювало цілком, до краю, всі бажання зазнати насолоди, які тільки є у створеному егоїзмі.

Потім Творець скоротив поширення світла, скрив його, і на його місці, у створінні, в бажанні зазнати насолоди, в егоїзмі з'явилися біль, порожнеча, пітьма, туга, – все, що тільки можна собі уявити за повної відсутності насолоди від будь-чого.

Для того, щоби підтримати мінімальне прагнення до життя в людині, аби не покінчила з собою від відсутності хоч якоїсь насолоди, Творець дає нам бажання тішитися маленькою порцією світла, яка вдягнута в різні предмети нашого світу, до котрих ми саме тому і прагнемо. Таким чином, ми несвідомо і автоматично перебуваємо у постійній гонитві за світлом Творця. І ми – раби цього природного прагнення.

Але людина повинна вірити, що утаєння Творця, відчуття безвихіддя у відсутності насолоди зумисне створюється Творцем на користь людині, бо якщо світло Творця заповнить егоїзм, у людини не буде свободи волі самостійно діяти тому, що стане рабом насолоди, яка її заповнює.

І лише у відриві від світла Творця, у відчутті Його утаєння, – коли людина відчуває себе як абсолютно незалежна, самостійна істота, – є можливість самостійного рішення й дії.

Але й ця самостійність виявляється лише за певних умов. Адже, хоча Творець сховав себе від нас, але наш егоїзм в нас залишився, і він командує всіма нашими помислами й почуттями.

Тому дійсна свобода волі виявляється лише тоді, коли:

1) людина не відчуває впливу Творця;
2) може чинити незалежно від бажань свого тіла.

―――

Така можливість надана нам саме в наших, земних умовах, – чому, власне, ми в них і перебуваємо. І людина повинна вірити в те, що немає нікого і нічого в світі, крім Творця. І, навіть, вона сама – є якесь самостійне відчуття свого «я» саме внаслідок створеного в її відчутті егоїзму, а якби позбулася цієї якості, то знову б стала частиною Творця.

Людина повинна вірити, що приховання Творця відчувається тільки нею, в її чуттях, що утаєння Творця створене спеціально на користь людині. Тому до тих пір, поки не підготовлена знати істину, – мусить вірити, що істина не така, якою вона її відчуває в своїх чуттях. А зрозуміти її можна поступово і лише в тій мірі, в якій людина досягає досконалості у своїх якостях.

Таким чином, вся робота людини можлива лише у стані приховання від неї насолоди в духовному, щоби, незважаючи на утаєння Творця, могла сказати собі, що духовну непривабливість вона відчуває тільки за бажанням Творця, а насправді – немає нічого більш досконалого.

І якщо людина всупереч відчуттю пітьми, смутку, порожнечі, всупереч доказам розуму, може кинутися на пошуки відчуття Творця, духовного зближення, – що означає: іти вище свого розуму і чуттів, за принципом «эмуна лемала мі даат», – то Творець відкривається людині.

Таким способом народжується в людині справжнє бажання відчути Творця, що є необхідною умовою для розкриття Творця.

Сила віри у можливість відчуття Творця вимірюється відчуттям глибини падіння, з котрого людина може заволати до Творця.

Втім, людині слід розуміти, що коли вона ще не готова відчути Творця, то мимоволі зазнає насолоди цим неземним почуттям егоїстичним способом.

Тому людина повинна просити Творця: 1) допомогти підготуватися до того, аби відчути вищу насолоду; щоби Творець дав сили втриматися у вірі вище розуму, незважаючи на розкриття Творця.

Існує два види завад з боку нечистих сил («кліпот»), котрі є в нас: утримання («ахізат кліпот») та вигодування («єнікат кліпот»).

Коли людина не відчуває ніякого смаку в заняттях і роботі над собою та над силу йде вперед, то нечисте бажання показує людині всілякі недоліки духовного існування: людина відчуває, що немає нічого в духовному. Внаслідок цього у нечистих бажань є можливість «утримати» людину від занять, бо людина не бачить величі духовного. Подібний стан зветься «явище Творця в попелі («шхінта бе афра»)».

Та якщо людина силою волі усе ж продовжує прямувати вперед і починає відчувати смак у духовній роботі над собою, то нечисте бажання починає «годуватися» від її духовних осягнень; тобто те, що людина заробила (насолоду від духовного), нечисте, егоїстичне бажання тепер хоче забрати собі, навіюючи людині думки, що вона повинна продовжувати роботу, але не тому, що цього бажає Творець, а задля власного задоволення. І якщо людина кориться цим думкам, то вся насолода переходить в її егоїзм. І це називається «вигодуванням» нечистих бажань. У такому випадку людина мусить просити Творця, аби Він допоміг подолати подібні думки, які розбещують і спокушають.

Висновок: спочатку людині слід прохати Творця про те, щоби відчути насолоду в Торі, а потім – щоби цю насолоду не прийняти у свій егоїзм.

Заперечення тіла проти духовної роботи, оскільки не отримує від цього ні насолоди, ані впевненості у винагороді в майбутньому, називається «злий язик», – «лашон ра». Щоб уникнути спокуси, людина повинна прикинутися глухою до поклику тіла, і сліпою: уявити, що нібито є світло Тори, тільки вона його не бачить. А згодом Творець розкриває їй зір і слух – і бачить світло Тори, і чує, що каже тільки їй Творець.

Зусилля, котрих людина докладає у будь-якій своїй діяльності для досягнення духовного, поступово накопичуються до такої міри, що їх кількість стає достатньою для створення судини («клі»), чи «одежі» («левуш»), для прийняття всередину світла Творця, – душі людини.

(Частина зусиль, що відповідає сфері «год», утворює довкола людини об'ємну картину-сферу, котру вона вважає своїм духовним світом, – аналогічно тому, як ми сприймаємо наш всесвіт, світ, котрий відчуваємо зараз, і тому кажемо, що перебуваємо в ньому.)

Крім світла-Творця і людини, створеної цим світлом, яка перебуває в цьому світлі і може (більш-менш, – залежно від збігу властивостей зі світлом) відчувати світло, – немає нічого.

Якщо властивості людини і світла не збігаються, людина зовсім не відчуває світла, – тобто Творця. Спочатку людина поміщається саме в такі умови повного панування егоїзму, що називаються «наш світ».

Тільки завдяки своїм зусиллям людина може поступово зростити в собі таке бажання та необхідність відчуття Творця (судина для світла Творця), що почне відчувати Його. Зусилля людини полягають у тому, що вона намагається всіма силами виправити себе, а переконавшись у власному безсиллі, – волає до Творця молитвою про допомогу в порятунку від егоїзму та про злиття з Творцем. Цей процес може тривати місяцями, роками, якщо проходить під керівництвом вчителя-кабаліста, або кілька життів («ґільґулім»), якщо людина проходить цей процес самостійно, шляхом страждань.

Лише правильні зусилля в потрібному напрямку створюють судину душі, всередині якої розкривається людині її Творець.

Причини вчинків людини називаються в кабалі «отцями», а наслідки вчинків – «синами» (правильні духовні дії).

Не по своїй волі ти народжуєшся: тебе примушує народитися духовно Творець шляхом страждань (отримати душу – світло Творця), і в твоїх силах здійснити це самостійно шляхом Тори.

Не по своїй волі ти живеш: якщо не по своїй (егоїстичний) волі будеш діяти (жити), то отримаєш вічне духовне життя, котре тільки й можна назвати життям.

Не по своїй волі ти помираєш: якщо не хочеш (духовно) померти або бути духовно мертвим (без душі – світла Творця), – мусиш чинити не по своїй волі.

Робота в середній лінії душі починається з правої лінії: біло світло (ловен де-аба), світло мудрості (ор хохма), входить в 320 іскор (нецуцим), і влада (малхут) егоїзму спускається на своє місце, оскільки на неї є заборона використання (Цимцум алеф). Це – мовою кабали. А мовою наших почуттів: від того, що світло мудрості розкриває егоїзм як зло (авіют), людина відчуває, що немає більш гидкого вчинку, ніж працювати на себе.

Та все одно, – немає в ній ще сил працювати на інших, віддавати. Тому необхідна ліва лінія: червоне світло (одем де-іма), яке дає людині альтруїстичні бажання й сили.

Самі органи духовних чуттів за аналогією з нашими п'ятьма органами чуттів (зір, слух, нюх, мовлення, дотик) діють з певною обраною нами метою.

Під час впливу білого світла людина усвідомлює, що їй невигідно використовувати для себе ці п'ять органів, – немає сенсу працювати на егоїзм. Відсутність бажання самонасолоди, яка спонукає ці п'ять органів до роботи, веде до відсутності енергії для здійснення будь-якого руху, – тобто до пасивності та бездіяльності. Людина ще не усвідомила, що робота на віддачу, – альтруїстична дія, – може бути метою.

Тому необхідним є вплив ще однієї духовної властивості, що зветься «червоне світло», ліва лінія («малхут мемутекет ба біна»), аби бажання людини зазнати насолоди погодилося на альтруїстичну роботу (властивість «біна»).

Отримуючи енергію духовно, альтруїстично рухатися, людина починає діяти на поєднанні властивостей правої та лівої ліній і отримує у свої нові бажання світло Творця (середня лінія), насолоду досконалістю.

Якщо людина погоджується отримати силу віри, альтруїзму, віру вище розуму («мітук де-біна, хасадім мехусім, катнут, лемала мі даат»), то може згодом отримати й вищий розум («хасадім мегулім»).

Принцип відмови від насолод, обраний однією із світових релігій, і принцип насолоди, обраний іншою, походять від нечистих (егоїстичних) сил правої та лівої ліній духовного сходження.

Тому там, де в Торі сказано про самообмеження, – мається на увазі попередня стадія роботи над собою, спроба відмовитися власними силами від наміру самонасолоди.

Можна явно бачити коріння всіх вірувань, течій, груп, релігійних філософій в різних кліпот, які обгортають ліву й праву духовні, чисті лінії та годуються шляхом схоплювання-утримування («ахіза») або вигодовування («еніка»).

Але мета роботи – в середній лінії: піднятися до безкінечної, тобто такої, що не має кінця, межі, – тобто не обмеженої нашими властивостями насолоди Творцем.

Місцем в духовних поняттях називається бажання. Відсутність бажання зветься відсутністю місця. Як і в нашому світі: людина каже, що немає місця у шлунку для їжі, – тому що немає бажання.

Духовне місце, бажання людини відчути Творця, називається судиною її душі. У цю судину вона отримує світло Творця, розкриття Творця, що йменується душею людини.

Оскільки всі наші бажання пронизує егоїзм («рацон лекабель»), є приховання світла Творця. У мірі вигнання егоїзму з наших бажань очищається місце для Творця. Невиправлене бажання зветься «гой», а оскільки їх безліч, то вони звуться народами світу. Виправлене бажання називається «Ісраель».

У звільненому місці, – виправленому бажанні, – розкривається світло Творця, сам Творець діє таємно, приховано від нас.

Сам процес розкриття Творця у міру виправлення, очищення («акшара» від слова «кашрут» – ритуальна чистота) наших бажань, місць, судин сприймається нами як поява світла. Насправді ж немає ніякого руху, але, подібно до процесу проявлення світлини, світло поступово проявляється в наших відчуттях.

Оскільки ми сприймаємо не саме світло, а його вплив на нашу судину, то й самого Творця («шохен») ми називаємо за ім'ям Його розкриття, а про Нього самого ми можемо судити тільки за тими відчуттями, котрі Він викликає в нас.

Тому розкриття Творця називається «шхіна». Якщо Творець приховує себе, то кажуть, що шхіна знаходиться у вигнанні, шохен ховається. А якщо людина заслужила розкриття Творця, – це зветься поверненням з вигнання.

Міра розкриття Творця в людині називається душею (нешама). Тільки-но будь-яке із своїх бажань людина здатна виправити на альтруїстичне, – відразу ж в ньому виникає відчуття Творця. Тому мовиться, що душа людини – це частина самого Творця.

У стані остаточного виправлення Творець заповнить всі наші бажання, тобто розкриється нам тією мірою, якою Він бажає розкритися створінням, відповідно до чого Він створив наші бажання ще на початку творіння.

Шхіна – це сума всіх окремих душ. Кожна душа є часткою загального розкриття Творця.

Ми не можемо відповісти на питання, – що за причина викликала в Творця бажання сотворити нас, аби завдати нам насолоди, оскільки це питання стосується процесу до початку творіння, а ми осягаємо максимум того, що розкривається нам, – тобто після цього моменту розвитку.

Вихідний ступінь, починаючи з якого ми осягаємо створіння, – це відчуття насолоди, що походить від Творця. Тому ми називаємо метою творіння «бажання Творця завдати насолоди створінням», які осягають Його.

Всі питання, які вище цього ступеня – є вищими за наше осягнення. Людина мусить постійно пам'ятати, що всі наші поняття та знання походять тільки з особистого пізнання.

Наше бажання насолоди – єдине, що в нас є. Всі можливості нашого тіла, його здібності, розум, увесь наш прогрес – все це лише для того, аби обслуговувати це наше єдине бажання отримати насолоду від різних об'єктів, котрі ми породжуємо, винаходимо, шукаємо, приймаємо як потрібні, модні, необхідні, респектабельні тощо, і все це – лише заради того, щоби можливо було постійно отримувати насолоди, – де б ми не були, на будь-який смак і норов.

Ми не можемо скаржитись на безмежні варіації бажання зазнати насолоди. Тільки одне це бажання достатньо було створити Творцеві, аби надалі ми відчули себе самостійними (бажаючими) істотами та могли самостійно діяти на основі цього єдиного нашого інстинкту, – «інстинкту вибору максимальної насолоди».

Вибір максимальної насолоди відбувається із залученням всіх наших розумових, підсвідомих, фізичних, моральних та багатьох інших даних, можливостей пам'яті на всіх рівнях, – від атомної, молекулярної, біологічної, тваринно-тілесної та ін., до вищих здібностей нашого розуму.

Простий приклад: людина любить гроші, але під загрозою смерті готова все своє багатство віддати грабіжнику. Таким чином вона міняє одну насолоду, – від багатства, – на іншу, ще більшу, – залишитися живою.

Неможливо виконати дію, якщо людина не буде впевнена, що в підсумку виграє у порівнянні зі своїм нинішнім становищем. Причому виграш може бути в якому завгодно вигляді, – головне, що кінцева насолода буде більшою за нинішню, – тільки тоді людина може діяти.

Яка ж різниця, – чи одержує людина насолоду від егоїзму, отримання, чи від альтруїзму, віддачі?

Справа в тому, що заборона користуватися егоїзмом зумовлена відчутним при цьому почуттям сорому, що обов'язково виникає в того, хто отримує. Але якщо отримує заради того, хто дає, то не відчуває сорому, і його насолода є досконалою.

Оскільки первісне духовне створіння, що іменується нами «спільна душа», чи «перша людина», було не в силах здійснити такий переворот у своїх задумах при отриманні величезної насолоди від Творця, воно розділилося на 600 тисяч частин (душ). Кожна частина, кожна душа отримує «навантаження» у вигляді егоїзму, котрий повинна виправити. Коли всі частини виправляться, вони знову зіллються в «спільну виправлену душу». Такий стан спільної душі називається кінцем виправлення.

Це подібно до того, як у нашому світі людина здатна втримати себе від крадіжки незначної кількості грошей, від невеликої насолоди, – чи то з страху перед покаранням, чи то від сорому; та якщо насолода більша за всі її сили опору, – то не спроможна втримати себе.

Тому, розділивши душу на багато частин, і кожну частину – на багато послідовних стадій роботи у вигляді багаторазових вдягань в людські тіла («ґільґулім»), а кожний стан людини – на безліч підйомів («алійот») і спусків («єрідот») у бажанні змінити свою природу, Творець створив нам умови свободи волі задля подолання егоїзму.

Якщо людина відчуває любов до Творця, – вона негайно повинна пробувати приєднати до цього почуття також почуття страху: чи не є її почуття любові егоїстичним. І тільки якщо є обидва ці відчуття, – є довершеність у прагненні до Творця.

Той, хто звідує прагнення до духовного осягнення, але не відчуває ще Творця, – сповнений духовного збентеження. І хоча з неба дане йому прагнення пізнати Творця, – все одно не готовий самостійно зробити крок уперед до цього, доки згори не дадуть йому таке бажання, котре підштовхне його і дозволить зрозуміти, що всі його відчуття і життєві обставини є саме такими тому, що сповнені бажанням Творця звернути увагу на себе та спонукати йти назустріч. І тоді в усьому, що є навколо, можна бачити звертання Творця до кожного з нас особисто.

Адже саме тому ми сугубо індивідуально сприймаємо картину світу і даємо свою інтерпретацію всьому, що відбувається. Правило «скільки людей, – стільки й розумінь» власне й підкреслює єдиність кожного з нас.

І тому, вслухаючись у свої почуття, людина може почати діалог з Творцем, за принципом «людина – є тінь Творця»; тобто, як тінь рухається у відповідності з рухом людини, і всі порухи тіні лише повторюють рухи людини, – так і внутрішні рухи людини, – її бажання, прагнення, сприйняття, вся її духовна суть, її погляд на світ, – повторюють рухи, тобто бажання Творця стосовно цієї людини.

Тому якщо людина раптом зазнала бажання відчути Творця, вона відразу мусить усвідомити, що це не результат якихось її дій, а це Творець зробив назустріч їй крок і хоче, щоби людина відчула вабління, потяг до Нього.

На початку шляху Творець кожного слушного випадку звертається до людини, викликаючи в ній страждання й тугу за духовними відчуттями.

Але кожного разу на дане людині поривання Творець чекає подібної реакції з боку самої людини. Тобто якщо людина розуміє, що з тією ж силою почуттів, з якою вона хоче відчути Творця, Творець хоче відчути її, та намагається розвинути в собі ці почуття й посилити їх, вона, тим самим, рухається назустріч Творцеві, поки не поєднується з Ним за своїми бажаннями й властивостями.

Та оскільки, перебуваючи лише на початку шляху, людина ще не відчуває і не розуміє Творця, то, після кількох безплідних спроб просунутись назустріч Творцеві, їй раптом починає здаватися, що тільки вона бажає зблизитися з Творцем, а Творець нехтує нею. І людина, замість того, щоб доповнити свої прагнення до необхідної межі та злитися з Творцем, починає в серці звинувачувати Творця в байдужості до себе й сердитися, геть забуваючи, що точно тією ж мірою Творець бажає її і саме тому дав їй такі поривання до себе.

І поки в людині немає повної віри в єдиність Творця, вона неминуче, коло за колом, повертатиметься до тих же помилок до тих пір, доки Творець, підсумовуючи всі зусилля людини втримати думку про те, що своє тяжіння до Творця вона отримує від Творця, отримає необхідне число зусиль людини і допоможе, розкрившись їй, показуючи всю істинну панораму світів та самого себе.

Повністю злитися з Творцем людина може тільки в тому випадку, якщо всі свої прагнення з радістю спрямує до Творця. І це називається «всім серцем», – тобто навіть тим, чого не вимагається для подоби з Творцем.

Якщо людина здатна цілком принизити всі виявлені в собі егоїстичні бажання, відчуваючи при цьому радість у серці, вона створює умови для заповнення її серця світлом Творця.

Головне в роботі людини над собою – це досягти почуття насолоди в тому, що робить щось приємне Творцеві, бо все, що робить для себе, – віддаляє її від Творця. Тому всі зусилля слід спрямувати на розшуки приємного у звертанні до Творця, насолоди в почуттях і думках про Нього.

Коли людина відчуває себе абсолютно спустошеною, – це і є найбільш сприятливий час шукати величі Творця та опори в Ньому. І чим більш спустошеною та безпорадною вона себе відчуває, – тим більш величним може уявити собі Творця, тим вище вона зможе піднятися, прохаючи у Творця допомоги в духовному сходженні, в тому, щоб Творець розкрив їй свою велич; і це лише для того, щоб з'явилися сили для просування вперед.

У такому стані людина має потребу в Творці і в Його допомозі, оскільки розум каже їй у цей час зовсім протилежне. Тому відчуття власної спустошеності надходить саме для того, щоб людина заповнила його відчуттям величі Творця, котре називається вірою.

Праведником називається той, хто:
1) в усьому, що він відчуває, – хай буде воно хорошим чи поганим, – виправдовує діяння Творця, незважаючи на ті почуття, що сприймає тілом, серцем і розумом; виправдовуючи будь-які відчуття, які надсилає йому Творець, він немовби здійснює крок уперед назустріч Творцеві, – так званий «правий» крок;
2) але в жодному випадку він не заплющує очі на своє істинне становище і відчуття, якими б вони не були неприємними, – навіть якщо й не розуміє, для чого необхідні подібні переживання, не намагається їх затушувати; діючи таким чином, він наче робить уперед «лівий» крок.

Досконалість у духовному просуванні полягає в тому, що людина постійно просувається вперед, почергово міняючи ці два стани.

Абсолютним праведником зветься той, хто виправдовує всі дії Творця як над собою, так і над усім створінням, – тобто той, хто досягнув можливості сприймати відчуття не в свої егоїстичні бажання, а вже відірвався від них і бажає тільки радувати.

У такому стані не може бути в людини духовних падінь, оскільки все, що з нею відбувається, вона не розцінює з точки зору власної вигоди, і тому все, що би не діялося, – все на краще.

Та оскільки не в цьому полягає мета Творця в творінні, але в тому, щоби створіння саме у своїх відчуттях зазнавали насолоди, то осягнення рівня праведника – це ще не кінцевий стан людини. Тому, після досягнення ступеня праведника людина мусить поступово знову почати повертати до себе свій егоїзм, придушений нею під час пізнання рівня праведника.

Але і цей, повернутий егоїзм праведник докладає до набутого бажання радувати Творця, і тому вже може не тільки віддавати, але й отримувати насолоди в свої повернуті бажання, завдаючи цим радості Творцю.

Це подібне до того, як альтруїст нашого світу поривається творити добро, оскільки народився з такими нахилами, а не отримав їх від Творця як нагороду в роботі над собою; і нічого не хоче буцімто ради себе, – адже його егоїзм створений у такий спосіб, що він отримує насолоду, віддаючи людям, і діє таким чином заради заповнення свого егоїзму, і не може діяти інакше.

І це подібне до ситуації, в котрій людина опиняється в гостях у свого друга: чим з більшим апетитом і насолодою вона куштує запропоноване їй, – тим більше задоволення дарує давцеві; а не будучи зголоднілою, не в змозі потішити друга.

Та оскільки при отриманні насолоди в того, хто отримує, виникає почуття сорому, то, якщо він відхиляє частунок достатню кількість разів, у нього створюється відчуття, що пригощаючись, він робить послугу хазяїну; тоді почуття сорому зникає і насолода відчувається повною мірою.

У духовних відчуттях немає самообману, – ніби праведник не бажає отримати для себе ніяких насолод. Завойовуючи ступені праведності, він насправді відмовляється від егоїстичних насолод за допомогою Творця, який замінює його егоїстичну природу на альтруїстичну, і тому дійсно прагне лише втішати Творця.

А вже бачачи, що Творцеві завдає насолоди тільки те, що його створіння втішаються насолодою, яка йде від Нього, яка не зменшується і, тим паче, не знищується почуттям сорому, праведник змушений знову використовувати свій егоїзм, але вже з іншою метою – отримати насолоду заради Творця.

У результаті Творець і людина стають повністю схожими за наміром та дією: кожен прагне завдати насолоди іншому і тому насолоджується. І немає ніяких обмежень в отриманні насолоди такого виду, а навпаки, – чим відчувана насолода є більшою, тим є вищим духовний рівень; і є додаткова насолода – від злиття з Творцем, – тобто насолода від осягнення безмежної сили, влади, могутності без будь-якої турботи про себе.

Тому рівень праведника є недостатнім для досягнення мети творіння, – насолоди світлом, що йде від Творця, – це лише необхідний ступінь виправлення наших намірів: «задля чого ми хочемо насолоджуватися». Осягнення ступеня праведника лише дозволяє нам позбутися почуття сорому при отриманні насолоди від Творця.

Наскільки егоїзм, – природа людини нашого, «цього», світу проста категорія, загальний закон життя матерії, а альтруїзм – категорія утопічна, – настільки вони сприймаються тими, хто перебуває на ступенях духовного світу, навпаки.

Ускладнення відбувається з причини приховання («астара») Творця. Людина отримує насолоду, лише наповнюючи свої бажання, – а Тора каже, що це – зло, їй не на користь. І людина не розуміє, чому так, адже вона не може відчувати в стражданнях ніякої насолоди, а також мусить вірити, що це добро для неї.

Тому на кожну дію або думку в людини виникає безліч розрахунків. Причому, чим ближче вона до входу в духовний світ, тим усе складніше, а зрозумілішою стає одна істина: «Багато думок (сумнівів) у серці людини, але лише порада Творця розв'яже їх» («арбе махшавот бе лев іш, ве ейцат ашем такум»).

⌣

Відмінність того, хто бажає духовно піднестися, тобто придбати духовні властивості, властивості Творця, від того, хто виконує бажання Творця за винагороду, в силу отриманого виховання, – в тому, що в останнього є віра в нагороду і покарання, і тому він виконує бажання Творця. Творець для нього у такому випадкові – як той, хто дає роботу, платить зарплатню, а людина – як робітник, котрому неважливий хазяїн, а важлива зарплатня: винагорода насолодою, чи покарання стражданням у цьому чи майбутньому світі. І це дає йому сили виконувати заповіді, і він не запитує себе, для чого виконує волю Творця, – адже вірить у винагороду.

Але той, хто хоче виконувати бажання Творця не заради платні, постійно запитує себе: для чого ж він це робить? Бо якщо це бажання Творця, – то для чого Творцеві це потрібно, адже Він повний, довершений? Що ж Йому додадуть наші дії? Очевидно, це потрібно для нас самих. І людина починає досліджувати, – що ж за вигода є для неї у виконанні бажань Творця. І поступово усвідомлює, що платнею за виконання є виправлення самої людини, поки не отримає згори свою душу – світло Творця.

Тора каже, що грішникам егоїзм вдається, як невелика перешкода, схожа на нитку, а праведникам – як висока гора. Оскільки Тора мовить лише про одну людину, в котрій її властивості, думки, бажання називаються різними іменами нашого світу, то під грішниками й праведниками маються на увазі стани однієї людини.

Утаєння означає не тільки приховання Творця, але й приховування суті людини від неї самої. Ми не знаємо самих себе, наших істинних властивостей, – вони розкриваються нам лише в тому обсязі, в котрому ми можемо виправити їх. (Людина схожа на ящик з покидьками: чим більше вона в собі риється, тим більше нечистот й смороду вона відчуває).

Тому тим, хто ще на початку шляху, – грішникам, – показує Творець, що їхній егоїзм не такий вже й нездоланний, аби у людини не опустилися руки від бачення непосильної роботи. Тим же, хто вже в дорозі, – у тій мірі, в якій вони набули сили опору егоїзмові і відчуття важливості виправлення, – Творець розкриває істинні розміри їхнього зла. А праведникам, – тобто тим, хто бажає стати праведниками, – Творець розкриває всю величину їхнього егоїзму, і їм він уявляється, як висока незборима гора.

Отже, в міру просування людини їй розкривається все більше її власне зло, – в тій мірі, в якій вона може його виправити. Тому, якщо людина раптом розкриває в собі щось нове негативне, – мусить пам'ятати, що якщо вона це відчула, значить, може це подужати, тобто не слід пройматися зневірою, а слід просити Творця її виправити.

Наприклад, коли людина починала працювати над собою, то відчувала в усіх насолодах навколишнього світу тільки десять грамів насолоди і могла знехтувати ними. А потім Творець дає їй смак насолоди в п'ятнадцять грамів. І починається робота, – бо людина відчуває себе від додачі смаку в насолодах більш низькою (від відчуття потягу до насолод, що раніше її не приваблювали), і більш слабкою (від різниці між силою прагнення до насолод і силою свого опору).

Але в такому стані людина зобов'язана сказати собі, що це від того, що Творець додав їй смак у насолодах на п'ять грамів. А затим пробувати самій подужати це і, бачачи, що не в змозі, – просити Творця. Але, отримавши сили подужати насолоду в п'ятнадцять грамів, відразу ж отримує додачу у смаку насолоди ще на п'ять грамів, і знову відчуває себе більш слабкою та більш низькою і т.п.

Вся інформація про духовний об'єкт акумулюється в понятті (абревіатурі) «ТАНТА», – «таамім» (музичні знаки), «некудот» (точки), «тагин» (знаки над літерами), «отійот» (літери), – в поняттях і мовою кабали. Мовою духовної роботи «таамім» – це смак, що відчувається від надходження світла. Тому той, хто бажає спробувати смак справжнього життя, повинен уважно поставитися до духовної точки, що знаходиться в його серці.

У кожної людини є точка в серці, але звичайно вона не виказує ознак життя, – не світить, – і тому людина її не відчуває. У такому випадку вона називається чорною точкою. Ця точка є частиною, зародком душі людини («нефеш де-кдуша»).

Властивість цієї точки альтруїстична, тому що вона – зернина майбутньої судини душі та її світла – частина Творця. Але початковий її стан в людині прихований, і тому називається такий її стан «вигнанням» (Творець у вигнанні), оскільки людина не цінує її. Такий стан душі називається «точки» («некудот»).

Якщо людина підносить важливість цієї точки вище свого «я», вище голови, як знаки над буквами («тагін»), уподібнюючи не попелу, але короні на своїй голові, – то ця точка проливає світло в тіло («отійот»), з потенційної точки перетворюється на джерело сил духовного піднесення людини.

Тому, замість всіх наших прохань до Творця про допомогу, єдиною нашою молитвою повинна бути молитва про усвідомлення важливості відчуття Творця як засобу нашого виправлення заради Нього.

Можливість виконувати благі (альтруїстичні) діяння є не засіб, а нагорода для того, хто бажає бути подібним до Творця.

Послідовність процесу виходу людини з егоїзму в духовний світ описується в Торі як вихід з Єгипту. Поява в людині альтруїстичних бажань (келім де-ашпаа) зветься «виходом з Єгипту». Але альтруїстичні бажання означають, що людина воліє йти шляхом віри, а не знання, а вийти із егоїзму можна тільки під впливом бачення духовного, світла знання, – ор хохма, – розсіканням кордонного моря («ям суф»), подоланням межі між двома світами.

Тому Творець здійснює диво – дає людині світло знання, хоча у людини ще немає відповідної судини («клі гадлут») це світло отримати.

Людина за допомогою цього світла долає рубіж («махсом»), потім диво минає, але той, хто одного разу увійшов у духовний світ, – вже не повертається на рівень нашого світу. Наступний етап полягає в тому, що людина повинна тепер сама придбати судину для отримання світла-знання. Це відбувається важким шляхом просування по духовній пустелі, доки не удостоюється узріти вище світло.

Виконання духовних законів відбувається силою віри вище знання (емуна лемала мі даат), коли свої думки і бажання людина ставить нижче віри, малий стан, катнут, «малхут ола ле кетер», – тобто малхут являє собою в такому стані лише точку кетер, – «ор кетер», чи нефеш, в «некуда шель малхут». У такому мінімальному своєму стані нечисті (егоїстичні) сили людини не можуть подолати її тому, що віру поставила вище знання і відчуття. Малим такий стан називається тому, що, не маючи сил противоборства проти егоїзму, людина його просто не бере в розрахунок. Це подібне до того, як, не маючи сили прийняти невелику кількість їжі, людина зовсім відмовляється від усієї порції.

Але зв'язок з Торою, світлом Творця, може бути тільки, якщо людина зможе отримати в себе це світло, – тобто працювати альтруїстично зі своїм егоїзмом. І в тій мірі, в якій людина виправила свій егоїзм на альтруїзм, у виправлені судини входить світло Тори. Такий стан духовної судини (виправленого егоїзму, клі) людини називається великим, ґадлут. Повністю отримати все світло, відчути всього Творця, повністю злитися з Ним можна, лише повністю використовуючи свій егоїзм на службі альтруїзму. Такий стан зветься кінцем виправлення. І це мета творіння.

Усі наші відчуття сугубо суб'єктивні, і картина світу, яку ми бачимо, залежить від нашого внутрішнього стану – душевного, фізичного, від настрою тощо. Але в духовних сприйняттях відчуття – це сама дійсність, оскільки там, де духовно перебуває людина, – там же вона і сприймає теперішнє.

Нашим світом зветься теперішнє наше відчуття. Майбутнім світом називається те, що ми відчуємо наступної миті. Часу немає, – є тільки лише відчуттів. Якщо людина сприймає все вірою вище знання, то цілком живе у майбутньому…

У нашому повсякденному житті людина, яка має свій бізнес, – наприклад, систематично підбиває підсумки своєї праці і прибуток. І якщо бачить, що витрати й зусилля не виправдовуються, тобто прибуток менший за витрати, то закриває цей бізнес і відкриває новий тому, що очікуваний прибуток стоїть перед її очима. І в жодному разі не обманює сама себе, а чітко підраховує свій прибуток у вигляді грошей, пошани, слави, спокою тощо, – в тому вигляді, в якому хоче його мати.

Чому ж так само людина не підбиває загального підсумку свого життя, скажімо, раз на рік, – для чого вона його прожила? Та ледь хоч трохи займеться своїм духовним розвитком, – починає щохвилини себе про це запитувати.

Наш світ є світом брехні, і тому саме тіло не хоче цих питань, бо не може на них відповісти. Справді, – що воно може відповісти людині по закінченні року чи наприкінці життя? Все минуло: і хороше, й погане, і з чим людина залишилася? Навіщо працювала на своє тіло? Відповіді немає тому, що немає оплати за прожите. І тому тіло не дозволяє таких питань задавати.

У той час як духовне, – оскільки це істина, і його винагорода є вічною, – саме кожного разу задає людині питання щодо її духовного прибутку, аби надихнути людину на ще більший духовний прибуток від її зусиль, – щоби більше виправила себе і більше отримала вічної винагороди.

Навіщо ж Творець дає людині оманливі заняття в житті нашого світу? Процес створення духовної судини надзвичайно складний і тому тривалий. Адже людина мусить пройти в своїх відчуттях весь всесвітній егоїзм, – тобто увесь його відчути в усій його ницості, та скуштувати в усіх його оманливих насолодах, – до найнижчих його низин. Ця робота з накопичення досвіду виконується не за один кругооборот життя в нашому світі.

Але вся інформація накопичується в душі і проявляється в потрібний момент. А до цього процес накопичення прихований від людини, і вона відчуває лише свій теперішній стан. Оскільки вся наша суть – це бажання отримати насолоду, то тим, хто ще не дозрів для духовного сходження, – аби було їм звідки взяти сили жити, – Творець дає «життя», яке зветься вигадкою.

Є світло, що несе виправлення бажань-судини, а є світло, що несе знання і насолоду. Насправді це одне і те ж саме світло Творця, але людина сама виділяє із нього ту властивість, котрою вона бажає скористатися задля духовної мети.

Релігійні маси використовують поняття винагороди і покарання в основному щодо майбутнього світу. Кабаліст же користується цими поняттями лише відносно нашого світу, але не щодо майбутнього, – хоча й в майбутньому світі це є.

Винагородою називається насолода, а покаранням – страждання. Коли людина в силу виховання чи з метою власної вигоди виконує вказівки Тори заради себе, то очікує винагороди чи покарання в майбутньому світі, бо лише в майбутньому світі вона відчує насолоду від виконання вищих законів Тори і страждання від невиконання.

Кабаліст же отримує винагороду чи покарання в цьому світі: відчуває насолоду від можливості отримати світло віри чи покарання від його відсутності.

«Облиш зло і твори добро». Першою стадією роботи щодо свого виправлення є усвідомлення зла, бо ж тільки-но людина переконається, що егоїзм – її злісний, смертельний ворог, – зненавидить його і облишить. Такий стан є нестерпним. Тобто не треба тікати від зла, а слід лише відчути – що є злом, і потім інстинктивно відбудеться віддалення від шкідливого.

Усвідомлення того, що ж є злом, відбувається саме під впливом добрих вчинків, – тобто при виконанні заповідей і вивчанні кабали, бо при цьому людина починає прагнути духовної досконалості і відчуває, – що заважає їй почати жити.

Утаєння («астара») Творця від людини, що відчувається як страждання, сумнів у Вищому управлінні, невпевненість, обтяжливі думки, – називається «ніч».

Розкриття («ґілуй») Творця людині, що відчувається як насолода, впевненість у Вищому управлінні, почуття приналежності до вічного, розуміння законів усієї природи, – зветься «день».

У стані скритості Творця людина повинна працювати над одержанням віри в те, що такий стан їй на користь тому, що у усіх ситуаціях Творець дає тільки найкраще і найкорисніше для людини. І якби людина була вже готова отримати без шкоди для себе світло Творця, – Творець, безсумнівно, розкрився би їй.

Але оскільки людина не в силах упоратися з тими насолодами, котрі відчуває, – Творець не може додати таких величезних насолод від свого світла, рабом яких людина відразу ж стане і вже ніколи не зможе вирватися з пут свого егоїзму, та ще більше через це віддалиться від Творця.

Цінність і красу речей, об'єктів, явищ та категорій кожне покоління визначає для себе заново й більшістю. При цьому кожне покоління заперечує стандарт попереднього. Тому немає абсолютного стандарту, а більшість в кожному народі і в кожному поколінні диктує свій стандарт, та всі намагаються його дотримуватись. Тому постійно є нова мода і нові об'єкти наслідування.

Тому все, що диктує більшість, зветься красивим, і ті, хто цього дотримується, одержують повагу й шану. Досягти того, що цінується в очах суспільства, вважається почесним, і людина готова докласти для цього великих зусиль.

І лише тому так важко досягти духовних властивостей, що більшість не вважає цю мету престижною, не приймає її, як скажімо, нову моду.

Та чи насправді є таким важливим осягти духовне? Об'єктивно духовне дуже важливе, та щоби ми його не зіпсували, створений спеціальний засіб, що називається прихованням, аби ми не бачили всієї величі духовного світу. І людина може тільки вірити, що існує величезна важливість у відчутті Творця, – проте, за думкою більшості, важливість духовного осягнення дорівнює нулю, є зневаженою практично всіма.

І це, – незважаючи на те, що вочевидь бачимо, що нікчемні особи визначають для всіх еталони краси, пріоритети, норми поведінки, закони суспільства та інші стандарти і постійно їх змінюють, що лише доводить неспроможність тих, хто диктує, та брехню стандартів.

Віра вище розуму дає людині можливість саме розумом відчути її найлютішого ворога, – того, хто заважає їй досягти найкращого. І в тій мірі, в якій людина вірить вище розуму в духовну насолоду, вона відчуває й усвідомлює зло.

Об'єктивно немає нікого, окрім Творця (але це найвищий рівень кабалістичного осягнення, а до осягнення цього рівня людина відчуває в світі і себе також).

У процесі ж пізнання розрізняють, що є:
1) Творець,
2) перше створіння,
3) створіння,
4) насолода, котру Творець бажає дати створінням.

Уся послідовність, звичайно, розгортається не в часі, а по ланцюжку «причина – наслідок».

Існує Творець. Творець бажає утворити створіння, аби натішити його. Творець створює бажання втішитися саме тією (за кількістю і видом) насолодою, котру Він бажає дати. Створіння приймає насолоду і абсолютно втішається тому, що отримує саме те, чого бажає.

Саме перше створіння зветься «малхут». Стан повної насолоди малхут називається «Світ нескінченності» тому, що малхут, безкінечно тішиться світлом Творця, котре цілком заповнює душу. Та, відчуваючи водночас із насолодою й самого Творця, – Його бажання завдати насолоди, – малхут прагне стати подібною до Нього. Це призводить до того, що малхут вивергає з себе світло.

Ця дія малхут йменується «скороченням» (скороченням отримання світла – «цимцум»). Стати подібною до Творця малхут може при отриманні насолоди заради Творця, – бо так бажає Творець. У цьому випадку із такої, що отримує, малхут перетворюється на таку, що дає насолоду Творцеві за власною волею.

Спустошена малхут ділиться на частини – душі, кожна з котрих окремо виконує виправлення егоїзму. Мікропорції малхут, що позбавлені світла Творця, перебувають в умовах, які називаються «наш світ». Послідовно, раз у раз, перебуваючи в цих умовах, ці частини виходять з бажання самонасолоджуватися та набувають бажання «завдавати насолоди». Сила, яка допомагає душі вийти з бажань егоїзму, зветься «такою, що витягає» («Машіях»).

Рівні поступового духовного виправлення називаються «духовними світами», а їхні внутрішні ступені – «сфірот». Кінець виправлення полягає у поверненні в початковий, до цимцуму, стан отримання насолоди не заради себе, а заради Творця. Такий стан називається кінцем виправлення («ґмар тікун»).

Всі питання, що виникають в людини щодо мети творіння, мети її зусиль: «Чи є необхідним це?», «Все одно Творець зробить за своїм планом і бажанням, – навіщо ж вимагає чогось від мене?» тощо, – надсилаються людині безпосередньо Творцем. І виникає ще одне питання: а навіщо?

Якби всі питання зміцнювали людину на її шляху до духовного, то сенс питань був би ясним. Але у початківця постійно виникають думки про важкість, безнадійність, невигідність такого шляху. Немає іншої сили й бажання, окрім Творця, і все створене Творцем для досягнення нами мети творіння, – у тому числі, звичайно, і ці, що так заважають нам, питання і думки, та сили, що протидіють нашому просуванню до Нього.

Творець створив багато перешкод на шляху духовного піднесення для Свого обранця саме для того, аби ця людина набула почуття остраху, що не досягне мети, що назавжди залишиться у своєму ницому стані, якщо не матиме відчуття величі Творця, від чого серце її скоряється альтруїзму.

Людина мусить зрозуміти, що лише Творець може розкрити їй очі й серце, аби відчула велич духовного. Для відчуття необхідності в цьому виникають в людині сум'ятливі питання.

Одне з основних питань, що виникає у початківця, формулюється в такій формі: якби Творець захотів, – Він би відкрився мені. А якби відкрився мені, то я (моє тіло – мій сьогоднішній диктатор) відразу, автоматично погодився б замінити свої егоїстичні вчинки на альтруїстичні, і моїм диктатором став би Творець. Я не хочу сам вільно обирати свої вчинки. Я вірю, що Творець правий, що краще для мене – не думати про свою вигоду. Тільки тоді я виграю по-справжньому, навічно. Але ж, однак, я не можу сам себе змінити. Тож нехай прийде Творець і зробить це. Адже це Він мене створив таким, що лише Він сам може виправити те, що створив.

Звичайно, Творець може дати людині бажання духовного, що зветься пробудженням згори («иторерут мілемала»), але тоді людина працює заради насолоди без свободи волі, під диктатом егоїстичного бажання самонасолоди. Така робота називається «не в ім'я Творця» (ло лішма).

Мета Творця в тому, щоби людина сама, вільною волею обрала правильний шлях у житті, виправдавши цим діяння Творця в створінні, що можливо осмислити тільки в умовах повної свободи від егоїзму, незалежно від особистих насолод.

Тому Творець створив як умову духовного піднесення – прийняття віри в Нього та в справедливість управління. При цьому наша робота зводиться до того, щоби:

1) вірити, що є Управитель світу;

2) усвідомити, що хоча віра не є важливою для нас, але Творець обрав для нас саме цей шлях;

3) вірити в те, що слід йти слід шляхом «віддачі», а не шляхом «отримання»;

4) працюючи «на Творця», вірити, що Він приймає нашу роботу, незалежно від того, як вона виглядає в наших очах;

5) пройти в своєму розвитку два різновиди віри вище знання: а) людина йде у вірі вище знання тому, що у неї немає іншого вибору; б) навіть якщо отримує знання і вже не повинна вірити та йти вище знання, – все одно вона обирає для себе йти шляхом віри вище знання;

6) знати, що якщо робота виконується в рамках егоїзму, то плоди всіх успіхів, котрих вона в своїй уяві сподівається досягти, служать лише її благу, тоді як при любові до Творця людина віддає всі блага, всі плоди своїх зусиль іншим;

7) дякувати Творцеві за минуле тому, що від цього залежить майбутнє, оскільки в тій мірі, в якій людина цінує минуле і дякує за нього, – в тій мірі вона цінує те, що отримала з неба, і зможе зберегти отриману згори допомогу та не втратити її;

8) основну роботу здійснювати у просуванні по правій лінії, – тобто з відчуттям досконалості; бути щасливою тим, навіть незначним, зв'язком із духовним, котрий є у неї, – щасливою тим, що заслужила у Творця отримати сили і бажання зробити хоча б щось у духовному;

9) йти й по лівій лінії, – але достатньо тридцяти хвилин на день, щоби зробити розрахунок для себе, – наскільки вона надає перевагу любові до Творця над любов'ю до себе; і в тій мірі, в якій людина відчуває свої недоліки, – в тій же мірі на ці відчуття слід звернутися з молитвою до Творця, аби наблизив до Себе істинним шляхом, – а саме у поєднанні двох ліній.

У самій же роботі людина повинна сконцентрувати свої думки і бажання на тому, щоби:

1) пізнати шляхи Творця і таємниці Тори, аби ці знання допомогли виконувати бажання Творця. Це найголовніша із цілей людини;

2) прагнути повністю виправити свою душу, повернутися таким чином до її кореня – Творця;

3) прагнути осягти Творця, злитися з Ним в усвідомленні Його досконалості.

Про Творця мовиться, що Він перебуває у стані абсолютного спокою. Так само й по досягненні мети творіння людина входить у такий стан. Ясно, що стан спокою можна оцінити тільки, якщо до цього мали місце рух, зусилля, робота. А оскільки мається на увазі духовний спокій, – то, очевидно, і робота мається на увазі духовна.

Духовна робота полягає в прагненні давати радість Творцю. Вся наша робота має місце лише до тих пір, поки наше тіло пручається роботі без всілякої вигоди для себе, не розуміючи сенсу альтруїстичної роботи та не відчуваючи винагороди.

Величезні зусилля потрібно докласти людині, аби протистояти, в принципі справедливим наріканням тіла: ось вже багато часу ти мучиш себе у намаганнях щось духовно осягти, – а що отримуєш натомість? Ти знайомий із кимось, хто мав успіх у цьому? Невже Творець бажає, щоб ти оце так мучився? Повчись на своєму досвіді, – ну чого ти досягнув? Чи з твоїм здоров'ям так знущатися над собою? Подумай про себе і про сім'ю, про дітей. Якщо Творець захоче, то як привів тебе до кабали, – так поведе і далі! Адже всім керує лише Творець!

Всі наведені вище та багато подібних до них нарікань тіла (часом вони чуються від рідних, у сім'ї, – що також стосується тіла) є абсолютно справедливими. І нема чим їм заперечити. Та й не треба! Бо якщо людина хоче вийти поза межі бажань свого тіла, вона просто повинна не зважати на них і сказати собі: тіло праве, його докази логічні, його нарікання істинні, але я хочу вийти з тіла, що значить – вийти з його бажань, і тому я дію на основі віри, а не здорового глузду. Це в нашому світі мій розум вважається логічним. Але в духовному світі, – хоч я не розумію цього, оскільки в мене ще немає духовного розуму та бачення, – все діє за іншим законом, котрий лише нам здається дивним і таким, що не має реальної основи, – за законом всесилля Творця і повного добровільного розумового та чуттєвого рабства в Нього, а тому – повної віри в Його допомогу, попри заперечення тіла.

Така робота людини над собою називається «давати ради віддачі», тобто чисто альтруїстична дія: все віддає просто тому, що бажає віддати, «машпіа аль мінат леашпіа», стан «малий» («катнут»), права лінія, – «кав ямін». Отримувана від такої роботи насолода через подобу до Творця, – бо ж тільки віддає, як і Творець, – називається світлом віри або милосердя – «ор хасадім».

І якщо людина намагається так чинити, то Творець відкривається їй у відчутті людиною безмежної величі і всесилля Творця. Віра поступається місцем знанню, тіло починає відчувати важливість Творця і готове робити заради Нього все, оскільки відчуття важливості, згода Великого прийняти від людини будь-що, відчувається як отримання насолоди.

Але у такому випадку людина відчуває, що знову йде на поводу у тіла. І не велич Творця, а насолода і власна впевненість у роботі на найбільш Великого визначають її дію. Тобто, – знову падає в обійми егоїзму та особистої зацікавленості. І саме період повної відсутності відчуття Творця дозволяв їй стверджувати, що робить заради Творця, альтруїстично, духовно. Розкриття Творця зветься лівою лінією, а знання – світлом мудрості.

Тому розкриття Творця викликає необхідність суворого обмеження в отриманні знання управління та відчуття величі, щоб у такій пропорції врівноважити віру і знання, необхідність відсутності відчуттів й насолоди Творцем, аби не потрапити знову під владу егоїзму.

Додаючи до початкового стану «катнут» ще й невелику кількість егоїзму, котру може використати (та все одно йти, ніби нічого і не взнала, – як у стані «катнут»), людина, врівноважуючи цим праву та невелику кількість лівої лінії немовби створює середню лінію, – «кав емцаї». Частина лівої лінії в кав емцаї визначає висоту духовного ступеня людини. Сам стан називається «великим» – ґадлут.

Подальше просування аж до найвищого, останнього ступеня, де людина і Творець повністю зливаються за властивостями та бажаннями, здійснюється поступовим збільшенням поперемінно правої, а затим – лівої ліній, та їхнім врівноваженням на кожному зі ступенів духовних сходів.

У стані правої лінії («кав ямін», «катнут», «хафец хесед») людина повинна бути щасливою без будь-якої причини, – лише від однієї думки, що в її світі існує Творець. І їй не потрібно ніяких інших умов для щастя. Такий стан називається «щасливий тим, що має».

Якщо ніщо не може вивести людину із цього стану, то він називається досконалим.

Та якщо починає робити перевірку свого духовного стану, то бачить, що при цьому зовсім не наближається до Творця. А оскільки людина вже звідала, що сама не в силах виправити себе, то просить про це Творця. Світло Творця, що допомагає людини подолати егоїзм тіла, називається душею.

Найвірніша перевірка, – альтруїстичним є вчинок чи егоїстичним, – якщо відчуває людина, що готова знехтувати яким завгодно для себе результатом, насолодами, платою, незважаючи на те, що є величезне бажання втішитися наслідком своєї праці. Тільки в такому випадкові людина, отримуючи насолоду, може стверджувати, що робить це заради Творця, а не заради себе («мекабель аль мінат леашпіа»).

Увесь шлях поступового духовного підйому – це послідовна відмова від отримання все більших насолод: спочатку від насолод нашого світу, а затим від справжніх духовних насолод, – відчуття Творця.

Для того, щоб дати можливість людині поступово увійти в цю роботу, Творець приховав себе. Тому приховання Творця слід розуміти як частину нашого виправляння – і просити Його розкритися нам, бо ж тільки-но ми зможемо відчути Його без усілякої шкоди для нас, Він одразу ж сам розкриється нам.

Якби насолоду від відчуття Творця людина відчула в початковому, егоїстичному стані, у неї ніколи б не було сил розлучитися з егоїзмом, – просити Творця дати силу волі не втішатися. Як нічні метелики, летячи на вогонь, гинуть від нього, так і людина згоріла б у вогні насолоди, але не змогла б з нею розлучитися. Кожний хоч один раз за життя відчув своє безсилля перед великою насолодою, і, навіть соромлячись самого себе, знає, що не зможе втриматися, якщо насолода є більшою, ніж сила волі, усвідомлення зла.

Тому у стані приховання від нас Творця ми можемо діяти, «не запродуючись» насолоді, – силою віри, бо така Його воля для нашої ж користі.

Та якщо ми хочемо виконати будь-що, наше тіло відразу ж вимагає попереднього розрахунку, – чи варто це робити, тому що без мети у вигляді оплати насолодою, воно не в змозі працювати і шукає всіляких недоліків («авонот») в наших духовних прагненнях та обмовляє («мекатреґ») наші цілі.

Наше тіло спочатку запитує: навіщо нам потрібно цим займатися, – у такому випадку воно називається злим бажанням, – «єцер ра». Потім воно заважає нам виконувати задумане – у такому випадкові воно називається «сатан», оскільки хоче збити нас зі шляху («сатан» від дієслова «лістот»). А потім воно робить людину духовно мертвою, – тим, що вилучає всі духовні відчуття із її занять кабалою і дає насолоди саме в об'єктах нашого світу – у такому випадкові воно називається ангелом смерті (малах мавет).

А відповідь на всі претензії тіла може бути лише одна: я іду вперед на зло тобі, силою віри, тому що цього вимагає Творець. І ця умова Творця зветься законом.

Не в силах людини утримати себе від насолоди, використовуючи егоїзм, – хіба що переконає себе, що це їй на шкоду, тобто протиставить серцю розум. Але в такому випадку це буде всього лише простий розрахунок, – що їй вигідніше: насолода зараз і страждання потім, чи відмова від насолоди і перебування в тому стані, в котрому вона зараз. Але завжди за відмови від насолоди мусить дати своєму тілу точний звіт, – чому не варто втішатися тим, що йде їй до рук.

Тому людина може відповісти своєму тілу тією мовою, котру її тіло розуміє – мовою насолод: що варто відмовитись зараз від нікчемних насолод заради райських, чи мовою страждань: не варто зазнавати насолоди, а потім терпіти вічні муки пекла. І таким чином буде людина свою оборону проти тіла. Але при цьому все одно, – жага насолоди може обдурити тверезий розрахунок і намалює невірну картину співвідношення насолод та страждань.

Надійним вирішенням може бути тільки відповідь тілу, що людина вирішила працювати на духовне без усякої особистої вигоди, тому що в такому випадку обривається всякий зв'язок між її діями й тілом, і воно вже не може втручатися в розрахунки, – вигідно чи ні працювати. Ця відповідь називається роботою в серці тому, що серце шукає насолод.

Відповідь же розуму повинна бути такою: я вірю в те, що Творець чує всі мої прохання – молитви про допомогу. Якщо людина спроможна стояти на своїх відповідях, то Творець розкривається, і людина бачить і відчуває тільки Творця.

Людина складається з семидесяти основних бажань, котрі називаються 70 народами світу, тому що духовний прообраз людини, – відповідний духовний об'єкт (парцуф Зеїр Анпін) в світі Ацилут, – складається із семидесяти сфірот.

Щойно людина починає прагнути зблизитися з Творцем, отримати світло Тори, – відразу ж вона починає відчувати в собі бажання, про котрі навіть не підозрювала.

Усі сімдесят бажань мають два корені тому, що людина йде вперед на поєднанні двох ліній – правої та лівої. Проти дій людини в правій лінії перебуває її нечиста (егоїстична) сила (шкарлупа, «кліпа») проти роботи в серці, котра зветься «Ішмаель». Проти дій людини в лівій лінії перебуває її нечиста сила проти роботи в розумі, котра називається Есав.

Та коли людина йде далі в своїй роботі, то бачить, що для входження в духовний світ вона мусить позбутися цих двох кліпот, бо вони не бажають отримати Тору. Як мовиться в Торі, Творець, перш ніж дати Тору Ісраелю, пропонував її Есаву та Ішмаелю, але вони відмовилися.

Лише після того, як людина бачить, що від жодної з цих сил вона не отримає Тору – світло Творця, вона дотримується тільки середньої лінії – Ісраель, за законом «діяти, а потім почути» (наасе ве нішма), що означає отримувати заради Творця.

Оскільки людина цілком, усіма своїми думками, намірами й бажаннями заглиблена в свій егоїзм, то не спроможна незалежно, об'єктивно, не егоїстично мислити і тому не спроможна контролювати себе.

У принципі, контролювати себе немає необхідності, знаючи наперед, що все, що людина думає і робить, засноване на егоїстичних бажаннях. Але при роботі над собою, докладаючи зусиль розвинути духовні прагнення, людина має потребу в перевірці свого стану, перевірці задля себе, а не задля Творця, котрий і так чудово знає наш стан.

Найвірніший метод перевірки істинно духовного стану людини полягає у випробуванні, – чи є в ній радість від роботи на Творця. Тобто під випробуванням маються на увазі не важкі фізичні, а моральні зусилля, – як у становищі, коли людина не отримує, як їй здається, найнеобхіднішого, так і в становищі, коли отримує від Творця.

Кабала мовить про людину як про цілий світ. Тобто всередині людини є все, що є довкола нас: всесвіт, народи-бажання, ґаї, праведники народів світу, Ісраель, храм, і навіть сам Творець – духовна точка в серці.

Тора каже нам в першу чергу про ці внутрішні наші властивості, а вже затим, як про наслідки їх, – про зовнішні об'єкти, що позначаються цими іменами. Причому від духовного стану цих внутрішніх властивостей безпосередньо залежить духовний стан зовнішніх об'єктів та їхній вплив на нас.

Початковий духовний стан людини називається «гой». Якщо вона починає прагнути зблизитися з Творцем, то називається праведником народів світу. Як може перевірити себе людина, – чи перебуває вона вже на цьому ступені?

Оскільки в гої є лише егоїстичні бажання, то все, чого йому не вистачає задля насичення свого егоїзму, він відчуває таким, що відібране в нього, – ніби мав те, що хотів, а потім позбувся. Це почуття походить від нашого духовного «минулого»: на вищому духовному рівні наша душа має все, а при духовному падінні в наш світ усе втрачає. Тому тільки-но людина відчуває бажання чогось, це тотожне тому, що в цей момент вона сповнена претензій до Творця за те, що забрав у неї, або за те, що не дає їй те, чого вона хоче.

Тому, якщо людина спроможна заявити в своєму серці, що все, що робить Творець, – все для блага людини, і бути при цьому в радості і любові до Творця, наче вона отримала від Творця все, що лише могла бажати, в усьому виправдовуючи управління Творця, то цим вона успішно проходить випробування її наміру («кавана») та зветься «праведник народів світу».

Якщо ж людина далі працює над виправленням свого егоїзму за допомогою Творця, то випробовують уже не її думку, а її дії: Творець дає їй все, чого лише бажає людина, а людина повинна бути готова все це повернути, але частину отримати, – ту частину, котру в змозі отримати ради Творця. Причому часто випробування відчуваються як вибір з двох можливостей: людина відчуває, що половина її бажань тягне її в один бік, а половина – в інший. (Зазвичай людина не відчуває взагалі в собі ніякої боротьби протилежних сил добра і зла тому, що лише сили зла панують у ній; завдання зводиться до рішення, – якою з них скористатися з більшим виграшем.)

У випадку ж рівноваги сил немає в людини жодної можливості вибрати, надати перевагу одному перед іншим: людина відчуває себе таким, що знаходиться між двох діючих на неї сил, і єдине рішення – звернутися за допомогою до Творця, аби перетягнув її на хороший бік.

Тому до всього, що з нею відбувається у житті, людина повинна ставитись як до випробування згори, – тоді стрімко дійде мети творіння.

Зрозуміти творіння загалом і те, що з нами відбувається зокрема, можна, лише зрозумівши кінцеву мету. Тоді ми зрозуміємо дії Творця, бо всі вони визначаються тільки кінцевою метою. Як і в нашому світі, – якщо ми не знайомі з майбутнім результатом, неможливо зрозуміти смисл дій людини. Як то кажуть: дурню незакінчене не показують.

Творець являє все творіння, світло. І Його мета – натішити цим світлом людину. Тому єдине, що повинен створити Творець, – це бажання зазнати насолоди. Бо ж усе існуюче являє собою світло і бажання зазнати насолоди. Все, що створене, крім людини, створене лише задля допомоги їй у досягненні мети творіння.

Ми перебуваємо у самому Творці, в океані світла, яке заповнює собою все, але можемо відчути Творця лише в тій мірі, в які ми подібні до Нього за властивостями; тільки в ті наші бажання, котрі схожі на бажання Творця, може увійти світло.

У тій мірі, в якій ми є відмінними за властивостями і бажаннями з Творцем, ми не відчуваємо Його, бо не входить в нас Його світло. Якщо ж всі наші властивості є протилежними Його властивостям, то ми взагалі не відчуваємо Його і уявляємо себе єдиними в цьому світі.

Творець бажає дати нам насолоду, Його властивість – «бажання дати». Тому сотворив усі світи та об'єкти, що їх населяють, з протилежною властивістю – «бажанням отримувати».

Всі наші егоїстичні властивості створив Творець, і не наша вина в ницості нашої природи, але Творець бажає, аби ми самі виправили себе, а відтак заслужено наповнилися Ним, – стали, як Він.

Світло оживляє все створіння в неживій, рослинній, тваринній і людській матерії. У нашому світі – це неявне, не відчутне нами світло. Ми плаваємо в океані світла Творця. Якщо в нас входить якась частина світла, вона називається душею.

Оскільки світло Творця дає життя, живлющу силу і насолоду, то той, хто не отримує світла, а отримує лише незначне свічення для підтримки фізичного існування, називається духовно мертвим, – таким, що не має душі.

Тільки одиниці в нашому світі, що звуться кабалістами («кабала» – від слова «лекабель» – отримувати, вчення про те, як отримати світло), опановують способи отримання світла.

Кожна людина від свого початкового стану, – абсолютного не відчуття океану світла, в котрому вона «плаває», – повинна досягти повного наповнення світлом. Такий стан називається метою творіння, або кінцем виправлення («ґмар тикун»). Причому такого стану людина повинна досягти ще за життя в цьому світі, в одному із своїх круговертів.

Стадії поступового наповнення людини світлом Творця називаються духовними ступенями, або світами.

Просуватися до мети творіння людину примушують страждання: якщо егоїзм замість насолоди переживає великі страждання, він готовий заради припинення їх відмовитися від бажання «отримувати», оскільки краще нічого не отримувати, ніж отримувати страждання. Всілякі страждання переслідують нас до тих пір, поки ми зовсім не відмовимося від «отримання» і не захочемо лише «віддавати».

Відмінність між людьми тільки в тому, якого виду кожен бажає отримати насолоди: тваринні (тілесні, що є також і у тварин), людські (відомість, пошана, влада), пізнавальні (наукові відкриття, здобутки). В кожній людині прагнення до цих видів насолод поєднуються в особливій, лише їй притаманній пропорції.

Розум людини є лише допоміжним інструментом для досягнення бажаного. Бажання людини змінюються, але той же розум допомагає їй відшукати шляхи досягнення бажаного.

Під впливом страждань егоїзм відмовляється від бажання отримувати насолоди і набуває бажання «віддавати». Період, необхідний для повного анулювання егоїзму, називається «шість тисяч років», але жодного відношення до часу не має.

Егоїзм зветься «тілом», і стан, коли людина його не використовує, називається смертю тіла. Цей стан досягається у п'ять етапів поступової відмови від егоїзму – від його найлегшої частини до найбільш егоїстичної.

В бажання, що заперечують егоїзм, людина отримує світло Творця. Таким чином вона послідовно отримує п'ять видів світла, що називаються «нефеш», «руах», «нешама», «хая», єхіда.

Етапи духовного піднесення людини.

1. Гонитва за егоїстичними насолодами цього світу. Так може людина закінчити життя, до наступного повернення у цей світ, якщо не почне займатися кабалою – тоді переходить до стадії 2.
2. Усвідомлення егоїзму як зла для себе і відмова від його використання. В самому центрі егоїстичних бажань людини міститься зародок духовного бажання. У певний момент життя людина починає відчувати його як своє прагнення до пізнання, освоювання, вивчання духовного.

Якщо людина діє у відповідності з цим бажанням, розвиває, а не пригнічує його, то воно починає зростати, та, при правильному намірі, під керівництвом вчителя, невідчутне раніше духовне світло починає відчуватися людиною в набутих нею духовних бажаннях й допомагає своєю присутністю відчути впевненість і сили для подальшого виправлення егоїзму.
3. Досягнення стану абсолютно безкорисливого бажання радувати Творця своїми вчинками.
4. Виправлення набутого бажання «віддавати» на бажання «отримувати заради Творця». Для цього людина залучає до роботи свої бажання отримувати насолоду, але тільки з іншим наміром, – «заради Творця». Початок такої роботи називається «воскресіння мертвих», – вже відторгнутих егоїстичних бажань. Поступово виправляючи свої егоїстичні бажання на протилежні, людина виграє вдвічі: насолоджується Творцем та подібністю до Нього. Завершення виправлення егоїзму на альтруїзм зветься «кінець виправлення» («ґмар тікун»).

Кожного разу, виправивши певну частину своїх бажань, людина отримує в них частину своєї душі, і це світло дозволяє продовжити й далі виправляти бажання, доки людина не виправить усю себе і повністю отримає свою душу, – те світло, ту частину Творця, котра відповідає її первісному егоїзмові, яким його створив Творець.

Переробивши весь свій егоїзм на альтруїзм, людина повністю знищує цим перешкоду для отримання світла Творця, заповнення себе Творцем, отже, – повністю зливається з Творцем, відчуваючи весь океан світла довкола та насолоду ним.

Вже не одноразйшлося про обмеженість наших можливостей у пізнанні світу про те, що в тій мірі, в якій ми не можемо пізнати самих себе, – у тій же точно мірі не можемо пізнати Творця; що всі наші пізнання є наслідками суб'єктивних відчуттів, вірніше, реакцій нашого тіла на ті зовнішні впливи, котрі воно здатне відчути.

Іншими словами, ми отримуємо і сприймаємо тільки ту інформацію, котра вибірково надсилається нам з урахуванням якості-властивості й кількості-глибини можливостей нашого сприйняття.

Не маючи достовірної інформації про будову та функціонування невідчутних нами більш вищих невловимих субстанцій, ми дозволяємо собі філософствувати і сперечатись щодо можливої їхньої будови та дії, що, загалом, подібне до дитячих суперечок, – хто правий в тому, чого ніхто не знає.

Спроби всіх релігійних, світських, наукових і псевдонаукових філософій з'ясувати, що таке душа й тіло, зводяться до чотирьох основних поглядів:

1. Віруючий. Все, що є в будь-якому об'єкті, – це його душа. Душі відокремлюються одна від одної своїми якостями, які звуться духовними якостями людини. Душі існують незалежно від існування нашого тіла: до його народження, до вдягання в нього та після його смерті, – чисто біологічного процесу розкладання білкової матерії на її складові частини. (Поняття «віруючий», «той, хто вірить», не збігається з поняттям «релігійний».)

Тому смерть фізичного тіла не може впливати на саму душу, а лише є причиною відокремлення душі від тіла. Душа ж є щось вічне, оскільки не складається з матерії нашого світу. За своєю природою душа єдина і неподільна, не складається із багатьох складових і тому не може ані розділятися, ні розкладатися, отже, – й помирати.

Тіло ж є зовнішня оболонка душі, – начеб її одежа, в котру душа одягається і, діючи через тіло, проявляє свої властивості, розумові, духовні, свій характер, – як людина, керуючи машиною, проявляє в усіх діях машини свої бажання, характер та інтелект.

Крім того, душа дає тілу життя і рух, та піклується про збереження тіла настільки, що без душі тіло позбавлене життя й руху. Саме тіло – мертвий матеріал, як ми це можемо спостерігати після виходу душі з тіла в момент смерті. Моментом смерті ми називаємо вихід душі з тіла, і тому всі ознаки життя тіла людини визначаються душею.

2. Дуалістичний. Внаслідок розвитку наук з'явився новий погляд на тіло людини: наше тіло може існувати і без якоїсь духовної субстанції, що вміщена в нього й оживляє його; може існувати абсолютно самостійно, незалежно від душі, що ми можемо довести за допомогою біологічних та медичних дослідів, оживляючи тіло чи його частини.

Але тіло у такому вигляді – це лише самостійно існуючий біологічний об'єкт, форма існування білкової матерії, а те, що надає йому різних осібних властивостей – це душа, яка спускається в нього згори, як і в першому підході.

Відмінність цього погляду від попереднього в тому, що якщо у відповідності з першим вважається, що душа дає тілу як життя, так і розум, та духовні властивості, то, відповідно до другого, – душа дає тілу тільки духовні властивості, оскільки з дослідів видно, що тіло може існувати саме, без допомоги будь-яких допоміжних вищих сил.

І тому залишається для душі тільки роль джерела розуму і добрих якостей, притаманних духовному, але не матеріальному.

Крім того, цей підхід стверджує, що хоча тіло може самостійно існувати, воно є породженням душі. Душа є первинною, оскільки є причиною появи, народження тіла.

3. Невіруючий. Заперечує існування духовних структур і присутність душі в тілі, визнає лише матерію та її властивості. А оскільки немає душі, то розум і всі властивості людини також є породженням її тіла, що являє собою механізм, котрий керується передачею електричних сигналів по нервах-проводах. (Поняття «невіруючий» – не адекватне поняттю «нерелігійний».)

А всі відчуття тіла виникають від взаємодії нервових закінчень із зовнішніми подразниками й передаються по нервах-проводах у мозок, де аналізуються і усвідомлюються як біль або насолода та, у відповідності з цим, диктують виконавчому органу вид реакції.

Отже, все побудовано, як у механізмі з датчиками, – передачею сигналів і мозковим приладом обробки інформації й видачі сигналу на виконавчий прилад, та контролем виконання за допомогою зворотного зв'язку. А мозковий прилад діє за принципом віддалення від болю і наближенням до насолоди, – на основі цих сигналів будується ставлення людини до життя і визначаються її вчинки.

А розум, що відчувається нами, є не чи іншим як картиною процесів, які відбуваються в нашому тілі, – немовби їхня світлина. І вся відмінність людини від тварини в тому, що в людині мозок розвинутий настільки, що всі процеси в організмі збираються в таку повну картину, що відчуваються нами як розум і логіка. Але весь наш розум – лише наслідок нашого тілесного відчуття і усвідомлення.

Безсумнівно, з усіх підходів до проблеми цей підхід – найбільш тверезий, науковий і зрозумілий, оскільки спирається тільки на досвід і тому займається лише тілом людини, а не чимось невловимим, що називається душею, і, відтак, – абсолютно достовірним у тому, що стосується тіла людини.

Але проблема цього підходу в тому, що він не задовольняє навіть невіруючих і відштовхує тим, що уявляє людину роботом у руках сліпої природи (заданих наперед властивостей характеру, законів розвитку суспільства, вимог нашого тіла щодо підтримання життя і пошуку насолод тощо), зовсім позбавляючи нас звання розумних істот.

Адже якщо людина – всього лише механізм, що діє примусово, відповідно до закладених в ньому природних даних та правил, які диктуються йому суспільством, то цим заперечується вся свобода волі і вибору вчинків, а отже, й об'єктивне мислення.

Адже хоча людина створена природою, але ж сама-то вона вважає себе мудрішою за неї. І тому не можуть погодитись із таким поглядом навіть ті, хто не вірить у Вищий Розум. Бо в такому випадку вони уявляють себе цілком відданими під владу сліпої природи, яка не має ніякої думки й мети та грає ними, розумними істотами, невідомо як і для чого, і немає розумної причини ні їхнього життя, ані смерті.

Аби якось виправити такий науково достовірний, але душевно неприйнятний підхід до свого існування, в наш час людство поступово приймає «сучасний» погляд на себе.

4. Сучасний. Особливо за останніх часів стало модним (хоча людина цілком приймає попередній чисто матеріалістичний підхід до світобудови як науково достовірний та зрозумілий їй) погоджуватись із тим, що існує в людині дещо вічне, – таке, що не вмирає, духовне, що вдягається в матеріальну тілесну оболонку; і що саме це духовне, яке називається душею, і є суттю людини, а наше тіло – лише її вбрання.

Та все одно, прибічники цього погляду не можуть пояснити, яким способом вдягається душа в тіло, який зв'язок між ними, що є джерелом душі, що вона собою являє. І тому, заплющивши очі на всі ці проблеми, людство використовує старий, перевірений засіб самозаспокоєння – забувається у вирі дрібних турбот і радостей, сьогодні, як і вчора...

Хто ж може зрозуміти, що таке тіло і що таке душа, який зв'язок між ними, чому ми сприймаємо себе складеними з двох – матеріальної та духовної – частин; в якій із цих двох наших складових – ми самі, наше вічне «я»; що відбувається з нашим «я» до народження й після смерті; чи це «я» – те, котре відчуває себе зараз, перебуваючи в тілі, і поза ним, до народження і по смерті?

І головне: всі ці питання і картини різних варіантів перевтілень та кругооборотів душ й тіл народжуються, виникають у нашій матеріальній свідомості, досліджуються нашим тілесним розумом, – чи є вони істинними, чи є лише плодом фантазій, – уявних картин духовного світу, – приходу з нього в наш світ та виходу з нашого в духовний, які видає наш матеріальний мозок. Адже вони складаються мозком за аналогією з його земними уявленнями, бо іншої інформації в ньому немає, і тому лише на основі картин нашого світу, відбитих у ньому, наш мозок здатний працювати і видавати нам фантазії та припущення. Наприклад, не можемо уявити інопланетну істоту зовсім не подібною до нас ні в чому, таку, що не має елементів нашого тіла.

Та якщо все, що ми спроможні уявити і на засадах чого будуємо свої теорії, є лише деякою грою в «уяви собі те, не знаю що, чого не можу уявити», і тому ми приймаємо те, що мозок видає нам за аналогією з нашим світом як істину, позаяк немає іншої відповіді, – то чи є взагалі для нас, тих, хто перебуває в рамках сприйняття нашого світу, відповідь на питання «що таке душа й тіло»?

Я вже писав у попередніх частинах цієї книги про обмеженість нашого пізнання, що в тій мірі, в якій ми не можемо істинно побачити, відчути і дослідити жоден предмет у нашому світі, в тій же мірі ми не можемо істинно судити не лише про свою душу, але й про своє тіло. З чотирьох категорій пізнання об'єкта – матеріал об'єкта, зовнішня форма об'єкта, абстрактна форма об'єкта, суть об'єкта – ми осягаємо лише його зовнішню форму, якою вона нам бачиться, і матеріал, з котрого складається об'єкт, яким ми його уявляємо за результатами наших досліджень; але абстрактна форма об'єкта, – тобто його властивості поза втіленням у матеріал, і його суть, – є абсолютно неосяжними для нас.

Кабала зветься таємним вченням, бо ж розкриває тому, хто осягає її, те, що було раніше від нього приховане, таємне. І лише той, хто осягає, – бачить істинну картину світобудови, що розкривається йому, як сказав у своєму вірші великий кабаліст рабі Ашлаг:

> Засяє вам дивно істина,
> І вуста лиш її проречуть,
> А все, що розкриється в одкровенні –
> Ви побачите – і ніхто, окрім вас!

Кабала – вчення таємне тому, що втаємничене від простого читача і розкривається лише на певних умовах, які поступово прояснюються для учня з самого вчення при особливому керівництві у спрямуванні думок збоку наставника.

І тільки той, для кого кабала з таємного вчення стала вже вченням явним, бачить і розуміє, як улаштований «світ» і так звані «душа» й «тіло», та не в змозі передати іншим своє сприйняття картини створіння; не спроможний передати, крім однієї-єдиної істини: в мірі духовного сходження осягається єдина в творінні істина – немає нікого, окрім Творця!

Ми створені з такими органами чуттів, що із всієї світобудови відчуваємо лише її малу частину, яка зветься нами «наш світ». Всі винайдені нами прилади лише розширюють діапазон наших органів чуттів, причому ми не можемо собі уявити, яких органів чуттів ми позбавлені тому, що не відчуваємо в них потреби, як не може людина відчувати потребу в шостому пальці на руці.

Не маючи ж органів для відчуття інших світів, ми не можемо відчути їх. Таким чином, незважаючи на те, що нас оточує напрочуд багата картина, ми бачимо лише її маленький фрагмент, який надзвичайно спотворений з огляду на те, що ми, вловлюючи його малу частину, на її основі будуємо свої уявлення про устрій всієї світобудови.

Як той, хто бачить у рентген-спектрі, спостерігає тільки скелетну картину затримуючих рентгенівські промені предметів, – так і ми бачимо спотворену картину всесвіту.

І як за рентгеновим баченням не можна судити про істинну картину всесвіту, так і ми не можемо за результатами наших відчуттів уявити собі істинну картину світобудови. І ніякою уявою ми не можемо замінити те, чого не можемо відчути, адже всі наші фантазії також будуються на наших попередніх відчуттях.

Проте намагаємося потойбічний, тобто такий, що знаходиться по той бік наших уявлень, неосяжний для наших органів чуттів, так званий духовний світ умоглядно побачити в нашій уяві у зрозумілому нам вигляді.

Для початку уявіть: ви стоїте в пустоті. Від вас, від того місця, де ви перебуваєте, і в далину цієї пустоти пролягає дорога. Вздовж дороги через певні проміжки стоять мітки – від нульової, де ви стоїте, і до кінцевої. Цими мітками вся дорога розділена на чотири частини.

Переміщення вперед уздовж дороги відбувається не поперемінним пересуванням ніг, як у нашому світі, а поперемінною зміною бажань. У духовному світі немає місця, простору, руху в наших звичних уявленнях. Духовний світ – це світ почуттів поза фізичними тілами. Об'єкти – почуття. Рух – зміннення почуттів. Місце – певна якість.

Місце в духовному світі визначається його властивістю. Тому рухом є зміннення об'єктом своїх властивостей, подібно до того, як у нашому світі ми говоримо про душевний рух, як про порухи почуттів, а не про фізичне переміщення. Тому шлях, котрий ми пробуємо уявити, – це поступове зміннення наших внутрішніх властивостей – бажань.

Відстань між духовними об'єктами визначається й вимірюється відмінністю їхніх властивостей. Чим ближчими є властивості, тим ближчими є об'єкти. Наближення або видалення об'єктів визначається відносною зміною їхніх властивостей. А якщо властивості абсолютно схожі, то два духовні об'єкти зливаються в один, якщо ж в одному духовному об'єкті раптом проявляється щось нове, то ця властивість відокремлюється від першої, і, таким чином, народжується новий духовний об'єкт.

На протилежному від нас кінці шляху перебуває сам Творець. Його місцезнаходження визначається Його властивостями – абсолютно альтруїстичними.

Народившись у нашому світі з абсолютно егоїстичними властивостями, ми є полярно віддаленими від Творця, і мета, котру Він ставить перед нами, полягає в тому, щоби ми, живучи в цьому світі, досягли Його властивостей, – тобто духовно злилися з Ним. Наш шлях є не чим іншим, як поступовим зміненням наших властивостей до повної подоби з властивостями Творця.

Єдина властивість Творця – це відсутність всякого егоїзму, з чого випливає відсутність всякої думки про себе, своє становище, свій вплив і владу, відсутність усього, що становить усю суть наших думок і прагнень.

(Та оскільки ми перебуваємо в цьому світі в якійсь матеріальній оболонці, то турбота про мінімум для підтримання її існування є необхідною і не вважається проявом егоїзму. І взагалі, – визначити, чи є будь-яка думка чи бажання тіла егоїстичними, можна у простій перевірці: якщо людина хотіла б бути вільною від цієї думки, але не може в силу об'єктивної необхідності підтримати своє існування, то така думка чи дія вважаються вимушеними, а не егоїстичними і не відділяють людину від Творця.)

Творець просуває людину в напрямку до мети у такий спосіб: Він дає людині «погане» бажання, – або страждання, що подібне до руху вперед лівої ноги, – і якщо людина знаходить у собі сили просити Творця про допомогу, то Творець допомагає їй тим, що дає хороше бажання чи насолоду, що подібне до руху вперед правої ноги… і знову людина отримує згори ще більш сильне погане бажання або сумнів щодо Творця, і знову вона з іще більшим зусиллям волі просить Творця допомогти їй, і знову Творець допомагає їй тим, що дає більш сильне хороше бажання, і т.п.

Таким чином людина рухається вперед. Руху назад немає, і чим чистішими є бажання, – тим далі від вихідної точки, абсолютного егоїзму, перебуває людина.

Просування вперед можна описати в багатьох варіаціях, але завжди це почергове проходження крізь почуття, – чергування почуттів: було почуття чогось духовного, тобто підсвідоме відчуття існування Творця, і тому – впевненість, і тому – радість. Потім це почуття почало зникати, наче танути. Це означає, що людина піднялася на більш високий ступінь свого духовного сходження, котрий вона ще не може відчути через відсутність органів чуттів, які є необхідними для відчуття якостей цього ступеня. Відчуття цього наступного ступеня ще не народилися, оскільки людина ще не вистраждала їх, не заробила, не створила на них відповідні органи сприйняття.

Нові органи чуттів для наступного ступеня (тобто бажання насолоди, яке діє на цьому ступені, і, відповідно, – почуття страждання через його відсутність) можна розвинути в собі двома шляхами:

а) шляхом Тори: людина отримує відчуття Творця, потім воно зникає; з'являється страждання через відсутність насолоди, і воно є необхідним для відчуття насолоди; таким чином народжуються нові органи відчуття Творця на кожному ступені; як у нашому світі: без бажання людина не здатна виявити в об'єкті насолоду; вся відмінність між людьми, людьми і тваринами в тому, – чим кожний із нас бажає втішатися; тому неможливе духовне просування без попереднього бажання, тобто без страждання за відсутності того, чого бажаєш;

б) шляхом страждань: якщо не зміг зусиллями, навчанням, перейнятим від товаришів по групі проханнями до Творця, підняти себе до нових бажань, до нового рівня любові до Творця, з'являється легкість думок, нехтування духовним, потяг до низьких насолод, і людина опускається в нечисті (егоїстичні) світи АБЄА.

Страждання народжують в людині прагнення позбутися їх до такої міри, що це відчуття страждань і буде судиною, в котру вона зможе отримати нове відчуття Творця, – як і при осягненні цього ж почуття шляхом Тори.

Отже, відмінність між просуванням шляхом Тори та шляхом страждань у тому, що при просуванні вперед шляхом Тори людині дають світло Тори, тобто відчуття присутності Творця, а потім забирають, – від відсутності насолоди з'являється почуття нестачі світла й потяг до світла, котрий і є судиною, новими органами чуттів, і людина прагне отримати в них відчуття Творця, – та отримує, тобто поривання тягнуть її вперед.

При просуванні вперед шляхом страждань людина підганяється ззаду стражданнями, а не як у першому випадкові, коли тягнеться до насолод.

Творець керує нами у відповідності зі своїм планом – привести, перемістити кожного з нас і все людство в цілому в цьому, чи в наступних наших життях до кінцевої точки цього шляху, де перебуває Він, а весь наш шлях – це етапи нашого зближення за властивостями з Творцем.

Лише злившись за властивостями з Творцем, ми повністю осягнемо всю істинну картину світобудови, побачимо, що немає нікого в світі, крім Творця, а всі світи й ті, хто їх населяє, – все, що ми відчували довкола себе, та й ми самі, – є лише Його частиною, вірніше, Ним самим…

Всі думки і дії людини визначаються її бажаннями. Мозок лише допомагає людині досягти того, чого вона бажає. Бажання людина отримує згори від Творця, і змінити їх може тільки Творець.

Зроблено це Творцем навмисне, – аби зрозумівши, що в усьому, що з нами відбулося в минулому, відбувається в теперішньому та відбуватиметься в майбутньому, – в матеріальному (сімейному, громадському) і духовному, – в усіх наших становищах, – ми є абсолютно залежними лише від Нього; і тільки від Нього залежить поліпшення нашого становища, – що лише Він є причиною того, що з нами відбувається, – аби усвідомивши все це, ми отримали потребу у зв'язку із Ним, – від абсолютного неприйняття Його на початку шляху до повного злиття з Ним в кінці шляху.

Можна сказати, що мітки вздовж нашої дороги є мірою нашого зв'язку, близькості з Творцем, і весь наш шлях пролягає від точки повного розриву до точки повного злиття з Ним.

Якщо людина раптом відчуває бажання наблизитися до Творця, бажання і потяг до духовного, духовне вдоволення, – це є наслідком того, що Творець приваблює людину до себе, даючи їй такі почуття.

І навпаки, «впавши» у своїх прагненнях, або, навіть, у своєму матеріальному, суспільному та ін. становищах, через невдачі і втрати, людина починає поступово розуміти, що це навмисне робиться Творцем, щоби дати людині відчути залежність від Джерела всього, що з нею коїться, і того, що «лише Творець може допомогти їй, – інакше вона пропала».

І так робиться Творцем зумисне, аби виникла у людини тверда вимога до свого Сотворителя аби Він змінив її становище, щоб людина забагла зв'язку з Ним, і тоді Творець, вже у відповідності до бажання людини може наблизити її до Себе.

Отже, допомога Творця в урятуванні людини з сонного чи вдоволеного стану, щоб просунути її вперед до визначеної Творцем мети, полягає, як правило, в тому, що посилаються людині невдачі і поневіряння, – як духовні, так і матеріальні, – через тих, хто оточує його: сім'ю, друзів, колег, товариство, суспільство.

І тому ми створені Творцем такими, що все, що ми відчуваємо як приємне – від наближення до Нього, і навпаки, – всі неприємні відчуття – через віддалення від Нього.

За цієї причини і створений наш світ таким, що людина в ньому залежить від здоров'я, сім'ї, оточення, їхньої любові, поваги, – щоби Творець міг через все навколо, як через посильних, надсилати людині негативні впливи, змушуючи її шукати шляхів виходу з гнітючих станів, доки людина не відкриє для себе і не усвідомить, що все залежить тільки від Творця.

І тоді, якщо знайде в собі сили і терпіння, – удостоїться все, що діється з нею, негайно зв'язувати з бажанням Творця, а не з якимись причинами чи, навіть, зі своїми вчинками і думками в минулому. Тобто усвідомить, що тільки Творець, а не будь-хто інший, – навіть не сама людина, – є причиною всього, що діється.

Дорога, яку ми уявили, – це шлях як окремої людини, так і всього людства в цілому.

Починаючи з початкової точки, – де ми стоїмо у відповідності з нашими сьогоднішніми бажаннями, що називається «наш світ», і до кінцевої мети, до котрої всі ми мимоволі мусимо прийти, що зветься «майбутній світ», – наш шлях ділиться на 4 етапи, або стани.

1. Абсолютне не відчуття (утаєння) Творця. Наслідок цього: невіра в Творця і управління згори, віра в свої сили, в сили природи, обставин та випадку. На цьому етапі (духовному рівні) перебуває все людство.

Земне життя на цьому етапі є процесом накопичення досвіду в нашій душі через різного роду страждання, що посилаються людині. Процес накопичення досвіду душі відбувається шляхом повторних повернень однієї й тієї ж душі в цей світ в різних тілах. По досягненню душею певного досвіду людина отримує відчуття наступного, першого духовного ступеня.

2. Неявне відчуття Творця. Наслідок цього: віра у винагороду і покарання, віра в те, що страждання – внаслідок віддалення від Творця, а насолода – внаслідок наближення до Творця.

І хоча під впливом великих страждань людина може знову на деякий час повернутися до першого несвідомого процесу накопичення досвіду, але так чи інакше, цей процес триває до тих пір, поки людина не усвідомить, що тільки повне відчуття управління Творця дасть їй сили просунутись уперед.

В перших двох станах у людини є свобода віри в управління згори. І якщо людина намагається, попри всі завади, що «виникають», – надсилаються їй згори, – зміцнити в собі віру і відчуття управління Творця, то після певної кількості зусиль у цьому Творець допомагає їй тим, що розкриває себе і картину світобудови.

3. Розкриття часткової картини керування світом. Наслідок цього: людина бачить винагороду за хороші вчинки і покарання за погані, і тому не в змозі утриматись від виконання доброго і відвертання від дурного, – як ніхто з нас не в змозі ухилитись від приємного, чи явно собі зашкодити.

Але цей етап духовного розвитку ще не є остаточним, оскільки на цьому етапі всі вчинки людини є вимушеними з огляду на явні винагороду і покарання.

Тому є ще один етап духовного розвитку, – осягнення того, що все, що робиться Творцем, робиться Ним з абсолютної любові до нас.

4. Розкриття повної картини управління світом. Наслідок цього: ясне усвідомлення того, що управління Творця світом засноване не на винагороді та покаранні за відповідні вчинки, а на абсолютно безмежній любові до Його створінь.

Осягається цей ступінь духовного розвитку внаслідок того, що людина бачить, як за будь-яких обставин з усіма створіннями в цілому і з кожним зокрема, – з хорошими і поганими, незалежно від їхніх провин, – Творець завжди чинить тільки з почуттям безмежної любові.

Зазнавши на собі осягнення вищого ступеня насолоди, людина передчуває майбутній стан усіх, хто іще не досягнув цього: як і вона, – кожен зокрема і всі в цілому досягнуть того ж. Осягається цей стан людиною внаслідок того, що Творець розкриває їй всю картину творіння і Своє ставлення до кожної душі в кожному поколінні, протягом усього існування всіх світів, створених з єдиною метою – завдати насолоди створінням, що є єдиною причиною, яка визначає всі діяння Творця стосовно нас, – від початку і до кінця творіння, коли всі разом і кожний зокрема досягають безмежної насолоди від злиття зі своїм Джерелом.

Унаслідок того, що людина явно бачить, якими є всі замисли і діяння Творця з Його створіннями, вона проймається почуттям безмежної любові до Творця, а внаслідок схожості почуттів Творець і людина зливаються в одне ціле. А оскільки такий стан – це мета творіння, то три перших ступеня осягнення керування є всього лише попередніми для осягнення четвертого ступеня.

Усі бажання людини неначе містяться в її серці тому, що фізіологічно відчуваються в ньому. Тому серце ми приймаємо за представника бажань усього тіла, всієї суті людини. Змінення бажань серця свідчать про переміни в особистості.

Від народження, тобто від появи у цьому світі, серце людини зайняте лише турботами тіла, тільки його бажаннями воно наповнюється і живе.

Але є в глибині серця, в глибочині бажань, так звана внутрішня точка («некуда ше-ба-лев»), що прихована за всіма дрібними бажаннями та не відчутна нами – потреба духовних відчуттів. Ця точка є частиною самого Творця.

Якщо людина свідомо, вольовими зусиллями, долаючи пасивність тіла, шукає в Торі зближення з Творцем, то ця точка поступово заповнюється добрими і чистими бажаннями, і людина осягає Творця на першому духовному рівні, рівні світу Асія.

Потім, пройшовши в своїх відчуттях всі ступені світу Асія, вона починає відчувати Творця на рівні світу Єцира і т.д., доки не досягає вищого ступеня – осягнення Творця на рівні світу Ацилут. І кожного разу ці відчуття вона зазнає у тій же внутрішній точці свого серця.

У минулому, коли її серце було під владою бажань тіла, – тобто точка в серці не мала зовсім ніякого відчуття Творця, – людина могла думати тільки про бажання, про які тіло примушувало її думати і, відповідно, бажати лише того, чого бажало тіло. Зараз же, якщо проханнями й вимогами до Творця про своє духовне спасіння вона поступово заповнює серце чистими, вільними від егоїзму бажаннями та починає отримувати відчуття Творця, – вона спроможна думати тільки про Творця, бо в ній народжуються думки і бажання, що притаманні даному духовному ступеню.

Тобто завжди людина бажає лише того, що змушує її бажати духовний вплив ступеня, на якому перебуває.

Відтак стає зрозумілим, що людина не повинна пориватися сама змінювати свої думки, а слід просити Творця змінити їх, оскільки всі наші бажання й думки є наслідком того, що ми отримуємо, точніше, – якою мірою відчуваємо Творця.

Стосовно всього створіння ясно, що все походить від Творця, але сам Творець створив нас із певною свободою волі, і ця можливість порядкувати своїми бажаннями з'являється лише у тих, хто осягає ступені АБЄА, – чим вище підіймається духовно людина, тим вищий ступінь її свободи.

Процес розвитку духовної особистості для більшої наочності можна порівняти з розвитком матеріальної природи нашого світу. Оскільки вся природа і вся світобудова являють собою лише одне, – але особисте за величиною в кожному створінні, – бажання самонасолоди, то в міру збільшення цього бажання з'являються в нашому світі більш розвинуті істоти, оскільки бажання змушує працювати мозок і розвивати інтелект для вдоволення своїх потреб.

Думки людини завжди є наслідком її бажань, йдуть услід за її бажаннями, спрямовані тільки на досягнення бажаного, і ні на що інше. Але, разом із тим, є в думці особлива роль, – за її допомогою людина може збільшити своє бажання: якщо постійно поглиблюватиме і розширюватиме гадку про щось та постійно повертатиметься до неї, то поступово це бажання почне зростати порівняно з іншими бажаннями.

Тобто людина може змінити співвідношення своїх бажань: постійними думками про мале бажання вона поступово зробить із малого бажання велике, настільки, що воно почне тяжіти над усіма іншими бажаннями і визначить саму суть людини.

Найнижчий рівень духовного розвитку – це неживий, подібно до неживої частини природи: космічних тіл, в тому числі і нашої планети, мінералів тощо. Неживий рівень духовного розвитку не може самостійно діяти і не є індивідуальним ані в чому тому, що його мізерне бажання насолоди полягає лише у збереженні своїх властивостей. На цьому рівні відсутній самостійний рух. Уся його функція зводиться до сліпого, автоматичного виконання бажання Творця, що його створив.

А оскільки Творець захотів, щоб неживі об'єкти вели себе таким чином, то дав їм найнижчий рівень бажань, який не викликає в них необхідності розвиватися, тому вони, не маючи ніяких бажань, крім первісно створених в них Творцем, сліпо виконують своє завдання, турбуючись лише про свої потреби духовно неживої природи, не відчуваючи довколишнього.

І в людях, поки що духовно неживих, також немає ніяких своїх особистих бажань, а лише бажання Творця керують ними, і вони зобов'язані, в силу своєї природи, їх неухильно несвідомо виконувати, скоряючись програмі, закладеній в них Творцем.

Тому, хоча Творець створив природу людей такою заради Своєї мети, в цьому духовному стані люди не можуть відчувати нічого, крім себе, а тому і робити що-небудь заради інших, а можуть працювати лише на себе. І тому цей рівень духовного розвитку називається неживим.

Більш високим є ступінь розвитку рослинної природи. Оскільки Творець надав її об'єктам більше, у порівнянні з неживою природою, бажання насолоди, то це бажання викликає у рослин необхідність у деякому русі та зростанні для вдоволення своїх потреб. Але цей рух і зростання групові, а не індивідуальні.

Подібно до цього в людей, які перебувають на рослинному рівні бажань, існує деякою мірою духовна незалежність від Творця, який задає програму, а оскільки Творець створив усю природу на основі абсолютного егоїзму, тобто прагнення до самовдоволення, то ці особистості уже бажають своїм «рослинним» рівнем бажання віддалитися від бажань, що створені в них, та робити щось для інших, – тобто діяти немовби проти власної природи.

Та як рослини у нашому світі, – хоча й ростуть вгору і вшир, тобто мають якусь свободу руху, але рухи ці колективні, і жодна рослина не може через відсутність відповідного бажання навіть «уявити» собі, що можливий індивідуальний рух, – так і людина з «рослинним» рівнем бажання не в змозі прагнути до індивідуальних проявів, які б суперечили думці колективу, вихованню, а бажає лише зберігати і виконувати всі бажання і закони своєї «рослинної» природи, – тієї ж групи людей з «рослинним» рівнем розвитку.

Тобто, як у рослини, – так і в людини цього рівня бажань, – немає індивідуального, особистого життя, а її життя – це частина життя суспільства, в котрому вона лише одна з багатьох. Тобто в усіх рослин і в усіх людей такого рівня одне спільне життя, а не індивідуальне у кожного.

Як усі рослини можна уподібнити єдиному рослинному організму, де кожна з них подібна до окремої гілки рослини, так і люди «рослинного» духовного рівня, – хоча й можуть вже в чомусь піти проти своєї егоїстичної природи, та оскільки рослинний рівень духовного бажання ще надто малий, вони перебувають у полоні законів суспільства чи свого кола і не мають індивідуальних бажань, а тому – й сил йти проти суспільства чи виховання; хоча проти власної природи в чомусь вони можуть іти, тобто – діяти на благо інших.

Вище за духовним розвитком є так званий тваринний рівень, оскільки надані йому Творцем бажання розвивають його носіїв настільки, що їх може задовольнити тільки можливість незалежно від інших пересуватись і, ще більшою мірою, ніж рослини, самостійно мислити для вдоволення своїх бажань.

Тобто у кожної тварини є свій індивідуальний характер і почуття, що незалежні від оточення. І тому людина цього рівня розвитку спроможна ще більше діяти всупереч егоїстичній природі і вже здатна діяти на благо ближнього.

Та хоча вона вже незалежна від колективу і має своє особисте життя, – тобто її внутрішнє життя може не залежати від думки суспільства, – вона все ще не в змозі відчувати нікого, крім себе.

Той, хто перебуває на людському, – так званому рівні розвитку мовця, – вже спроможний діяти проти своєї природи, не кориться колективу, як рослина, – тобто абсолютно незалежний від суспільства у своїх бажаннях, – відчуває будь-яке інше створіння і тому може піклуватися про інших, допомагати їм у виправленні тим, що страждає їхніми стражданнями, на відміну від тварини відчуває минуле й майбутнє і тому здатний діяти, виходячи з усвідомлення кінцевої мети.

Всі світи і ступені, на котрі вони діляться, являють собою свого роду послідовність екранів, що стоять один за одним і скривають від нас (світло) Творця.

У мірі того, як у нас з'являються духовні сили протидіяти власній природі (відповідно до кожної сили), відповідний екран зникає, немовби розчиняється.

Ця послідовність екранів скриває від нас Творця. Ці екрани існують в нас самих, в наших душах, а крім наших душ із затримуючими «екранами», – все, що поза нами, – це сам Творець.

Ми можемо відчути тільки те, що проникає в нас крізь екран. Все, що поза нами, – зовсім не відчувається нами; як у нашому світі – ми бачимо лише те, що, потрапляючи в поле зору, відбивається на внутрішній поверхні ока.

Всі наші знання про духовні світи – це те, що осягли й відчули душі кабалістів і передали нам. Але і вони осягли те, що було в їхньому духовному полі зору. Тому всі відомі нам світи існують лише стосовно душ.

Беручи до уваги все сказане вище, всю світобудову можна розділити на три частини.

1) Творець – про кого ми не можемо говорити з тієї причини, що здатні судити лише про те, що потрапляє в наше духовне поле зору, проходячи крізь екрани.

2) Замисел творіння – те, з чого можна почати говорити, тобто з чого починаємо осягати замисел Творця. Стверджується, що він полягає в тому, аби завдати насолоди створінням.

Крім як про цей зв'язок Творця з нами, ми не можемо більше нічого сказати про Нього, з огляду на відсутність будь-якої іншої інформації. Творець захотів, аби ми відчули Його діяння на нас як насолоду, і створив наші органи чуттів такими, щоб Його діяння ми сприймали як насолоду.

А оскільки все відчувається тільки душами, ми не можемо казати про самі світи поза зв'язком із тим, хто їх відчуває, тому що без сприйняття душами самі світи не існують.

Екрани послаблення, що стоять між нами і Творцем, – це і є світи. «Олам» (світ) від слова «алама» – утаєння. Світи існують тільки для передачі якоїсь долі насолоди (світла), що йде від Творця, душам.

3. Душі – дещо створене Творцем, що відчуває саме себе як індивідуально існуюче. Але це сугубо суб'єктивне почуття, – яке відчувається душею, тобто нами, як своє «я», – зумисне так створене Творцем в нас. Стосовно ж Творця ми є Його інтегральною частиною.

Весь шлях людини від її початкового стану і до цілковитого злиття за властивостями з Творцем ділиться на п'ять ступенів, кожний з котрих, у свою чергу, складається з п'яти підступенів, які в свою чергу також складаються з п'яти підступенів, – усього 125 ступенів.

Кожен, хто перебуває на певному ступені, отримує від нього ті ж відчуття і вплив, котрі отримують всі, хто перебувають на цьому ступені та мають однакові духовні органи чуттів, і тому відчуває те, що й усі на цьому ступені. Це подібне до того, як усі мешканці нашого світу мають однакові органи чуттів і, відповідно з ними, – однакові відчуття і не можуть відчувати інших світів.

Тому книги з кабали зрозумілі лише тим, хто досягнув ступеня, на котрому перебував і про котрий розповідає автор, оскільки тоді у того, хто читає та в автора є спільні відчуття, – як у читача книги та її автора, який описує події нашого світу.

Відчуття близькості Творця, духовна насолода і просвітління, отримувані від злиття з Ним та від розуміння Його бажань і законів Його управління, – так зване світло Творця, відчуття Його самого отримує душа від духовних світів. Відчуття наближення до Творця осягається за мірою поступового просування нашим духовним шляхом. Тому на кожному етапі дороги ми по-новому сприймаємо Тору, – прояви Творця: той, хто осягає лише наш світ, сприймає Тору у вигляді книги законів й історичних розповідей, що описують поведінку людини в нашому світі, а за мірою духовного просування нашим шляхом, за іменами об'єктів і дій нашого світу людина починає бачити духовні діяння Творця.

З усього сказаного зрозуміло, що всього в творінні є два учасники – Творець і людина, Ним створена, а всі картини, що виникають перед людиною, – як то відчуття нашого світу чи, навіть, відчуття більш високих світів, є різними ступенями проявлення, розкриття Творця на шляху наближення до людини.

Всю світобудову можна описати як функцію трьох параметрів: світу, часу і душі, котрі керуються зсередини волею та бажанням Творця.

Світ – весь неживий всесвіт. У духовних світах – неживий рівень бажань.

Душа – все живе, включаючи людину.

Час – причинно-наслідкова послідовність подій, що відбуваються з кожною окремою душею і з усім людством, подібно до історичного розвитку людства.

Джерело існування – план розвитку подій, що відбуваються з кожним із нас і всім людством у цілому, план управління всім створінням щодо приведення його до заздалегідь визначеного стану.

Вирішивши створити світи й людину в них для поступового наближення до Себе, Творець, поступово віддаляючи від Себе шляхом послаблення Свого світла, Своєї присутності, створив наш світ.

Етапи поступового (зверху вниз) приховання присутності Творця звуться світами:

1) Ацилут – світ, мешканці якого абсолютно злиті з Творцем;
2) Брія – світ, мешканці якого зв'язані з Творцем;
3) Єцира – світ, мешканці якого відчувають Творця;
4) Асія – світ, мешканці якого майже, чи зовсім не відчувають Творця, включаючи і наш світ, як останній, найбільш низький і найбільш віддалений від Творця.

Ці світи вийшли один з одного та, немовби є копіями один одного. Тільки кожний, що стоїть нижче, – тобто більш віддалений від Творця, – є більш грубою (але точною) копією попереднього. Причому копією за всіма чотирма параметрами: світ, душа, час, джерело існування.

Тобто, все в нашому світі є точним наслідком процесів, які раніше вже відбулися в більш високому світі, а те, що відбувається в ньому, в свою чергу, є наслідком процесу, який відбувався раніше в іще більш високому світі, і т.п. – до місця, де всі чотири параметри: світ, час, душа, джерело існування зливаються в єдиному джерелі існуючого – в Творці! Це «місце» називається світом Ацилут.

Одягання Творця в оболонки світів Ацилут, Брія, Єцира (Його проявлення нам шляхом світіння через послаблюючі екрани цих світів) зветься кабалою. Вдягання Творця в оболонку нашого світу, світу Асія, називається письмовою Торою.

Висновок: немає різниці між кабалою та Торою нашого світу. Джерело всього – Творець. Іншими словами, вчитися й жити по Торі або вчитися й жити по кабалі, – залежить від духовного рівня самої людини: якщо людина духовно знаходиться на рівні нашого світу, то вона бачить і сприймає наш світ і Тору, як усі.

Якщо ж людина духовно піднеслася, – вона побачить іншу картину, оскільки оболонка нашого світу спаде і залишаться лише оболонки світів Єцира та Брія. Тоді кабала і вся дійсність виглядатимуть для неї інакше, – так, як бачать мешканці, що осягають світ Єцира. І Тора, яку він побачить, з Тори нашого світу, що розповідає про тварин, війни, предмети нашого світу, перетвориться на кабалу – опис світу Ецира.

А якщо людина підніметься ще вище, – в світ Брія або в світ Ацилут, – то картину світу та управління ним вона побачить іншими, – відповідно до свого духовного стану.

І немає різниці між Торою нашого світу та кабалою, – Торою духовного світу, – а різниця лише в духовному рівні людей, які нею займаються. І з двох, які читають одну й ту саму книгу, один побачить в ній історію єврейського народу, а інший – картину управління світами Творцем, який явно відчутний йому.

Ті, хто перебувають у стані повного утаєння Творця, знаходяться у світі Асія. Тому все в світі, зрештою, бачиться їм нехорошим: світ сповнений страждань, оскільки не можуть відчувати інакше внаслідок утаєння від них Творця. А якщо й отримують якесь задоволення, то лише таке, що йде слідом за стражданням.

І лише при досягненні людиною світу Єцира Творець частково розкривається їй, і бачить вона управління винагородою й покаранням, і тому виникають у неї любов (яка є залежною від винагороди) та страх (покарання).

Наступний, третій ступінь – любов, що незалежна ні від чого, виникає як наслідок усвідомлення людиною того, що ніколи Творець не чинив їй зла. Але тільки добро. І це відповідає світу Брія.

А коли Творець розкриває їй всю картину світобудови і управління всіма створіннями, то виникає в людині абсолютна любов до Творця, оскільки бачить абсолютну любов Творця до всіх створінь. І це осягнення підносить її на рівень світу Ацилут.

Отже, наше ставлення до Творця є наслідком розуміння Його діянь і залежить тільки від того, наскільки Він розкриється нам, бо ми створені такими, що дії Творця впливають на нас (наші думки, наші якості, наші вчинки) автоматично, і ми лише можемо просити Його змінити нас.

Хоча всі дії Творця є абсолютно добрими, Ним же навмисне створені сили, що діють, нібито, всупереч бажанню Творця, викликають критику Його дій і тому називаються нечистими.

На кожному ступені, – від початку нашого шляху і до його кінця, – існують створені Творцем дві протилежні сили: чиста й нечиста. Нечиста сила навмисне викликає в нас недовіру і відштовхує нас від Творця. Та, якщо попри це ми робимо зусилля в проханні до Творця допомогти нам, – тобто всупереч цій силі зміцнюємо зв'язок із Творцем, – то отримуємо замість неї чисту силу і піднімаємося на більш високий ступінь. А нечиста сила припиняє на нас діяти, бо вже виконала свою роль.

Прагнення нечистої сили світу Асія (перший ступінь) – трактувати все, що відбувається, відсутністю Творця.

Прагнення нечистої сили світу Єцира (другий ступінь) – намагання переконати людину, що світ керується не винагородою й покаранням, а довільно.

Прагнення нечистої сили світу Брія (третій ступінь) – нейтралізувати в людині усвідомлення любові Творця до неї, яке викликає любов до Творця.

Прагнення нечистої сили світу Ацилут (четвертий ступінь) – довести людині, що не з усіма творіннями, чи не завжди, Творець чинить із почуттям безмежної любові, – аби не допустити появи в людині відчуття абсолютної любові до Творця.

Таким чином, бачимо, що для сходження на кожний духовний ступінь, для кожного піднесення, розкриття Творця та насолоди від зближення з Ним попередньо треба перемогти відповідну за силою і характером зворотну силу у вигляді думки чи бажання, і лише тоді можна зійти ще на один ступінь, зробити ще один крок по нашому шляху вперед.

Зі сказаного ясно, що всій гамі духовних сил і почуттів чотирьох світів, – Асія, Єцира, Брія, Ацилут, – відповідає гама протилежних та паралельних сил і почуттів, – чотири нечисті світи Асія, Єцира, Брія, Ацилут. Причому просування вперед відбувається лише поперемінно: якщо людина зусиллям волі перемагає нечисту силу, – всі завади, що надсилаються їй Творцем, – прохаючи Творця розкритися, аби таким чином знайти сили встояти проти нечистих сил, думок і бажань, – то, відповідно, осягає чистий ступінь.

Від народження кожен з нас перебуває у стані абсолютного не відчуття Творця. Аби почати просуватися описаним нами шляхом, необхідно:

1) пережити нинішній свій стан як нестерпний;
2) хоча б неявно відчути, що Творець існує;
3) Відчути, що лише від Творця ми залежимо;
4) Усвідомити, що лише Він може нам допомогти.

Ледь розкриваючи Себе, Творець може негайно міняти наші бажання, створювати в нас якісно новий розум. Поява сильних бажань негайно викликає появу сил для їхнього досягнення.

Єдине, що визначає людину – це її бажання. Їх набір є суттю людини. Розум наш існує тільки для того, щоби допомогти нам досягти того, чого ми хочемо, оскільки розум є не більш, як допоміжним інструментом.

Людина проходить свій шлях поетапно, крок за кроком просуваючись уперед, перебуваючи поперемінно під впливом нечистої (лівої) – егоїстичної сили, та чистої (правої) – альтруїстичної. Подолавши за допомогою Творця ліву силу, людина набуває властивостей правої.

Шлях цей, як дві рейки – ліва й права, дві сили – відштовхування і тяжіння до Творця, два бажання – егоїзм та альтруїзм. Чим далі від початкової точки нашого шляху, – тим ці дві протилежності сильніші.

Просування вперед є функцією уподібнення Творцю, – подоби у бажаннях і в любові. Адже любов Творця – це єдине Його почуття до нас, з котрого витікає все інше: робити нам лише добро, привести нас до ідеального стану, – а це може бути тільки стан, що подібний до стану Творця, – безсмертя з нічим не обмеженою насолодою від почуття безмежної любові до Творця, який випромінює це почуття.

Оскільки досягнення цього стану є метою творіння, то всі сторонні бажання називаються нечистими.

Мета, яку поставив перед Собою Творець, – привести нас до стану подоби з Ним; ця мета є обов'язковою для кожного із нас і для всього людства, – хочемо ми того чи не хочемо.

Хотіти ми цього не можемо, оскільки, перебуваючи в нашому світі, не бачимо тих великих насолод і порятунку від усіх страждань, що приносить нам злиття з Творцем.

Страждання надсилаються нам Творцем, адже лише таким шляхом можна підштовхнути нас уперед, примусити нас захотіти змінити наші погляди, оточення, звички і вчинки, бо інстинктивно людина хоче звільнитися від страждань.

Не може бути насолоди без попереднього щодо неї страждання, не може бути відповіді без питання, ситості без попереднього почуття голоду, – тобто для отримання будь-якого почуття необхідно зазнати прямо протилежне йому відчуття.

Тому, щоби звідати потяг і любов до Творця, необхідно зазнати й прямо протилежні почуття, такі як ненависть, віддаленість у поглядах, звичках, бажаннях.

Не може виникнути ніякого почуття в порожнечі, – обов'язково мусить бути бажання відчути це почуття. Як, наприклад, потрібно навчити людину розуміти, а тому й любити музику. Не може нетямущий зрозуміти радість вченого, який після довгих зусиль відкрив щось нове, до чого так прагнув.

Бажання будь-чого зветься в кабалі судиною («клі»), оскільки саме це відчуття відсутності і є умовою насолоди при наповненні, і від його величини залежить величина майбутньої насолоди.

Навіть у нашому світі ми бачимо, що не від великості шлунку, а від бажання, відчуття голоду залежить величина насолоди від їжі, – тобто саме ступінь страждання від відсутності бажаного визначає великість судини і, таким чином, – величину майбутньої насолоди.

Насолода, що заповнює бажання саме нею тішитися, зветься світлом, тому що дає судині саме таке почуття повноти і вдоволення.

Попереднє бажання є необхідним, – до почуття страждання від відсутності бажаного, – аби бути дійсно готовим до прийняття наповнення, котрого так чекав.

Завдання нечистих сил (бажань), що звуться «кліпот», саме і полягає в тому, щоб створити в людині безкінечне за величиною бажання.

Якби не бажання кліпот, людина ніколи б не захотіла більшого, ніж потрібно тілу, і залишилася б на дитячому рівні розвитку. Саме кліпот підштовхують людину до пошуку нових насолод, оскільки постійно створюють в ній все нові бажання, які потребують вдоволення, – примушують людину розвиватися.

Досягнення властивостей світу Ацилут називається воскресенням мертвих, оскільки цим людина переводить на чистий бік всі свої колишні нечисті, тобто мертві, бажання. До світу Ацилут, проходячи немовби по двох рейках шляху, людина тільки змінює свої бажання на протилежні, але не виправляє на чисті.

Зараз же, увійшовши до світу Ацилут, вона може свої колишні бажання знову взяти й виправити, і, таким чином, піднятися ще вище. Цей процес називається воскрешенням мертвих (бажань). Звичайно ж, мова не може йти про наше матеріальне тіло, – воно, як тіла всіх інших створінь, що населяють цей світ, розкладається після виходу душі з нього, нічого без душі собою не являючи.

Якщо в результаті роботи над собою людина досягає такого стану, що зайві думки не панують над нею і не відволікають її від зв'язку з Творцем, – хоча вона відчуває, що вони ще існують в ній, – такий внутрішній стан називається «суботою».

Та якщо вона відволікла свої думки і прагнення від Творця, – сама, чи слухаючи сторонні думки, впустивши їх в себе, – це називається «порушенням суботи». І людина вже не вважає ці думки, що отримані нею ззовні, сторонніми, а вважає їх своїми, та впевнена, що саме ці гадки і є правильними, а не ті, що раніше закликали її не задумуючись йти за Творцем.

Якщо великий фахівець у якомусь ремеслі потрапляє в середовище кепських робітників, які переконують його, що вигідніше працювати посередньо, а не вкладати в свою роботу всю свою душу, то, як правило, такий фахівець поступово втрачає своє мистецтво. Та якщо він перебуває серед поганих робітників іншого фаху, – то це йому не шкодить, оскільки немає між ними по роботі ніякого зв'язку. Тому той, хто справді бажає зазнати успіху в своєму ремеслі, повинен прагнути потрапити в середовище фахівців, які ставляться до своєї праці як до мистецтва.

Крім того, яскрава відмінність фахівця від простого ремісника є в тому, що спеціаліст отримує насолоду від самої праці та від її результату більше, ніж від плати за виконану роботу.

Тому ті, хто бажає духовно піднестися, зобов'язані суворо перевіряти, в якому середовищі, серед яких людей вони перебувають. Якщо це невіруючі, то ви – як фахівці у різних галузях: ваша мета – духовно зрости, а їхня мета – зазнати насолоди від цього світу. І тому нема чого дуже побоюватись їхньої думки. Навіть якщо ви на мить погодитесь з їхньою точкою зору, – ще через мить ви зрозумієте, що цю думку ви отримали від них, і знову повернетесь до своєї мети в житті.

Якщо ці люди віруючі, але такі, що не особливо турбуються про правильну мету виконання заповідей та вже заздалегідь передбачають винагороду в майбутньому світі, і тому виконують заповіді, – необхідно стерегтися їх. І чим вони ближче до ваших цілей та думок, тим далі слід триматися від них.

А від тих, хто зве себе «кабалістами», слід тікати стрімголов, оскільки можуть, непомітно для вас зіпсувати ваше мистецтво в новому для вас ремеслі...

———

Повинно здаватися дивним, що в людей, яких весь світ йменує євреями, виникає питання, – хто ж вони такі? І саме питання, – не кажучи вже про численні відповіді, – є підозріло неясним і тим, хто повинен називатися євреєм, й тим, хто їх так називає. Що ж розуміє кабала під словами єгуді (іудей), іврі (єврей), ісраелі (ізраїльтянин), бней Авраам (діти Авраама) та іншими позначеннями в Торі певної групи людей?

Кабала розглядає світобудову як таку, що складається всього із двох аспектів: Творця та створеного Ним бажання тішитися Його близькістю. Це бажання (як будь-яке з наших бажань, – але таке, що існує без тілесної оболонки) зазнати насолоди від близькості Творця, як джерела безмежної абсолютної насолоди, називається душею.

Причина й мета творіння – бажання Творця завдавати насолоди душам. Прагнення душі полягає в насолоді Творцем. Бажання Творця і бажання душі здійснюються при їх наближенні, злитті.

Злиття, зближення здійснюються шляхом збіжності властивостей, бажань. Як, між іншим, і в нашому світі, – близькою ми називаємо людину, котру такою відчуваємо, а не ту, що перебуває на близькій від нас відстані. І як у нашому світі, – чим з більшого початкового віддалення відбувається єднання, чим із більшими труднощами досягається жадане, тим більша отримувана від поєднання з жаданим насолода.

Тому Творець поміщає душу у вкрай віддалений від Нього стан: 1) абсолютно скриває Себе як джерело насолоди; 2) поміщає душу в тіло, – в бажання насолоджуватися всім, що її оточує.

Якщо, незважаючи на: 1) утаєння Творця і 2) завади бажань тіла, людина розвиває в собі бажання з'єднатися з Творцем, вона може саме завдяки опору тіла досягти в багато разів більшого бажання насолоджуватися Творцем, ніж насолоджувалася її душа до вдягання в тіло.

Методика, або інструкція возз'єднання з Творцем називається кабалою, – від дієслова «лекабель» (отримувати), – отримувати насолоду від Творця.

Кабала за допомогою слів і понять нашого світу розповідає нам про діяння духовного світу.

Мовиться у пасхальному сказанні, що спочатку наші предки були ідолопоклонниками, а потім Творець вибрав одного з них, – Авраама, – й повелів йому відокремитися від свого племені та оселитися в іншому місці. Корінні жителі того місця звали Авраама «Аврам-іврі» тому, що прийшов до них з-за (мі евер) річки. Звідси слово «єврей». (Слово «жид» не має кореню в івриті і, напевно, походить від слова «очікувати» – приходу Машиаха).

Оскільки, відповідно до кабали, все, що говориться в Торі, – мовиться для того, аби навчити людину шляху до мети творіння (слово «Тора» походить від слова «ораа» – навчання), то кабала бачить в цих словах наступний сенс:

– «спочатку» – на початку роботи над собою, на початку шляху зближення з Творцем,

– «наші предки», – початковий стан бажань людини,

– «були ідолопоклонниками.», – всі бажання людини були спрямовані лише на те, щоби насолодитися цим недовгим життям,

– «А потім Творець вибрав одного з них», – з усіх бажань людина раптом обрала бажання духовно піднестися і відчути Творця,

– «і повелів йому відокремитися від свого племені та поселитися в іншому місці», – щоби відчути Творця людина повинна виділити з усіх своїх бажань лише одне – бажання відчути Творця і відсторонитися від інших.

Якщо людина спроможна виділити одне зі всіх своїх бажань, зростити його і жити тільки цим бажанням, – з'єднатися з Творцем, – то вона наче переходить в інше життя, у сферу духовних інтересів, та називається «іврі».

Якщо людина ставить собі за мету повне злиття з Творцем, то вона вже, хоч і не досягла поки цього, називається «єгуді», – від слова «ігуд» (єдність).

Якщо людина хоче йти, або йде прямим шляхом назустріч Творцю, то він зветься «Ісраель» – від слів «ісра» (прямо) та «Ель» (Творець).

Таке справжнє походження цих слів та їхнє духовне значення. Нажаль, немає можливості точно описати, якою є відмінність між цими іменами, оскільки для цього довелося би пояснити етапи духовного сходження, до кожного з яких те чи інше ім'я відноситься.

Творіння світу включає в себе його створення та управління, аби світ міг існувати й просуватися за заздалегідь визначеним планом до тієї мети, для котрої створений.

Для здійснення управління згори та свободи вибору у вчинках людини створені дві системи управління, – так, що будь-якій позитивній силі відповідає рівна їй негативна сила: створені чотири позитивних світи АБЄА, і, також, створені чотири негативних світи АБЄ»А, що є протилежними ним; причому в нашому світі, – світі Асія, – не є помітною різниця між позитивною й негативною силами, між людиною, яка духовно піднімається до Творця, та тією, що не розвивається духовно.

Та й сама людина не може правдиво судити, чи просувається вона вперед, чи стоїть на місці, і не може визначити – позитивна чи негативна сила бажання діє на неї в даний момент. Тому натхнення і почуття впевненості в істинності шляху є оманливими та, як правило, не є доказом правильності вибору вчинків й того, що обраний шлях є вірним.

Та якщо людина перебуває на початку свого духовного шляху, то як може вона просуватися в бажаному для мети творіння і свого існування напрямку? Яким чином без явного чіткого відчуття й уявлення, що є добром та злом для її кінцевої мети, для її істинного вічного благополуччя, а не для уявного тимчасового вдоволення, вона зможе знайти свій вірний шлях у цьому світі?

Все людство одностайно помиляється й обманюється, обираючи собі теорії смислу існування та шляхи до цих надуманих цілей. І навіть у того, хто перебуває в початковій точці вірного шляху, немає жодного видимого орієнтиру, і кожну свою думку та бажання він неспроможний оцінити як такі, що є вірними.

Чи міг Творець сотворити нас й залишити без будь-якої допомоги в абсолютно безвихідному, безпорадному становищі? Адже, навіть наш здоровий глузд підказує, що нерозумно було би створювати щось з чіткою метою, а потім залишати весь процес у володінні сліпих і слабких створінь. І, звичайно, не міг так учинити Творець, а надав, очевидно, нам можливість за будь-яких обставин знаходити вірний шлях.

І справді, є одна дуже важлива перевірка правильності обраного шляху, – і в цьому допомога Творця! Ті, що йдуть шляхом нечистої, егоїстичної АБЄА, не досягають духовної мети, і виснажуються їхні сили, доки остаточно не впираються в стіну безвихіддя, оскільки не стають гідними допомоги Творця у вигляді розкриття перед ними всієї картини світобудови; і навпаки, – ті, хто йдуть шляхом чистих світів АБЄА, винагороджуються баченням і відчуттям всієї світобудови як благословенням з боку Творця та досягають вищої духовної мети.

І це – єдина перевірка в нашому світі (тобто в нашому становищі) того, яким шляхом йти, які вчинки та думки обирати як такі, що потрібні для досягнення мети, з усіх думок і бажань, що постачаються нам як з чистого світу Асія, так і з нечистого світу Асія.

Отже, різниця між тим, хто йде правильним шляхом, і заблудним у тому, що перший неодмінно повинен бути винагороджений благословенням Творця згори тим, що Творець розкриється й наблизиться до нього.

Тому якщо людина бачить, що не розкриваються їй таємниці Тори, значить її шлях є неправильним, хоча вона сповнена натхнення, сил і уявлення, що вже досягла духовних сфер. Це звичайна доля любительського заняття кабалою або «таємними» філософіями.

Увесь наш шлях духовного сходження по ступенях світів АБЄА являє собою почерговий вплив на нас кожного разу тієї сили, на ступені котрої ми перебуваємо.

Лише одна сила здатна врятувати людину, тобто вивести її з-під влади егоїстичних бажань, і це – сила благословення Творця. Відповідної їй протилежної сили в нечистій АБЄА немає, бо благословення походить від Самого Творця і не може бути в нечистих світах АБЄА чогось такого, що є Його протилежністю. І тому, лише за допомогою сили благословення Творця існує світ, і тільки з її допомогою можна дійсно розрізняти добро і зло, точніше, – що для людини благо і що їй на шкоду, – відрізняти чисті сили від нечистих й долати нечисті на всьому шляху людини до досягнення мети творіння, точно визначаючи, – чи обманює себе людина, чи дійсно входить у духовні світи.

Кожна сила в системі нечистих сил зла існує завдяки підтримці відповідної протилежної сили чистих сил, окрім сили благословення Творця.

Отже, жодною силою не міг бути створений світ, крім сили благословення Творця, котра, не зменшуючись, йде від Творця до найнижчого ступеня світів, – нашого світу – і тому здатна виправити творіння, надаючи їм сили виправитися та почати сходження.

За допомогою такої сили створений світ, тому нечисті егоїстичні сили не можуть ні зменшити її дію, ані використати її, оскільки нечисті сили можуть заважати лише там, де є слабкість чистих сил.

Тому подібної допомоги достатньо для з'ясування, – які думки є чистими в людині, а які – ні, оскільки при спрямуванні думок не до Творця, відразу ж зникає сила благословення.

Огласування букв (некудот) символізують вихід світла, відчуття Творця. Оскільки будь-яке відчуття Творця, будь-яке духовне відчуття градується, складається з десяти сфірот, то, починаючи з вищої з них (кетер), огласування є відповідними: 1 – камац, 2 – патах, 3 – сеголь, 4 – цейре, 5 – шва, 6 – холам, 7 – хірек, 8 – кубуц, 9 – шурук; 10 – без огласування, тобто є відповідною малхут – останньому ступеню почуття, який ніколи не заповнюється.

Іноді в процесі, під час просування до мети людина раптом переживає власну нікчемність й безсилля від того, що немає у неї знань Тори і неспроможна вона ні на які неегоїстичні дії, а всі думки тільки про великий успіх її в цьому світі.

І людина впадає у відчай, кажучи собі, що наближення до Творця дається лише винятковим особистостям, у котрих від народження є особливі сили і властивості, думки і бажання, які відповідають цій меті, серце їхнє прагне до Тори і роботи над собою.

Але потім до людини приходить почуття, що кожному вготоване місце поруч із Творцем, та що поступово всі, в тому числі й вона, удостояться духовних насолод у злитті з Творцем, – що не можна занепадати духом, а потрібно вірити в те, що Творець всемогутній й планує шлях кожного, чує і відчуває все, що відчуває кожен з нас, веде нас та чекає нашого звертання до Нього, аби зблизитися.

Потім людина згадує, що вже не раз казала собі про це, та все одно, – нічого не змінювалось. Зрештою вона залишається зануреною в думки про нікчемність і власне безсилля.

Та якщо приходить думка, що цей стан посилається їй Творцем зумисне, для його подолання, і вона зусиллями волі починає працювати над собою, то раптом отримує натхнення й сили для майбутнього стану, до котрого прагне.

Це означає, що світло її майбутнього стану світить їй здалеку, бо ще не може світити всередині неї самої, оскільки її бажання поки що егоїстичні, а світло (духовна насолода) не може увійти і світити (тішити) в таких бажаннях…

Творіння є згустком егоїстичних бажань. Творець же є абсолютно альтруїстичним. Тому повернення до Творця, злиття з Творцем, відчуття Творця є не чим іншим як збіжністю з Ним за тими чи іншими властивостями. І це повернення до Творця називається «тшува».

Людина зможе стверджувати, що зробила тшува, коли це підтвердить сам Творець – тим, що людина буде здатна постійно Його відчувати, що дозволить людині постійно бути подумки з Творцем, і таким чином відірватися від бажань свого тіла.

Тільки сама людина, і ніхто інший, відчуває, чи зробила вона «тшува». І за допомогою сил, отримуваних від відчуття Творця, людина може поступово повністю повернутися до Нього, змінити свої егоїстичні бажання на альтруїстичні; і чим більше «поганих» бажань мала на початку свого шляху, – тим більшу роботу вона може тепер виконати над собою і в більшій мірі злитися з Творцем. Тому не повинна людина жалкувати щодо своїх поганих якостей, а лише просити про виправлення, і так – кожного разу, коли приходять до неї думки про власну нікчемність.

Тому, що ці думки з'являються в людини від дальнього відчуття Творця, і Творець надсилає їх не всім, а тільки їй; а інші люди не відчувають себе поганими, не усвідомлюють свого егоїзму, а навпаки, – стверджують, що вони майже праведники, або удавано вигукують, що вони грішники, бо ж написано, що повинна людина так себе відчувати.

Ці думки посилаються Творцем людині не для того, щоби вона страждала і впадала у відчай, а для того, щоб звернулася до Творця, вимагаючи звільнення від самої себе, своєї природи. Кожного разу, коли людина знову відчуває свою слабкість і вже пройшла це відчуття в минулому, та їй здається, що вона не повинна заново повторювати вже пройдені нею відчуття падіння, слід пам'ятати, що кожного разу вона проходить нові виправляння, котрі накопичуються, доки не об'єднає їх разом Творець.

Всі ці негативні почуття відсторонення від Творця, невдоволеності духовними шляхами, претензії щодо безвиході – переживає людина в тій мірі, котра необхідна їй, аби удостоїтись прорватися до відчуття вищих сил Творця і насолод, що йдуть від Нього. Тоді розчиняються «ворота сліз», бо тільки через них можна увійти в покої Творця.

Дивуючись силі й стійкості свого егоїзму, не має права людина стверджувати, що це Творець дав їй мало сил протистояти егоїзму; чи від народження у неї мало здібностей, терпіння та гостроти розуму; чи не ті умови дані їй згори, і тому вона не може виправити себе й досягти того, чого може на її місці досягти хто-небудь інший у світі; і не повинна стверджувати, що це її страждання за минулі гріхи, чи за діяння в минулому житті, що так вже накреслено їй судьбою. І не має права впадати у відчай та ледарювати, – бо якщо правильно використовуватиме свої малі сили й здібності, то матиме чималий успіх. А всі риси характеру і властивості, котрі дав їй Творець, – навіть найбільш низькі і нікчемні, – все це знадобиться їй сьогодні або надалі, аби досягти свого призначення – виправлення саме своєї душі.

Подібно до зерна – якщо буде кинуте у благодатний ґрунт і матиме належний догляд – проросте і принесе плоди.

Тому необхідні людині керівник та придатний ґрунт, – середовище, – аби всі її якості зростити і збалансувати так, щоби кожне з них і всі разом, у відповідній пропорції, могли сприяти досягненню її головної мети.

Всі питання, що виникають у свідомості людини, посилає Творець й очікує від людини належної відповіді. А відповідь на питання тіла (розуму), егоїстичні питання типу «а навіщо?», – тільки одна, і вона вища за розуміння тіла: «Це бажання Творця, щоб саме цим шляхом я прийшла до Нього».

Всі слова Тори та всі поради – лише про те, як наблизитись до Творця і злитися з Ним, тому що весь наш недолік у тому, що ми не відчуваємо величі Творця. Адже ледь почавши прагнути до Нього, ми вже хочемо осягнути Його в своїх почуттях.

Але це неможливо до тих пір, поки немає у нас екрану («масах»), що відбиває світло Творця, тобто немає альтруїстичних судин-почуттів. А поки таких властивостей в нас немає, ми можемо отримувати відчуття Творця лише здалеку, що зветься «ор макіф» – оточуюче світло, котре може світити людині, навіть ще дуже віддаленій за своїми властивостями від Творця.

Оточуюче світло завжди більше внутрішнього, – отримуваного за допомогою екрану за наявності певних альтруїстичних сил в людині, – оскільки оточуюче світло – це сам Творець, а внутрішнє світло (душа) – це всього лише та «частина» Творця, котру людина змогла осягти, виправивши свої властивості тією чи іншою мірою.

Як же людина може отримати світло Творця в той час, коли вона ще не виправила своїх властивостей? Відповідь проста: тільки за рахунок збільшення свічення їй оточуючого світла, – тобто за рахунок звеличення, піднесення Творця у своїх очах, постійного прагнення до відчуття Його як джерела всіх подій, щоби в усіх випадках людина твердо усвідомлювала, що те, що з нею відбувається, – це все діяння Творця, і немає нічого іншого в світі.

А всі старання свої повинна спрямувати на те, щоби ні за яких обставин не почати раптом думати, що те, що з нею трапляється, це випадковість чи судьба, чи наслідок її колишніх вчинків, чи воля та бажання інших людей, а повинна намагатися ніколи не забувати Творця.

В жодному разі не слід інтерпретувати текст якоїсь з частин Тори згідно нашому сприйняттю, уподібнюючи опису подій в нашому світі.

Наприклад, як я вже писав в попередніх частинах книги, обманщик-Лаван, що згадується в Торі, – це самий високий рівень наповнення душі світлом Творця, Фараон – символ усього нашого егоїзму.

Говориться в ТАНАХу про те, що прийшов в місто чоловік на ім'я Птахія, та зібрав навколо себе порожніх людей, і пішли вони всі в пустелю. Так ось: Птахія, – від слова «ліфтоах» (відкрити), – людина, яка відкриває людям очі. Зібрав навколо себе «порожніх» людей, – які відчували порожнечу в своєму житті; вивів їх з міста в пустелю, – розкрив їм пустелю їхнього існування, щоби, як то мовиться в Теїлім (Псалмах): «лех ахарай ба мідбар», – «Йди», – каже людині Творець, – «за Мною по пустелі», – з почуттям, що твоє життя без духовних відчуттів, як висохла пустеля без краплі води, – так, щоби найменший проблиск порятунку від почуття нікчемності здався тобі як «маім карим аль нефеш аефа», – прохолодним джерелом для стомленої душі.

Головне наше сказання про вихід з Єгипту, – з духовного полону Фараона, нашого егоїзму: «І ось помер Фараон», – побачила нарешті людина, що егоїзм не для його користі: вбиває його, змушує витрачати на себе все життя. І помер в його очах цей символ і принцип. Але поки не усвідомив егоїзм як свого єдиного ворога, вважає життя і роботу свою в Єгипті (в полоні бажань тіла) хорошим своїм станом. Навіть потім, часом (в духовних падіннях), плаче про «горщиках з м'ясом і хлібом», які вдосталь мав в Єгипті (обслуговуючи власний егоїзм).

Поки ще був живий (в серці) Фараон (егоїзм), цар (володарював в їх думках і принципах) єгипетський, то мимоволі все думки й вчинки диктувалися їм, що і означає перебувати в полоні єгипетському («міцраїм» від слів «міц-ра» – концентрація зла), в полоні всіляких егоїстичних бажань. А самим неможливо зрозуміти, що влада нашої природи над нами є злом, доки Творець не зробить людині послугу: «і помер цар єгипетський», – дасть людині такі обставини в житті, коли вона усвідомлює, що егоїзм – її ворог; і помре цей символ зла в ній, та відразу ж відчує, що не в змозі більше так існувати, працюючи даремно. І «заволали сини Ісраеля від важкої роботи», – виявивши, що не в змозі навіть рушити без егоїстичного зиску свого, не маючи ще духовної, альтруїстичної природи; «і дійшла ця їхня молитва до Творця, і почув її», – тільки якщо людина дійсно кричить із самої своєї глибини (а це можливо лише, якщо вже дійшла самої останньої межі свого терпіння й страждання), – лише тоді Творець допомагає їй; причому допомога ця приходить несподівано, – людина ніколи не може передчувати заздалегідь, яка крапля його сліз буде останньою, просто всі краплі повинні бути як остання, але допомога Творця «єшуат ашем кеерев аїн» – з'являється раптом та завжди несподівано!

Книгу Зоар серед багатьох необізнаних називають мораллю на основі кабали, – «мусар аль пі кабала», – бо Зоар написаний мовою заповідей, – того, що повинна робити людина. Зрозуміло: кажучи так про книгу Зоар, вони намагаються заперечувати її таємну, приховану суть, яка в тій же мірі знаходиться й у будь-якій книзі Тори, та зводять всю Тору до виконання «бажання Творця про дотримання нами заповідей». Для чого їх виконувати – це питання залишається відкритим. В принципі, для виконання заповідей у такому випадку взагалі не потрібен Творець: якщо людина не має потреби в Ньому, – для чого ж Сам Творець? Автори Зоар спеціально виклали цю книгу, яка мовить тільки про будову та дії духовних світів, науковою юридично-повчальною мовою, аби у читача не залишилося жодного сумніву, що головне в Торі – не мудрість, а «той, хто дає мудрість», що головне в Торі й заповідях – аби мати потребу в Творці та наблизитися до Нього душевними властивостями.

Всі перешкоди, котрі відчуває людина на шляху свого просування до Творця, аби увійти в духовні сфери, – це не що інше, як знак наближення до Творця, до воріт у духовний світ. Тому що немає більш віддаленого від Творця стану, ніж стан людини, котра взагалі не підозрює про існування духовного світу чи не має бажання відчути його.

А якщо людина відчула, що вона є далекою від духовного світу, це значить, що Творець дає їй відчуття її істинного стану, пробуджуючи її у такий спосіб до зближення. І якби не виникало в нас подібних відчуттів далекості від Творця, не було б у нас жодної можливості почати зближення з Ним. Тому почуття віддаленості є ознакою початку зближення.

І так – протягом усього шляху до Творця: постійно людина відчуває всілякі завади та перешкоди. Насправді ж, – це не що інше, як допомога з боку Творця, що має за мету збудити в нас обурення, невдоволеність нашим станом та вимогу до Творця про його переміну.

А всі перешкоди, котрі людина в своєму духовному просуванні мусить подолати, потрібні для того, аби вона привчилася йти по лінії віддалення, відчуваючи, що віддаляється від Творця, усвідомлюючи все більше свій егоїзм, та все одно це відчуття не впливає на її дії, оскільки заздалегідь знає, що це почуття – воно і є розкриттям її істинного стану, що й раніше перебувала вона у стані не кращому за теперішній, але тільки не знала про це.

І так – до тих пір, поки клопіт щодо власного стану не припинить її непокоїти, а всі думки та бажання зведуться до бажання піклуватись не про свій стан, а про те, якою вона виглядає в очах Творця. І це визначає всі її дії та думки. А що саме бажає бачити Творець в людині, – людина відчуває сама у міру вивчання кабали і виконує всі вказівки Тори лише заради цієї вищої мети, і тоді стає вся Тора знаряддям зближення з Творцем.

Поки людина не почала порівнювати всі свої вчинки і думки з бажанням Творця, все, що б вона не робила, вона робить, порівнюючи з бажаннями інших людей. Людина не може бути вільною сама здійснити щось, – або впливають на неї їй подібні, визначаючи її поведінку та дії, або свої думки та дії вона визначає у відповідності з бажаннями Творця, але ніколи абсолютно незалежно людина не діє.

Приховання Творця від нас – задля нашої ж користі. Як у нашому світі всякий ще не пізнаний нами об'єкт приваблює більше, ніж уже звіданий, – так і утаєння духовного світу необхідне для того, щоб людина зростила в собі усвідомлення важливості осягнення духовного світу.

Хоча ніколи людина не здатна по-справжньому оцінити велич Творця і духовних світів (часткового прояву Творця), та саме завдяки прихованню, в мірі, в якій Творець надсилає їй відчуття утаєння та віддаленості, збуджується в ній прагнення відчути Творця, а також – усвідомлення важливості осягнення притаєного.

З іншого боку, величина утаєння вимірюється (її) потребою в пізнанні скритого. І так людина поступово набуває усвідомлення важливості осягнення прихованого від неї в такій мірі, що їй здається, наче вона вкрай віддалена від надзвичайно жаданого.

Почесті, які надані людині, наповнюють її его і, відповідно, завдають шкоди її душі настільки, що ті великі праведники, котрі стали широко відомими і набули шанувальників, вважають, що отримали таке розголошення свого імені від Творця як покарання.

Але тих великі, котрих Творець бажає захистити, щоб не втратили ані найменшої частини свого духовного рівня, Творець оберігає – тим, що посилає їм ненависників, заздрісників і противників їхніх поглядів, готових усіляко зчорнити цих праведників, аби відповідно рівними були почесті, надані їм, тим стражданням, котрих вони мусять зазнати від своїх сучасників.

Наскільки важко людині, яка ще не увійшла в духовні світи і ще не відчуває духовних сил і бажань, утримувати свої дії та думки в потрібному напрямку, – настільки легко їй і звичайно діяти у відповідності з природою духовних світів, якщо отримала духовні сили і увійшла в духовні світи, набула іншої, вищої природи.

В момент духовного падіння зникають всі колишні духовні осягнення, бажання служити Творцю і злитися з Ним, воювати з собою та бути лише на духовному злеті; зникають навіть спогади і уявлення про те, що взагалі може бути таке бажання, як духовний підйом. А якщо це й дається комусь, то лише вищими думками можна вберегти себе від безлічі, хай й малих, насолод цього світу. А у простих людей, яким початківець себе почуває, є ще цілі у цьому світі, крім духовних поривань. Тож як може бути у нього, простої людини, якийсь зв'язок із Творцем, тим паче – можливість злитися з Ним, адже сама гадка про це здається йому тепер такою дивною і далекою?..

Саме про такі моменти сказано: «Там, де знаходиться велич Творця, там же ти знайдеш Його скромність», бо Творець дав можливість воз'єднатися з Ним кожному зі створінь. І коли людина знову через деякий час збадьориться духом, вона зобов'язана не забувати ці колишні стани духовного падіння, аби по-справжньому оцінити піднесені переживання прагнень до злиття з Творцем, як особистий, індивідуальний подарунок Творця. У такому випадку не виникне необхідності у духовному падінні в майбутньому, оскільки вже заздалегідь духовною роботою над собою, піднесенням віри вище розуму, навчанням і дотриманням встановленого порядку дій та думок, людина створює в собі духовну судину для поступового духовного сходження.

Бажаний шлях духовного піднесення – шлях Тори. Шлях страждань мимоволі очікує на людину, якщо немає іншого методу впливу на неї, аби досягла досконалості.

Як уже мовилося, шлях Тори полягає в тому, що дають людині згори можливість створити в собі необхідні для духовно зростання бажання, – за допомоги духовних піднесення й падіння показуючи їй, що духовне світло – насолода, та що його відсутність – страждання. Таким чином в людині створюється прагнення до світла – духовного піднесення й відчуття Творця. Але без наповнення людини вищим духовним світлом та без його зникнення неможливо створити бажання до світла. І чим більшим світлом наповнить Творець людину, а потім «забере», – тим з більшою силою зажадає цього світла людина.

І цей шлях називається шляхом Тори, тобто – світла. Але є і шлях страждань, – коли людина, в пошуку шляхів втечі від нестерпних страждань, що вражають її в житті, а не від бажання повернути собі минулу насолоду, збуджує в собі бажання наповнитися духовним світлом як живлющим джерелом її порятунку... Обидва шляхи ведуть до однієї мети, але один притягує насолодою і досконалістю спереду, а другий підштовхує ззаду, змушуючи до втечі від болю.

Для того, щоби людина могла аналізувати зовнішні впливи на себе і внутрішні відчуття, в ній створені два види їх сприйняття: гірке і солодке – що сприймається серцем, брехливе й істинне – що сприймається розумом.

Духовне осягнення неможливо відчути в серці, – це абсолютно протилежне його природі, а тому відчувається як гірке, а будь-яка власна насолода відчувається як солодке. Тому робота над собою щодо зміни спрямованості бажань називається роботою серця.

Робота розуму зовсім інша, оскільки людина зовсім не може покладатися на власний розум і логіку в аналізі того, що відбувається. Адже при цьому вона мимоволі змушена покладатися на свій егоїстичний природний розум, від котрого не в силах відірватися в осмисленні того, що відбувається, оскільки таким чином він створений Творцем.

Тому є лише один шлях: повністю відмовитись від природного підходу в осмисленні та вірити в поради мудреців, які викладені в книгах з кабали й передаються вчителем, котрий досягнув духовного рівня пізнання.

Якщо людина здатна за допомогою Творця здійснити хоч найменший аналіз вірою, а не розумом, і відчути серцем гіркоту егоїзму, – то відразу ж згори отримує духовне осягнення досягнутого рівня, осяяння, сили.

Далі Творець розкриває людині наступний, раніше скритий, більш низький егоїстичний ступінь. Раніше скритий – аби людина, відчувши зразу всю прірву свого егоїзму, не маючи ще сил подужати його, не впала духом від бачення непосильної кількості роботи. Людині слід розуміти, що весь світовий егоїзм від початку знаходиться в ній, але прихований від неї, і поступово відчувається за мірою отримання від Творця сил і здібностей для виправлення.

Тому той, хто просувається по духовних ступенях, поступово перемагаючи «свій» розум, все більше з кожним кроком відчуває себе дурним й таким, що нічого не тямить, у порівнянні з вказівками мудреців у кабалістичних книгах та наставника-кабаліста; і в тій самій мірі, в якій він принижує значущість «свого» розуму, дається йому вищий розум та, в кінцевому підсумку, замість того, щоб стати ще більшим дурнем, – відмовившись використовувати нашу земну, егоїстичну логіку, він стає мудрішим за всіх!

І через те, – той хто ще не осягнув вищого розуму, не змінив свого аналізу, не відчуває насолоди в неегоїстичних думках, замість гіркоти, й істину віри замість брехні свого обмеженого природою нашого світу розуму, – той може просуватися вперед, використовуючи вже виправлений аналіз свого вчителя, в усьому слухаючи його та в усьому йдучи за ним.

У цьому і є порада Тори – йти за порадами мудреців. Адже якщо хоча б один кабаліст з істинним духовним сприйняттям розуму і серця поведе за собою людство, всі зможуть прийти до мети творіння не шляхом страждань, а легким і безболісним шляхом Тори! Але, якщо навіть на чолі народу, обраного першим пройти цей шлях, – з яким в першу чергу проводить розрахунок Творець, з якого більше, і в першу чергу, вимагає Творець, – стоять люди, які нічого не розуміють у вищому задумі та управлінні, то горе й постійні невдачі є нашим долею.

Лише під час воєн, катастроф або інших великих лих, коли вже не видно, здавалося б, ніяких рішень наших проблем, ми все можемо виразно бачити руку Творця і Його допомогу. Але це – лише в критичні моменти, в які ми потрапляємо, не бажаючи пізнати і використовувати кабалістичні знання про управління світобудовою.

Чому люди народжуються з неоднаковими здібностями відчувати тонкі впливи і з неоднаковими здібностями розумно й логічно схоплювати суть речей? І чим винувата людина, що не дано їй, – не створив її Творець такою, як створив геніїв і мислителів чи багаті почуттями тонкі натури; і взагалі, – чому всі ми, народжуючись, отримуємо від Творця не рівні початкові моральні і духовні бажання та здібності?

Люди, які народилися з великими бажаннями, широким серцем і гострим розумом, називаються в Торі розумними тому, що здатні отримати вищий розум. І, на протилежність цьому, народжуються обмежені в розумових і душевних своїх можливостях. Таких Тора називає нерозумними.

Та оскільки в кожної душі є своє особисте призначення, заради якого вона й «спустилася» в цей світ, – нема чого жодному з нас соромитися за свої завдатки, їх такими створив в кожному з нас Творець; як і за погані думки наші нема чого нам соромитись, – їх також посилає нам

Творець. А ось за те, як ми реагуємо на погані думки, – чи боремося з ними, чи сліпо дослухаємось їх, чи бажаємо виправити себе, кожен у силу своїх природних здібностей, – і що саме робимо для цього, – ось чого слід соромитись людині, і за це питає її Творець.

І все ж, – яким способом нетямущий може досягти духовних висот? Сказав Творець: «Я створив мудрих, і Я створив нетямущих. І помістив мудрих у кожному поколінні, аби допомогти цим нетямущим, щоби, приліпилися всім серцем до тих, хто духовно піднімається, та змогли й вони досягти повного злиття зі Мною».

Але навіщо, все ж таки, потрібні нетямущі в світі? Адже їх абсолютна більшість у порівнянні з кількома мудрецями світу! Вся справа в тому, що для кожної духовної властивості необхідний свій окремий носій. І, саме люди з обмеженими духовними здібностями й є носіями егоїзму. А мудреці, які бажають безкінечного духовного сходження заради служіння Творцю, по закінченні виправлення свого егоїзму мають потребу в роботі над егоїзмом нетямущих, оскільки для постійного підйому зобов'язані постійно всмоктувати в себе «чужий» егоїзм та виправляти його, – і таким чином підніматися.

І тому всі мають потребу один в одному. Та оскільки маси можуть дати мудрецю лише свій нікчемний егоїзм (бажання дрібних, скороминущих насолод нашого світу), то на кожного мудреця в світі припадають мільярди нетямущих. Та вчиняючи відповідно до вказівок мудреців, – якщо нетямущі свідомо йдуть за мудрецем, – всі можуть досягти мети свого існування – абсолютного злиття з Творцем.

Хоча духовна робота щодо піднесення альтруїзму над егоїзмом відбувається в серці, а щодо звеличення віри над стверджуваннями розуму – в умі, але все це стосується відмови людини використовувати свої природою дані їй від народження розум та бажання самонасолоди і самоствердження. Адже, навіть працюючи вже з альтруїстичними цілями, людина все одно віддає перевагу тому, щоби бачити і знати, – кому вона дає і хто отримує плоди її праці; і в такому випадкові немає у людини нічого, крім віри в існування Творця і в те, що Він отримує плоди її зусиль.

І тут осмислювання єдиності Творця за принципом «немає нікого, крім Творця», – як Того, хто посилає все, що ми відчуваємо і подумки сприймаємо, хто створює саме такий хід думок в нас, призводить саме до таких висновків і рішень, – допомагає людині знайти правильний погляд на всі події та на корекцію своїх бажань й думок у відповідності до задумів Творця.

Вся Тора говорить лише про Творця, Його дії, тому й називає все іменами Творця; оскільки, подібно до того, як ім'я людини каже нам, про кого саме йде мова, – будь-яке слово у Торі – це ім'я Творця, бо виражає певну дію, каже, – що саме в даний момент Він посилає нам.

А про нас мовиться у Торі, як про частину Творця, яку Він віддалив від себе, наділивши цю частину егоїзмом. Тому душа людини складається з двох протилежних частин. Божественної частини, котра проявляє свої бажання відчувати Творця (в деяких з нас), і тоді людина починає шукати чогось духовного, аби наповнити себе, а всім, чим інші втішаються, наповнюють себе, вона вже не може вдовольнитися. Друга ж частина душі – це відчутна повною мірою наша навмисне створена егоїстична природа: бажання всім заволодіти, все взнати, зробити, побачити результат своїх дій, – тобто скрізь і в усьому побачити частину свого «я».

Ця егоїстична частина нашої душі і є створіння, – єдине, що створене, – оскільки альтруїстична частина душі – це частина самого Творця. Взявши в собі своє бажання і надавши йому додатково егоїзм, Він цим відокремив від Себе цю частину, і вона стала називатися душею, – існуючим окремо від Нього створінням. І називається створінням саме тому, що в ній є частина нового – її егоїзм, витворена властивість, яка раніше не існувала, адже в самому Творці такого бажання немає.

І тільки про цей об'єкт, – душу, що складається з частини Творця і частини заново створеного егоїстичного почуття «все отримати заради себе», йдеться в Торі. А не про тіло, що складене з м'яса і кісток, – воно як всі тіла, – тварина, і його доля, як всіх тварин, – зогнити та перетворитися знову на елементи цього світу.

А відчуваємо ми себе як тіло, бо не відчуваємо нашу душу. Але в міру того, як людина починає відчувати душу, – вона все менше відчуває своє фізичне тіло, його бажання, його біль, оскільки душа все більше промовляє в ній. Ще більш духовно розвинутий взагалі не відчуває бажань свого тіла, оскільки прислухається тільки до того, що каже йому його душа – частина Творця в ньому. І тому під словом «тіло» розуміє себе, – тобто свої душевні бажання, свою віднайдену суть, а не тілесні бажання, котрих практично не відчуває.

Тора говорить не про наше фізичне тіло, – кілограми м'яса й кісток, – а про два устремління душі: про поривання божественної частини до відчуття Творця, злиття з Ним, та про бажання егоїстичної частини до самовдоволення, самонасичення, відчуття себе замість Творця. Обидва цих бажання називаються в Торі тілом, – або тілом егоїстичним, тілом фізичним – тілом нашого світу, оскільки лише нашому світові властивий егоїзм, або тілом духовним, оскільки альтруїстичні бажання – це бажання Творця, які притаманні духовному світу.

Завжди і в усьому Тора говорить про те, що відбувається в тих чи інших випадках з нашою душею, з нашими бажаннями, – як їх змінює Творець і як ми можемо їх змінювати, вірніше, просити Його, щоб Він їх змінив, тому, що ми самі їх змінити неспроможні.

Але найважливішим для початківця є: крізь усі найрізноманітніші думки і бажання, що постійно виникають в людині, наполегливо ловити й утримувати думку, що це йде від Творця, що ці думки і бажання, – дуже різні та, іноді, низькі, – посилає йому Творець. А робить Творець так для того, щоби, незважаючи на ці завади, людина ані за яких обставин не втрачала з Ним зв'язку, утримуючи в собі віру в те, що всі ці думки і бажання посилаються їй Творцем, – посилаються для того, щоби, змагаючись із цими думками, що стають на заваді, із перешкодами, зміцнювала свою віру, – почуття, що все походить від Творця. В міру зміцнення в собі цього переконання вона зможе досягти такого стану, що це відчуття постійно житиме в ній, попри всі зростаючі перешкоди, котрі постійно посилатимуться Творцем саме для зміцнення в ній цього почуття. І в це постійне почуття віри у всюдисутність Творця увійде тоді відчуття Його присутності в людині, – Творець «вдягнеться» в саму людину, і тоді це вже визначатиме всі думки й бажання людини, і вона стане частиною Творця.

Людина повинна відчути, що саме почуття віддаленості від Творця і є тим необхідним почуттям, за допомогою якого, всередині якого, вона зможе згодом відчути самого Творця. Саме ці два почуття і називаються в кабалі «судина» і «світло», – це бажання відчути Творця, котре поступово народжується в людині під впливом сторонніх думок і бажань, які спеціально відволікають від думок про Творця та Його єдність, а відтак змушують людину силою волі збільшувати силу віри й утримувати думки про Творця. Світло – це вже відповідь на бажання людини відчути Творця, коли сам Творець «вдягається» в це бажання людини, – світло входить у судину.

Порядок духовного зростання такий, що людина пробуджується до бажання духовного, до відчуття Творця, до потреби пізнати себе лише під впливом світла, – коли відчуває життя, натхнення від зближення з духовними почуттями, відчуває себе більш досконалою.

Але потім починають навідувати людину сторонні думки, і вона падає з цього рівня під їхнім впливом та повертається до своїх звичайних бажань та думок. Затим жаль за своїми скороминущими, нікчемними турботами й думками, що виникає в ній через деякий час, народжує гіркоту та гнів на себе, – а іноді й на Творця, – за те, що посилає їй думки та бажання, які відштовхують від духовного.

І, як відповідь на гірке почуття жалю про свій духовний стан, людина отримує згори світло, почуття зближення з Вищим, відчуває, що все готова віддати за це відчуття Творця, за почуття безпеки, впевненості, безсмертя, яке переживає при наближенні до абсолютної й вічної досконалості, випромінюваної Творцем.

І не соромиться за свої минулі думки та почуття, і нічого не боїться в цьому світі, бо відчуває в цей час свою безсмертну, – як частину вічного Творця, – душу, в усьому згодна з Творцем, і в усьому виправдовує Його діяння щодо створінь, і готова, відмовившись від свого розуму, йти слідом за своїм Творцем. Це почуття, що є наслідком заповнення душі людини світлом Творця, робить її абсолютним рабом духовних відчуттів.

Та знов через деякий час виникає в людині стороння думка... і так поступово від багатьох знадливих думок, що послідовно навідують людину, і тих відчуттів духовного піднесення, що приходять слідом за ними, народжується в ній настільки цілісне почуття вимоги духовного, що отримує постійне світло Творця.

Рав Барух запитав свого діда Бааль Шем Това: «Відомо, що в давні часи ті, хто бажав осягнути Творця, постійно піддавали себе обмежуванням, а ти їх скасував відповідно до сказаного, що кожен, хто піддає себе добровільним злидням, є порушником Тори і повинен дати відповідь за це. Так що ж головне в роботі людини над собою?». Відповів Бааль Шем Тов: «Я прийшов в цей світ показати інший шлях, – людина повинна прагнути оволодіти трьома речами: любов'ю до Творця, любов'ю до народу, любов'ю до Тори, – і тоді немає необхідності в добровільних обмежуваннях».

Можливість дякувати Творцеві вже сама по собі є благом, дарованим Творцем. Милосердя Творця – в тому, що ми можемо любити Його, а сила Його в тому, що ми можемо боятися Його.

У чому причина того, що людина, яка прагне наблизитись до Творця і відчуває, що вона є вже близькою до Нього якоюсь мірою, раптом відчуває віддалення? Відповідь Бааль Шем Това: «Це подібне до того, як вчать дитину ходити: її підтримують, і вона, роблячи кілька кроків, наближається до батька, та батько, бажаючи навчити сина самостійно ходити, відсовується, поки син не навчиться ходити».

Сказав Бааль Шем Тов: «Робота людини над собою полягає в постійній, до останнього подиху боротьбі з егоїзмом і замість нього, раз у раз, внесенні в себе на його місце Творця».

Творець, як великий володар, сидить у центрі свого палацу. Він спорудив багато стін і перешкод на шляху до Себе, розкидав між стінами Свого палацу скарби, роздає шану й посади тим, хто долає перешкоди. Людина, отримуючи їх, заспокоюється. Але лише той, хто відмовляється від усього, бажаючи бути поруч з Творцем, стає гідним увійти до Нього.

Як перехідний стан є необхідним між зерном та паростком, що проростає з нього, – стан повного розкладу зерна, абсолютного зникнення, – так до тих пір, поки людина не досягне стану повного заперечення свого «я», вона не може отримати нової, духовної природи. Творець сотворив «я» людини з «нічого», тому, аби злитися з Творцем, необхідно повернутися зі стану «я» назад у «ніщо». Тому мовиться, що спаситель (Машіах) народився в день зруйнування Храму. Кожного разу, коли людина доходить до абсолютного відчаю, приходить до висновку, що «все прах і суєта суєт», – саме із такого стану починається новий ступінь її духовного зростання тому, що може зректися тепер усього.

Сказав Магід з Мезричу, видатний кабаліст минулого сторіччя, що існує десять правил духовної роботи.
Трьом правилам можна навчитися у немовляти;
1) радіє незалежно ні від чого;
2) навіть хвилини не буває спокійним;
3) бажаного вимагає із усіх сил.
Семи правилам можна навчитися у злодія:
1) працює ночами;

2) те, чого не досягнув минулої ночі, намагається досягти наступної;
3) відданий своїм товаришам;
4) ризикує собою задля придбання навіть незначних речей;
5) те, що вкрав, не цінує і продає за копійки;
6) одержує побої, але не заспокоюється;
7) бачить у своїй справі переваги та не бажає змінити її.

І додав: до кожного замка є ключ, та якщо замок не піддається, сміливий злодій ламає його. Творець любить людину, яка ламає своє серце аби потрапити у дім Творця.

Коли людина досягає духовних сходин, тільки тоді вона стає жалюгідною у власних очах і може схилитися перед Творцем, відчуваючи, що ніщо їй не потрібно: ні власне духовне спасіння, ні духовне піднесення, ні вічність, – а тільки Творець.

Під час духовного падіння здається людині, що Творець приховує себе, і важко втриматися у вірі в Його існування та управління. Але, якщо людина відчуває, що Творець ховається від неї, то це вже не приховання Творця, а стан, з котрого Творець чекає зусиль людини задля зближення з Ним.

Творець називається місцем («маком») саме тому, що людина повинна увійти в Нього всім своїм єством, аби Творець оточував її та був місцем її знаходження. (Як уже зазначалося, ми перебуваємо в океані світла Творця і повинні це осягти.)

Вся Тора призначена для викорінення нашого егоїзму. Тому заповідь «полюби ближнього» є природним наслідком злиття з Творцем, бо немає нікого, крім Нього, і коли людина осягає це, все створіння, в тому числі і наш світ, об'єднуються в її відчутті в одному Творцеві. Звідси стає зрозумілим, як праотці могли виконувати всю Тору ще до її отримання.

Вимога фізичного виконання заповідей обумовлена необхідністю виправлення «неживого» рівня душі людини. Той, хто виконує заповіді в силу виховання («бе тмітут»), знаходиться на рівні «духовно неживий», на якому не відчувається зв'язок з Творцем.

Наслідок духовного піднесення проявляється ще й у тому, що людина починає любити навіть злісних ворогів і ненависників всіх народів. Тому найбільшою може бути робота в молитві за своїх ворогів.

Коли почали нападати на рабі Леві Іцхака з Бердичева за його широку роботу з навчання правильному служінню Творцеві, дійшли чутки про це до рабі Елімелеха з Ліженська. Він сказав: «Чого дивуватися! Таке відбувається постійно! Якщо б не було цього, жоден народ не зміг би нас поневолити».

Є два періоди боротьби з егоїстичними бажаннями: спочатку людина пориваєтся за ними, а коли починає тікати від них, – бачить їхню невпинну гонитву за собою.

Зветься таким, що заперечує єдність Творця («кофер»), той, хто ще відчуває, що Творець і все, що відбувається в світі і з ним самим, – не абсолютно одне й те ж.

Раби Іхіель Міхаль (Магід зі Злочіву), кабаліст минулого століття, жив у дуже великій бідності. Запитали його учні: «Як можеш ти виголошувати благословення Творцеві, – що дав тобі все необхідне («ше аса лі коль цархі»)?». Відповів: «Можу благословляти Творця, що дав мені все тому, що саме бідність, очевидно, є необхідною мені для зближення з Ним, – тому дає мені її».

Немає нічого, що більше заперечує Творця, ніж туга. Причому цьому почуттю віддається будь-яка людина від всіляких причин: страждань, відчуття власного безсилля, відсутності жаданого тощо. Неможливо зазнавати ударів і радіти без усвідомлення їхньої необхідності та великої користі, коли кожен удар сприймається вже як ліки. Єдина тривога людини повинна бути: чому він тривожиться. Про страждання, – казав рабі Моше з Ковріну, – слід сказати, що вони не погані, бо немає поганого в світі, а гіркі, оскільки це і є справжнім смаком ліків.

Найбільш серйозне зусилля слід докласти для «вилікування» від почуття туги, бо наслідком віри є радість, і лише придбанням віри можна порятуватися від туги. Тому на сказане в Мішні «Чи зобов'язана людина дякувати за погане?», – негайно додає Талмуд: «Зобов'язана прийняти в радості» – тому, що немає зла в світі!

Оскільки людина осягає лише те, що входить в її почуття, а не залишається зовні, то й Творця ми осягаємо за Його діянням в нас. Тому всі наші відчуття, що заперечують єдність їхнього джерела, існують саме для того, щоби, зрештою, виявити та відчути єдність Творця.

Сказано, що після переходу через море повірили в Творця і заспівали. Лише віра дає можливість оспівати.

Якщо людина вважає, що вона здатна роботою над собою виправити себе, мусить перевірити своє ставлення до віри у всемогутність та єдність Творця, бо лише через Творця, – молитвою про змінення, – можливо щось змінити в собі.

«Світ створений для насолоди людини – бараті олам кедей леїтів». Олам (світ) походить від слова «елем», алама – приховання. Саме через відчуття протилежності утаєння та розкриття людина осягає насолоду. І в цьому сенс мовленого: «сотворив підмогу проти тебе».

Егоїзм створений на допомогу людині: поступово, у боротьбі з ним людина набуває необхідних для духовного відчуття органів чуттів. Тому слід сприймати перешкоди і страждання з повним усвідомленням їхньої мети, – підштовхнути людину аби просила допомоги Творця у порятунку від страждань. Тоді егоїзм та все неприємне перетворюється на «підмогу проти тебе», – проти самого ж егоїзму.

Можна це уявити собі по-іншому: що егоїзм стоїть «навпроти нас» замість Творця, затуляючи, приховуючи Творця від нас, як сказано: «Я стою між Творцем і вами», – «я» людини стоїть між нею і Творцем. Тому й існує заповідь: спочатку «знати, що зробив» нам Амалек, а потім «стерти всі спогади» про нього.

Не слід шукати в собі думок, що заважають, – а саме те перше, що виникає в серці й думках людини з моменту пробудження, необхідно зв'язати з Творцем. У цьому допомога «завад», що повертають людину до думки про Творця. Бо найбільше зло полягає у тому, що людина забуває про Творця.

Наскільки егоїзм підштовхує людину згрішити, настільки ж він підштовхує людину бути надміру «праведником», – в обох випадках людина відривається від істини. Наскільки людина може розігрувати з себе праведника перед сторонніми, настільки іноді, не відчуваючи того, що обманює себе, вона впевнена, що насправді вона праведник.

Сказав рабі Яков Іцхак з Любліну (Хозе мі Люблін): «Я більше люблю грішників, котрі знають, що вони грішники, ніж праведників, котрі знають, що вони праведники. Але грішники, котрі вважають себе праведниками, взагалі ніколи не зможуть вийти на істинний шлях тому, що навіть на порозі пекла їм здається, що їх привели туди аби рятувати інших».

Мета справжнього кабаліста в тому, щоб учень поважав і боявся Творця більше, ніж його, вірив у Творця більше, ніж у нього, залежав від Творця більше, ніж від нього.

Рабі Нахум з Ружину, кабаліст минулого сторіччя, заставши своїх учнів за грою в шашки, розповів їм про схожість правил цієї гри і правил духовних:

– заборонено робити два ходи одночасно;
– можна ходити тільки вперед, але не назад;
– хто дійшов до кінця, має право йти куди завгодно, за своїм бажанням.

Якщо людина підозрює, що люди розмовляють про неї, то зацікавлена чути їх. Бажане, але приховане, називається таємницею. Якщо людина читає Тору та відчуває, що там мовиться про неї, вважається, що вона приступила до вивчення таємної частини Тори, де йдеться про неї, але це ще для неї тайна. А в міру духовного просування вона дізнається, що сказано в Торі про неї, і Тора з таємної стає розкритою, явною («Тора анігле»). Хто вивчає Тору без питань про себе, – не відчуває в Торі таємної чи вже явної частини, – перед ним Тора постає як звід юридичних законів. Сказано в Талмуді: «Уся Тора мовить лише про теперішнє».

З точки зору егоїзму немає нічого більш химерного і протиприродного, нереального та нерозумного, ніж «продатися» в рабство Творцю, стерти в собі всі свої думки і бажання та віддати всього себе Його волі, якою б вона не була, не знаючи її наперед.

Такими недоладними здаються людині духовні вимоги під час її віддалення від Творця. І навпаки, щойно вона відчуває духовний підйом, – одразу ж погоджується із цим станом, без будь-якого опору та критики розуму. І вже не соромиться своїх думок і вчинків, спрямованих на те, щоби віддати себе у рабство Творцю.

Ці протилежні стани навмисне даються людині, аби вона відчула, що порятунок від егоїзму надприродний і трапляється лише з волі Творця.

Людина переживає невдоволення тому, що порівнює свій дійсний стан з тим, що минув, або з надіями, і страждає від відсутності бажаного. Та якби вона знала, які величезні насолоди може отримати і не отримує згори, – страждала б незрівнянно більше. Але вона перебуває відносно духовних насолод наче в безтямі, – не відчуває їхньої відсутності. Тому найголовніше – це відчути Творця, а потім, навіть якщо це почуття зникає, вона природно прагнутиме знову відчути Його. Теїлім, 42: «Як лань прагне до водних джерел, так душа моя прагне до Тебе, Творець».

Прагнення відчути Творця називається «лакім Шхінта мі афра», – прагненням «підняти» шхіну, – відчуття Творця, – з попелу, – найнижчого в наших очах стану, коли все в нашому світі видається нам більш цінним, ніж відчуття Творця.

Ті, хто виконують заповіді в силу відповідного виховання, що також є бажанням Творця, роблять це, як і ті, хто хоче осягнути Творця. Вся відмінність – у відчутті самої людини. Але це найголовніше, тому що бажання Творця – щоби створіння тішилися Його близькістю.

Тому, аби вийти з автоматичного виконання заповідей і стати такою, що діє самостійно, людина повинна чітко усвідомити, – що отримано нею завдяки вихованню, суспільству, а які прагнення – її власні.

Наприклад, людина отримала виховання по системі «Мусар», яка каже, що наш світ – ніщо. У такому випадку духовний світ уявляється всього лише трохи більшим, аніж ніщо. Кабала ж каже людині, що цей світ, – як він і відчувається, – сповнений насолод, але духовний світ, світ відчуттів Творця, незрівнянно прекрасніший. Отже, духовне уявляється не просто більшим, ніж ніщо, а більшим за всі насолоди нашого світу.

Не можна примусити себе бажати тішити Творця, як Він тішить нас тому, що немає таких бажань (келім де-ашпаа) у людини, але потрібно намагатися пізнати, «до Кого» слід прагнути. Це є перевіркою істинності прагнення до Творця, адже при щирому бажанні Творця всі інші думки й бажання зникають, як світло свічі при світлі смолоскипа.

До появи відчуття Творця кожна людина відчуває себе як єдину в світі. Але оскільки тільки Творець один-єдиний, бо лише Він спроможний дати насолоду всьому світові, а ми є абсолютно протилежними цьому бажанню, – то при першому ж відчутті Творця людина набуває, хай тимчасово, тих самих властивостей. І це зветься «кі нер біфней авука».

Все, чого повинна досягти людина в цьому світі, – це жити в ньому за законом духовного світу.

Бути постійно зв'язаним («давук») з Творцем – означає вірити в те, що все погане, яке людина відчуває, також йде від Творця, посилається Творцем.

Є Творець та створіння – людина, яка не відчуває Творця, а тільки може «вірити» в Його існування і єдиність, в те, що лише Творець існує і всім керує (слово «вірити» взяте в лапки, бо віра в кабалістичному сенсі означає саме відчуття Творця).

Єдине, чого людина бажає, – це отримувати насолоду. Такою її створив Творець. І це мета творіння, бажання Творця. Але людина повинна зазнавати насолоди в тому ж вигляді, що й Творець.

Все, що колись відбувалося, відбувається чи відбуватиметься з кожним із нас, – все хороше й погане, – заздалегідь планується і посилається нам Творцем. Наприкінці виправлення ми всі переконаємося в тому, наскільки все було необхідним для нашого блага.

Та поки кожен з нас перебуває на шляху свого виправлення, цей шлях сприймається нами як довгий, тисячолітній, гіркий, кривавий та надзвичайно болісний; і хоч би як була готова до чергового удару людина, тільки-но вона відчуває на собі якусь неприємну дію, – забуває, що це походить від тієї ж єдиної в світі сили, від котрої походить усе, а вона, людина, являє собою лише матеріал у руках Творця; і починає уявляти себе самостійно діючою особою, а причиною неприємних обставин вважати собі подібних, а не Творця.

Тому найважливіше, чого ми мусимо навчитися в цьому світі, – не просто заздалегідь розуміти, що все походить від Творця, але не піддаватися сум'яттю почуттів й думок під час навіть найбільш трагічних подій, не починати раптом мислити «самостійно», – наче те, що з нами в даний момент відбувається, викликане подібними до нас, а не йде від

Творця, що результат справи також залежить від людей та обставин, а не від Творця.

Але навчитися цьому можна лише на своєму досвіді, і під час навчання людина забуває про причину того, що з нею відбувається, – що все це задля того, щоб зростити її, – а забувшись, впадає в оманливе відчуття відсутності управління та повного утаєння Творця.

Відбувається цей процес так: Творець дає людині знання й відчуття того, що лише Він, Творець, править світом, а потім посилає людині страхітливі, сповнені неприємних наслідків життєві обставини. Неприємні відчуття настільки захоплюють людину, що вона забуває про те, хто і з якою метою посилає їй ці удари. Час від часу у процесі цього «експерименту» людині дається усвідомлення, – чому це з нею відбувається, але від посилення неприємних впливів це відчуття зникає.

Та навіть коли людина раптом «згадує», – хто і навіщо посилає їй такі страждання, – вона не в змозі переконати себе і співвіднести їх з Творцем і просити лише Творця про порятунок, а водночас зі знанням того, що це походить від Творця, самостійно шукає шляхів свого спасіння.

Подібні відчуття можна умогляднo уявити в такій картині:

1) на шляху людини до Творця знаходиться нечиста сила або думка, яка відволікає, лякає, а людина мусить крізь неї пробиватися до Творця, щоби поєднатися з Ним;

2) людина знаходиться поруч із Творцем, як дитина на руках матері, а сторонні сили-думки хочуть відірвати її від Творця, аби перестала відчувати Його і перестала відчувати Його управління;

3) Творець начебто доручає людині охороняти щось важливе від свого ворога, той нападає, і людина відчайдушно воює з ним.

По закінченні боротьби людини з її ворогом людині стає ясно, що вона воювала лише з завадами, які посилав сам Творець для навчання й піднесення. В результаті цієї внутрішньої боротьби людина одержує знання про себе і про управління, та любов до Творця, – бачачи наприкінці цієї боротьби, з якою метою раніше посилались Творцем усі перешкоди.

Виховання людини повинне полягати не у примусовості й пригнічуванні, а в розвиткові навиків, які є необхідними для вироблення в ній критики своїх внутрішніх станів та бажань. Правильне виховання повинне включати навчання навичкам мислити, у той, час як традиційне виховання ставить за мету прищепити людині автоматичні вчинки і реакції в майбутньому. Вся мета виховання повинна полягати у формуванні звички постійно і самостійно провадити аналіз й оцінку власних незалежних, не нав'язаних ззовні чи вихованням дій.

Яким чином людина може прийти до правди, адже егоїстично правда відчувається як гіркота, біль, а хто згодний на такі відчуття?

Людина отримує живлючу силу та енергію від насолоди, почестей і заздрості. Наприклад, той, хто вдягнений у порвану одежу, – соромиться від того, що в іншого одяг кращий. Та якщо одяг іншого також рваний, то залишається лише половина неприємного переживання. Тому мовиться: «спільне нещастя – половина заспокоєння».

Коли б людина отримувала задоволення тільки від одного з трьох джерел, вона не могла б просунутися вперед, розвиватися духовно. Наприклад, якби у нас було прагнення лише до насолод, без прагнення до почестей, людина ходила б гола в спеку, бо не відчувала б ніякого сорому.

Прагнення до почестей, високого становища в очах суспільства може зменшитися, якщо все суспільство скоротить свої потреби, – наприклад, як під час серйозних випробувань і війн. Але в прагненні зазнати насолоди або зменшити страждання людина не настільки є залежною від думок та поглядів оточення, як, наприклад, – не болять зуби менше від того, що болять ще у когось; тому робота «зради Творця» повинна будуватися на основі насолоди, а не пошани, інакше людина може заспокоїтися і зупинитися на півдорозі.

Мовиться: «заздрість вчених збільшує знання». Немає у людини бажання почестей, але чому шанують іншого, а не його? Тому докладає зусиль в науці, щоби тільки не поважали іншого більше, ніж його. Ці прагнення збільшують знання. Також серед початківців: коли бачить, що інші встають до світанку навчатися, – також примушує себе встати, хоча в душі бажає, щоби ніхто не встав, – тоді і йому не доведеться так рано вставати.

Якби людина знала, що всі її думки належать не їй, а приходять до неї від людей, які її оточують, вона могла б з ними боротися, але суспільство діє на нас у такий спосіб, що ми відчуваємо отримувані від суспільства думки та бажання як свої. Тому важливо, – яке товариство обирає собі людина, які цілі, які ідеали у кола людей, серед яких вона обертається.

Та якщо людина хоче бути під певним впливом, одержувати думки тільки конкретного кола людей, найбільш надійний засіб – бути серед них, а ще вірніший – прислужувати, допомагати їм, тому що отримати може нижчий від вищого, отже в групі співтоваришів у навчанні необхідно вважати всіх більш виправленими й досвідченими, ніж сам.

Це називається придбанням від «авторів» («мі пі софрім»), оскільки отримує від спілкування. Причому, перебуваючи серед інших людей на роботі та вдома, бажано подумки бути зі своїми товаришами по навчанню, і тоді ніякі сторонні думки не проникнуть обманом в людину і не стане раптом міркувати як сусіди, дружина, колеги.

(Початківцю абсолютно неможливо розібратися, хто в нашому світі істинний кабаліст, а хто удаваний, тому що всі кажуть одні й ті ж істини про роботу над собою та необхідність зректися егоїзму. Але ці слова, – як світло Творця, що заливає собою все, як світло без судини. Тобто той, хто говорить, може промовляти найпроникливіші слова, але не розуміти їхнього внутрішнього смислу, не маючи келім, відчуття цього світла.)

Набагато важче, ніж безпосередньо від вчителя, отримати думки й властивості із книг автора-кабаліста («мі старім»), бо якщо бажає отримати думки автора, зобов'язаний вірити, що автор – великий кабаліст. І чим вищою буде його думка про автора, – тим більше зможе зрозуміти з його книг.

З тисяч тих, хто осягнув Творця, тільки рабі Шимону Бар Йохаю (РАШБІ), рабі Іцхаку Ашкеназі (АРІ) та рабі Йєгуді Ашлагу (Бааль Суламу) був даний дозвіл писати про кабалу мовою, зрозумілою для непосвячених, – тобто для тих, хто ще не осягнув відчуття духовних ступенів. Решта кабалістичних книг використовують образи, які є зрозумілими лише для тих, хто вже увійшов в духовні світи, і тому ці книги є непридатними для початківців.

За допомогою цих двох засобів, – обраного людиною товариства і вибраних нею книг, людина поступово досягає самостійного мислення (до цього періоду вона, як і всі на цій землі – хоче бути самостійною, але не може, «роце ве ло яхоль»).

Сказано, що заздрість, насолода і бажання пошани виводять людину з цього світу («кіна, таава ве кавод моциїм адам мін аолам»). Смисл висловлювання в тому, що ці три види людських бажань є причиною того, що людина примушує себе діяти, – хоч і не від кращих спонукань, але вони примушують людину змінюватися, зростати, бажати все більших досягнень, доки не зрозуміє, що справжнє здобуття – це здобуття духовного світу, і захоче вийти з нашого світу в духовний світ.

Тому й сказано, що ці три бажання «виводять» людину із цього світу (в духовний, майбутній світ). В результаті накопичення знань й розуму людина починає усвідомлювати, – що в світі найбільш цінне, і що варто досягти найбільш цінного. І так від бажання «заради себе» вона приходить до бажання «заради Творця» («мі ло лішма ба лішма»).

Усе створіння є прагненням зазнати насолоди, або стражданням внаслідок відсутності насолоди, що йде від Творця. Для насолоди необхідні дві умови: насолода була та зникла, залишивши враження, спогад («решимо», від слова «рошем» – запис).

Існує декілька типів нечистих, відволікаючих сил, які звуться «кліпот» (шкірка, шкаралупа), – назва ця визначає їхнє призначення. Ці сили: 1) захищають духовно чисті сили (сам плід під шкіркою) від проникнення в духовне шкідників, – людей ще не підготовлених, котрі могли б нашкодити собі й іншим, оволодівши духовним; 2) створюють завади тим, хто істинно бажає заволодіти плодом. В результаті боротьби з ними людина опановує необхідні знання й сили пройти оболонку, стає гідною скуштувати сам плід.

В жодному разі не слід вважати, що думки, які надсилаються людині проти Творця, шляху й віри, походять не від Творця. Лише Творець, – єдина сила, включаючи людину, – діє в усьому створінні, і людині залишається тільки роль активного спостерігача: відчути на собі всю гаму сил та кожного разу боротися з думками про те, що ці сили походять не від Творця. Кому Творець не посилає думок, що заважають у вивченні кабали та роботі над собою, – той не в змозі просуватися.

Основні кліпот: «кліпат міцраїм» (Єгипет) не дає бажання йти далі духовним шляхом; «кліпат нога» (сяюча) дає відчуття, що й так добре, – немає сенсу просуватися (людина відчуває себе у сплячому стані, але серцем не згоден з ним, – «ані яшена ве лібі ер», – я сплю, але серце не спить).

Справжні кабалістичні книги, особливо книги Йєгуди Ашлага написані у такий спосіб, що той, хто їх вивчає, вже не може зазнавати насолод від сяйва «кліпат нога», після того як зрозуміє мету творіння.

Але тим одиницям, кого Творець обирає, аби наблизити до Себе, Він посилає страждання любові («ісурей ахава»), такі страждання, щоби прагнули вийти зі свого стану і просувались назустріч Творцю. Це внутрішнє прагнення людини, яке вона відчуває як своє, називається тиском зсередини («дахав пнімі»).

Дія («маасе») людини називається «розкритою» («нігле») тому, що всім, хто бачить, – ясно, що людина зробила, і не може бути іншого трактування. Спрямованість думки, намір людини («кавана») називається «утаєним» («ністар») тому, що може бути зовсім не таким, як уявляється сторонньому спостерігачеві, або, навіть, не відповідати тому, що сама людина каже про свої наміри.

Іноді й сама людина не може точно знати, що її штовхає на той чи інший вчинок, тобто якими є її істинні внутрішні наміри, – навіть від людини скритий її намір, а не лише від сторонніх. Тому називається кабала таємною частиною Тори, таємною мудрістю («хохмат ністар»), бо це – наука про намір, про те, як зробити наміри людини такими, що спрямовані до Творця. І це повинно бути прихованим від усіх, а іноді – й від самого виконавця.

Необхідно вірити в те, що все, що діється в світі, діється з волі Творця, кероване Ним, посилається Ним та контролюється Ним. Є такі, що стверджують, ніби наші страждання – це не страждання, а нагорода. Це справедливо лише щодо тих праведників, котрі в змозі всі обставини та їхні наслідки віднести до управління Творцем. У такому випадку, коли людина спроможна йти вірою в справедливість Вищого управління всупереч найбільшим випробуванням, – прокляття обертаються на благословення. А в тих випробуваннях, в котрих не в змозі йти вище свого розуму, – духовно падає, бо лише в простій вірі вище розуму можна знайти опертя. А падаючи з віри в свій розум, вже повинен чекати допомоги... та той, хто спроможний пройти ці випробування, – підноситься, оскільки саме зазнаючи страждань, за допомогою цих випробувань збільшує силу своєї віри. І тому для нього випробування й страждання обертаються благословенням.

Справжнє прохання повинно йти зі всієї глибини серця, що означає, що все серце повинно бути згодне з тим, що воно хоче сказати Творцю. Сказати не словами, але почуттями. Адже тільки те, що коїться в серці людині, чує Творець. Творець чує навіть більше, ніж сама людина хотіла б сказати, оскільки розуміє всі причини, всі почуття, які Він сам посилає. І нікуди не втекти, не уникнути жодному створінню наміченої кінцевої мети – зажадати набуття духовних властивостей.

Але що ж робити людині, якщо сама відчуває, що достатньою мірою не хоче розлучатися з насолодами цього світу, та відчуває, наче повинна зовсім залишити своїх рідних, сім'ю, весь сповнений життя світ, з його маленькими радощами, з усім тим, що (егоїстичні) бажання так яскраво малюють в її уяві? І що вона може вдіяти, якщо, прохаючи Творця про допомогу, відразу ж сама відчуває, що не хоче, аби Творець допоміг їй, – почув її молитву?

Тому й потрібна особлива підготовка та усвідомлення життєвої необхідності набути властивостей альтруїзму. А подібні бажання поступово зріють в людині під дією відчуття віддаленості від духовних насолод та спокою, які здалеку ваблять її.

І це схоже на те, як той, хто запрошує гостей, мусить потурбуватися, щоб у них був апетит на ті страви, котрі він для них приготував. І, крім того, на початку трапези мусить також потурбуватися про закуски, які б викликали апетит. І лише після цього він може запропонувати своїм гостям те, що приготував, – а без підготовки не відчують гості насолоди від частування, яким би смачним і щедрим воно не було. Тим паче, коли йдеться про створення апетиту до протиприродних, незвичних страв – насолоди від альтруїзму.

Потреба в зближенні з Творцем поступово народжується в людині під дією зусиль, яких вона докладає саме під час крайнього віддалення від духовного порятунку, власної спустошеності й пітьми, – коли вона має потребу в Творці для особистого порятунку, щоби Творець витяг її з безвихідних ситуацій, котрі сам же і створює, допоміг їй згори. І якщо людина дійсно потребує допомоги Творця – це ознака того, що готова одержати допомогу, – створила в собі «апетит» для отримання саме тієї насолоди, яку Творець уготовив для неї; і в тій мірі, в котрій переживає страждання, – в тій самій мірі здатна зазнати насолоди.

Та якщо людина повинна пережити страждання, і в тій мірі, в якій страждає, вона потім здатна сприйняти насолоду, то, по-перше, – це шлях страждань, а не шлях Тори, як мовилося вище. І по-друге, – навіщо ж тоді просити Творця про будь-що? Слід просто пройти страждання, поки саме тіло не захоче позбутися їх у повній мірі, – настільки, що заволає до Творця з такою силою, що Творець змушений буде врятувати її.

Відповідь проста: молитва, навіть якщо вона не йде із глибини серця, все одно готує людину до звільнення тому, що в ній людина наче обіцяє Творцеві, що після одержання духовних сил вона всіма своїми силами відшкодує відсутність в ній у даний момент необхідного прагнення. У цьому і полягає велике спасіння молитви. Прохання з такою обіцянкою приймається Творцем, і замість шляху страждань людина просувається вперед шляхом Тори.

Тому в жодному випадкові людина не повинна погоджуватись зі стражданнями, – навіть якщо впевнена, що вони посилаються їй Творцем, і вірить, що все, що посилається Творцем, – все для блага людини. Творець очікує від людини не покірного отримування страждань, а їхнього попередження, – щоби не довелося підштовхувати людину стражданнями ззаду, а вона сама прагнула йти вперед з вірою в те, що задля власної користі просила в Творця просування вперед. І якщо відчуває, що немає ще в ній справжнього бажання до цього, вона все одно просить Творця, щоб дав їй бажання та віру в силу молитви, – просить про бажання просити, якого їй не вистачає.

Наша душа, «я» кожного з нас, перебуває у своєму довершеному стані з того моменту, як Творець, створюючи нас, вирішив, яким воно повинно бути. Цей стан можна визначити як стан абсолютного спокою (оскільки будь-який рух викликаний бажанням віднайти більш досконалий стан) та абсолютної насолоди (оскільки бажання, що створені в нас Творцем, абсолютно насичуються).

Щоб досягти цього стану, нам слід набути бажання досягти його, – тобто захотіти змінити свої нинішні прагнення на досконалі, альтруїстичні. Альтернативи немає: «Так каже Творець: якщо не за вашим бажанням, то я поставлю над вами жорстоких властителів, котрі силою змусять вас повернутися до Мене».

Існують в одній людині, в кожному з нас одночасно, ці обидва, – наш теперішній і наш майбутній, – досконалі стани, але зараз ми переживаємо відчуття нашого теперішнього стану, а перейти в «майбутній» стан можливо в одну мить, – змінивши нашу природу з егоїстичної, матеріальної на альтруїстичну, духовну. Творець може сотворити таке диво з кожним із нас будь-якої наступної миті тому, що ці два стани існують одночасно, тільки один з них ми сприймаємо зараз, а досконалий, що існує паралельно, – не відчуваємо, хоча й перебуваємо в ньому, оскільки за своїми властивостями-бажаннями не є відповідними йому, як каже Творець: «Не можемо Я і ви існувати в одному місці», – бо ми є протилежними в своїх бажаннях.

І тому має кожен з нас два стани, або, – як це називається в кабалі, – два тіла. Наше фізичне тіло, в котрому ми перебуваємо в даний момент, заведено в кабалі звати просто матеріальною оболонкою, а наші бажання та властивості називаються в кабалі тілом, оскільки саме в них міститься наша душа, частина Творця. Якщо в нашому теперішньому стані наше тіло являє собою чисто егоїстичні бажання й думки, то в нього може вселитися лише мікроскопічно мала частина нашої душі, – так звана «нер дакік», – іскринка великого світла, котра і дає нам життя.

Друге, паралельно існуюче, – це наше духовне тіло, яке ми поки що не відчуваємо, – наші майбутні альтруїстичні бажання й властивості, в котрих міститься вся наша душа – та частина Творця, котру в майбутньому, в кінці виправлення, ми відчуємо.

Властивості як альтруїстичного, так і егоїстичного тіл, їхня життєва сила діляться на почуття та розум, які ми, відповідно, відчуваємо в серці і в свідомості. Тільки в егоїстичному тілі – це бажання отримати в серці та усвідомити розумом, а в альтруїстичному тілі – це бажання віддати в серці й вірити розумом.

Жодне із цих тіл ми неспроможні змінити: духовне – є абсолютно досконалим, а наше теперішнє – є абсолютно невиправним, оскільки таким створене Творцем. Але існує ще одне, третє, проміжне, середнє тіло – бажання й думки, що постійно змінюються в нас, котрі ми повинні намагатися виправляти і просити Творця про їх виправлення. Таким чином, ми поєднуємо наше середнє тіло, що називається «кліпат нога», з нашим духовним тілом. І коли ми поєднаємо всі його бажання і думки, що постійно поновлюються, з духовним тілом, – наше егоїстичне тіло відійде від нас, і ми набудемо духовного. А потім сам Творець змінить всі властивості егоїстичного тіла на протилежні, і весь первородний егоїзм перетвориться на абсолютний альтруїзм.

В усіх життєвих ситуаціях слід намагатися дивитися на все, що діється, крізь Творця, – що це Він стоїть між всіма і мною, крізь Нього я дивлюсь на всіх у світі і на себе самого. І все, що сприймається мною, походить від Нього, і все, що походить від мене, – йде тільки до Нього; і тому все навколо – це Він, як мовиться: «Спереду і ззаду перебуваєш Ти і поклав на мене руку Свою». Все, що є в мені, все, що я думаю та відчуваю – від Тебе, діалог з Тобою.

Найжахливіше переживання – відчуття безпросвітної безодні «аярат малхут», що вражає своєю, яка розверзлася прямо під ногами людини, пітьмою безвихіддя, страху, відсутністю будь-якої опори, абсолютним зникненням оточуючого світла, котре дає нам відчуття майбутнього, – завтра, наступної миті.

Всі менш жахливі негативні відчуття походять з цього почуття, та є його аспектами. Всі вони посилаються людині з того ж джерела, – малхут, – створеної Творцем порожньої душі, кожну частину котрої зобов'язаний кожен з нас заповнити світлом. Всі відчуття пітьми, що їх зазнає людина, походять із неї. Подолати це жахливе почуття непевності можливо лише вірою в Творця, відчуттям Його. І з цією метою посилаються Творцем всі страждання.

Цар Давид як уособлення всіх наших душ в кожному рядку своїх псалмів описує стан душі, її відчуття на всіх етапах сходження. Дивовижно, – скільки мусить зазнати людина, раніше, ніж зрозуміє, усвідомить та знайде правильний шлях, адже ніхто не може підказати їй наступного кроку, – лише з необхідності, спіткнувшись на попередньому, вона обирає правильну дію. І чим частіше нас штовхають нещастя, тим швидшою є можливість вирости духовно, як мовиться: «Щасливий той, кого переслідує Творець».

Не слід знати свого наступного кроку, свого майбутнього, – недаремно існує заборона Тори: «Не чаклуйте й не ворожіть», – духовне зростання відбувається зростанням віри в те, що все, що в даний момент зазнає людина, і все, що наступної миті з нею буде, – все походить від Творця; і все долається лише зближенням із Ним, – за необхідністю, – оскільки наша природа не бажає визнати Його як нашого Володаря. Знання свого майбутнього стану чи впевненість в його знанні відбирає в людини можливість заплющити очі, змовчати та прийняти будь-який несподіваний прояв Вищого управління як вірний, справедливий, що є можливим, лише якщо притягнутися до Творця.

Всі наші послідовні стани духовного сходження описуються в Торі побутовою мовою нашого світу. Як ми вже знаємо, є всього дві властивості у створінні – альтруїзм та егоїзм, властивість Творця і властивість Його створінь. Кабала говорить про проходження духовних ступенів мовою прямих почуттів, – як в цій частині книги, – або мовою сфірот, – фізико-математичним описом духовних об'єктів.

Ця мова є універсальною, компактною і точною. Вона є зрозумілою у своєму зовнішньому вигляді для початківців, нею можна розмовляти та розуміти один одного, оскільки мовиться про абстрактні дії, абстрактні духовні об'єкти. Той, хто осягає самі духовні ступені, може, також, виразити свої дії і почуття цією «науковою» мовою, оскільки саме світло, яке осягається ним, несе в собі інформацію про дію і про назву. Але передати свої почуття, відчуття певного духовного ступеня, кабаліст може лише тому, хто пройшов той же ступінь, – інша людина його не зрозуміє, подібно до того, як у нашому світі людина, яка не пережила певного почуття чи не знає його за аналогією з подібним, схожим почуттям, – не в змозі вас зрозуміти.

Є два послідовних ступеня виправлення егоїзму: зовсім не використовувати його, – мислити і діяти з наміром тільки «віддавати», без будь-якої думки про свою зацікавленість в результатах своїх дій. Коли людина вже може цілком діяти у такий спосіб, вона переходить до другого ступеня, – починає, поступово використовуючи свій егоїзм, включати його малими порціями в свої альтруїстичні дії та думки, виправляючи його таким чином.

Наприклад, людина все, що є у неї, віддає іншим, нічого ні від кого не отримуючи, – це перший ступінь розвитку. Якщо вона здатна так чинити в усьому, то для того, щоб у неї була можливість ще більше віддавати, вона заробляє або отримує від багатих, пропускаючи крізь себе велике багатство, та віддає його іншим. Скільки вона при цьому може отримати від інших, залежить від того, чи зможе віддати все те, що отримує, не спокусившись великими грошима, що проходять крізь її руки, – адже в такому стані вона використовує свій егоїзм, – чим більше отримає, тим більше зможе віддати. Та чи зможе все віддати? Величина суми, що проходить через неї, визначає рівень її виправлення.

Перший ступінь називається виправленням створіння (егоїзму), а другий ступінь називається метою творіння – використовувати свій егоїзм в альтруїстичних діяннях, задля альтруїстичних цілей. Про ці два ступені нашого духовного розвитку й мовить вся Тора. (Та як бажання, так і насолоди, про котрі мовиться в Торі, – в є мільярди разів більшими за будь-які, – навіть зібрані всі разом насолоди нашого світу.)

Ці два ступені перебувають також у постійному конфлікті, оскільки перший цілком заперечує використання егоїзму, його виправлення, а другий використовує його в невеликих, відповідно до сили опору йому, кількостях для його виправлення. Тому дії в цих двох станах є протилежними, хоча обидва – є альтруїстичними за метою. Адже і в нашому світі людина, котра все віддає, є протилежною за дією людині, котра отримує, хоча й заради того, щоби віддати.

Численні протиріччя, суперечки, що описувані в Торі, тепер стануть більш зрозумілими. Наприклад, – противоборство Шауля та Давида, де Шауль – це продаж Йосефа; суперечка й протиріччя в рішеннях шкіл Шамая та Гілеля; Машіах Бен Йосеф (ним був кабаліст АРІ) та Машіах Бен Давид, й інші, – майже всі спірні питання та війни, які тлумачаться непосвяченими як зіткнення народів, колін, сімей, егоїстичних особистостей.

Через деякий час після того, як людина докладає підвищених зусиль у роботі над собою, в навчанні, в прагненні до духовних відчуттів, в ній виникає вимога відчути результат, – їй здається, що після виконаної нею роботи (у порівнянні з сучасниками, що оточують її), вона-то вже заслужила, щоби Творець розкрився їй, щоб Тора, котру вона вивчає, стала для неї явною, і насолоди духовних світів відчувалися нею.

А насправді вона бачить, що все відбувається якраз навпаки: вона відчуває, ніби посувається назад, а не просувається вперед у порівнянні з тими, хто взагалі не займається кабалою. І замість того, аби відчути Творця, і щоб Творець почув її, вона все далі віддаляється від Творця та відчуває, що це віддалення від духовних осягнень і зниження духовних поривань є прямим наслідком її навчання.

І виникає у неї законне питання: дивлячись на тих, хто вивчає звичайну Тору, вона бачить, що вони відчувають свою досконалість у порівнянні з іншими, а вона з кожним днем все більше бачить, як вона стає все гіршою в своїх бажаннях і думках і все далі віддаляється від духовних, хороших бажань, з котрими прийшла до кабали! Тож краще було б взагалі не починати занять кабалою! І взагалі, – весь цей час вона витратила даремно!

Але, з іншого боку, вона вже відчуває, що тут лише і є правда та вирішення її питань, що створює ще додаткову напругу: не може залишити кабалу, тому що це – істина, але й не має нічого з нею спільного та віддаляється від неї, а за своїми бажаннями перебуває нижче, ніж усі її сучасники. І їй здається, що якби інша людина була на її місці, то Творець вже давно відповів би та наблизив до Себе, і не трудилася б ця людина, як вона, намарне, з образою на Творця за те, що не рахується з нею. А можливо, Творець взагалі не реагує на її дії.

А справа в тому, що такі почуття переживає лише той, хто перебуває в процесі справжньої духовної роботи над собою, а не той, хто сидить над Торою тільки заради пізнання простого її сенсу та виконання заповідей. Оскільки той, хто бажає піднесення, – бажає досягти такого духовного стану, коли всі його поривання, думки та бажання визначатимуться не його особистими інтересами. Тому дають йому згори усвідомити, – якими насправді є його думки та чим визначаються всі його дії.

І якщо, проходячи крізь страждання, знаходить в собі весь цей величезний егоїзм, бачачи, наскільки він є далеким від найнезначнішої духовної якості, – він усе ж таки витримує випробування і в змозі, незважаючи на все пережите, мовчати в серці, розкрити свою любов до Творця, а не просити винагороди за свої зусилля і за свої страждання; і якщо, незважаючи на муки, ці стани йому миліші, ніж тваринні насолоди та спокій, то удостоюється відчути духовний світ.

В загалі, щойно людина починає входити в справжню роботу над собою, – відразу ж починає відчувати завади і перешкоди на шляху до відчуття духовного у вигляді всіляких сторонніх думок та бажань, у вигляді втрати впевненості у правильності обраного шляху, падіння настрою при відчутті своїх істинних бажань, – на відмінність від тих, хто просто сидить і вчить Тору заради знання і механічного виконання.

І це від того, що перевіряють людину згори, чи є дійсно в неї справжнє бажання до істини, якою б неприродною, проти її егоїстичної природи, вона не була, наскільки б не було боляче відмовитися від звичного власного комфорту в ім'я Творця. У той час, як просту людину не перевіряють, і вона почуває себе дуже комфортно у своєму усталеному житті, та ще й майбутній світ, вважає вона, їй забезпечений тому, що виконує заповіді Тори. Таким чином у неї є і цей, й майбутній світи, – вона вже заздалегідь радіє майбутній винагороді, передчуває її, оскільки вважає, що винагорода належить їй, бо вона виконує бажання Творця, і тому Творець зобов'язаний заплатити за це в цьому та майбутньому світах. Тобто, у порівнянні з егоїзмом невіруючого, котрий не вимагає винагороди від Творця, її егоїзм зростає в багато разів, як і її самовпевненість та почуття власної переваги у порівнянні з усіма тими, хто до Творця не наближений.

Але Творець перевіряє людину не для того, щоби дізнатися, в якому стані вона перебуває, – це Творець знає і без усяких перевірок, оскільки сам же Він дає нам всі ці переживання. Цим нам дається усвідомлення того, де саме духовно перебуваємо ми. Створюючи в нас бажання земних насолод, Творець відштовхує недостойних, – дає тим, кого хоче наблизити до себе, можливість, долаючи перешкоди, наблизитися до входу в духовний світ.

Для того, щоб людина відчула ненависть до егоїзму, Творець поступово розплющує їй очі на те, хто є істинним ворогом, хто не дозволяє їй увійти в духовні світи, доки не розвинеться до такої міри, що людина повністю відірветься від егоїзму.

Все, що перебуває поза тілом людини, – це сам Творець, оскільки основа створіння – це відчуття власного «я» кожним із нас. Ця ілюзія власного «я» називається створінням і відчувається тільки нами. Але, крім цього відчуття власного «я», існує тільки Творець. Тому наше ставлення до світу і до кожного з оточення є не чим іншим, як ставленням до Творця. І якщо людина звикає до такого ставлення до того, що її оточує, вона відновлює цим прямий зв'язок із Творцем.

Немає нікого, крім Творця. Хто ж такий «я»? «Я» – це відчуття себе, свого існування, – чого, взагалі немає, – але за бажанням Творця якась Його частина так себе відчуває тому, що є віддаленою від Творця. Творець ховається від неї. Та в міру все більшого відчуття Творця ця частина Його, «я», що відчувається мною, починає все більше відчувати, що вона все ж таки частина Творця, а не самостійне створіння. Стадії поступового відчуття Творця називаються світами, або сфірот. Людина народжується, як правило, без будь-якого відчуття Творця, і те, що бачить навколо себе, – те й приймає за дійсність. Такий стан називається «наш світ».

Якщо Творець бажає наблизити людину, вона починає часом відчувати неявну присутність Вищої сили, – ще не бачить її своїм внутрішнім зором, а лише здаля, ззовні світить їй щось таке, що несе почуття впевненості, духовної святковості й натхнення.

Творець може знову віддалитися, знову стати невідчутним. Це сприймається людиною як повернення у початковий стан, – вона забуває взагалі про те, що колись була впевнена в існуванні Творця та якось Його відчувала. Або Творець віддаляється від неї у такий спосіб, що людина відчуває віддалення духовної присутності та, як наслідок цього, падіння духу, – це відчуття Творець посилає тому, кого бажає ще більше наблизити до себе, оскільки в людини виникає туга за прекрасним почуттям, що зникло, та змушує її намагатись повернути це відчуття.

Якщо людина докладає зусиль, починає займатися кабалою, знаходить справжнього вчителя, Творець поперемінно, – то ще більше розкривається їй у відчутті духовного підйому, то скривається, збуджуючи цим людину шукати вихід зі стану занепаду.

Якщо людина зусиллям волі здатна сама подолати неприємний стан, – приховання Творця, – вона отримує згори підтримку у вигляді духовного підйому та натхнення. Якщо ж людина не намагається власними силами вийти з цього стану, то Творець може Сам наблизитися до неї, а може і залишити в спокої (після кількох спроб пробудити людину самій просуватися назустріч Творцеві) у стані повної відсутності відчуття Його.

Все, що ми бажаємо знати про наш світ, можна визначити як результат створіння та управління ним, або, як це називають дослідники, – закони природи. Людина у своїх винаходах намагається повторити деякі деталі створіння, те, що вона дізналася про природу, – тобто намагається повторити дії Творця на більш низькому рівні та з більш грубим матеріалом.

Глибина пізнання людиною природи є обмеженою, і хоча ця межа поступово розширюється, але й по цей день в якості тіла, наприклад, людина сприймає своє матеріальне тіло. А при такому розгляді немає жодної різниці між людьми, – адже всю індивідуальність кожного визначають саме духовні сили й властивості, а не форми нашого тіла. Тому можна сказати, що всі тіла, незважаючи на їхню кількість, являють собою, з точки зору створіння, лише одне тіло, оскільки немає індивідуальної відмінності між ними, котра б відрізняла одне від одного.

Тож, щоби зрозуміти собі подібних і весь навколишній світ, знати, як ставитись до всього, що поза її тілом, людині досить заглибитися в себе, зрозуміти себе. Так ми і діємо, оскільки створені саме так, що осягаємо те, що входить в нас ззовні, вірніше, – наші реакції на вплив ззовні.

Тому, якщо людина нічим духовним від інших не відрізняється, а всі її відмінності стандартні, в рамках варіацій чисто тваринних властивостей наших матеріальних тіл, то вона наче й не існує, оскільки, не маючи власної індивідуальної відмінності від інших, вона немовби перебуває всередині одного тіла, що уособлює всі наші тіла.

Інакше можна сказати так: все, чим можуть відрізнятися люди один від одного, – це душею, і якщо її немає, то й цю людину не можна вважати індивідуально існуючою. І чим більше духовних відмінностей у індивідуума, тим він важливіший і більший; якщо їх немає взагалі, то і його немає, – він не існує.

Та тільки-но з'являється в ньому найменша перша духовна відмінність, – ця мить, цей духовний стан називається його народженням, оскільки вперше з'явилося в ньому дещо особисте, що виділяє його із усієї загальної маси тіл. Тобто, народження індивідуальності відбувається шляхом індивідуального духовного відокремлення від загальної маси.

Подібно зерну, що посаджене в землю, послідовно відбуваються два протилежних процеси – розклад і розвиток, цілковите звільнення від попередньої, батьківської вихідної форми. І поки не відторгне її повністю, не звільниться від свого фізичного виду, не зможе перетворитися з фізичного тіла на силу. Поки не будуть пройдені всі ці стани, що називаються породженням плоду згори вниз, – не зможе народитися в ньому перша духовна сила знизу нагору, аби почати зростати і досягти рівня та форми того, хто породив його.

Подібні процеси відбуваються в неживій, рослинній, живій, – тваринній природі та в людині, – хоча й у різних зовнішніх формах.

Кабала визначає духовне народження як перший прояв в людині найнижчого духовного світу, вихід людини за межі «нашого» світу на перший духовний ступінь. Але, на відміну від земного немовля, духовно народжений не помирає, а постійно розвивається.

Почати пізнавати себе людина може тільки з моменту самоусвідомлення, але не раніше. Наприклад, ми не пам'ятаємо себе в колишніх станах, у момент запліднювання, народження, а, тим паче, до цього. Ми осягаємо лише наш розвиток, але не попередні форми.

Кабала описує всі попередні стадії створення, починаючи зі стану існування одного Творця, створення Ним спільної душі – духовної істоти, поступового духовного сходження світів зверху вниз до найнижчого духовного рівня, – останнього ступеня нижчого духовного рівня.

Кабала не описує всі наступні стадії (осягнення людиною нашого світу, найнижчого духовного ступеня духовного світу та її подальшого сходження знизу нагору, аж до своєї кінцевої мети, – повернення до вихідної точки творіння), оскільки сходження відбувається за тими ж законами і ступенями, котрими відбувався спуск душі, і кожен, хто осягає, зобов'язаний самостійно відчути на собі всі ці стадії духовного народження, до досягнення свого остаточного повного духовного зросту.

Але досягаючи по завершенні зростання абсолютно виправленого стану своїх початкових якостей, всі душі, повертаючись до Творця, поєднуються з Ним до абсолютно нероздільного стану через повну схожість, – настільки, наче їх не існує, як і до їх створення. Іншими словами, по тих же 125 ступенях свого сходження згори вниз, від Творця до нас, душа повинна піднятися знизу вгору, від моменту нашого духовного народження, до повного злиття з Творцем.

У кабалі перший знизу духовний ступінь називається народженням, останній, верхній – остаточним виправленням, а всі проміжні ступені позначаються назвами місць або облич з Тори, чи кабалістичними символами – іменами сфірот або світів.

Із усього вищесказаного з'ясовується, що не в змозі людина повністю пізнати світобудову та себе в ній без повного уявлення про мету творіння, акт творіння, всі стадії розвитку, аж до кінця творіння. А оскільки людина досліджує світ лише зсередини, то спроможна досліджувати лише ту частину свого існування, котра усвідомлюється нею. І тому вона не має можливості повністю пізнати себе.

І більше того, пізнання людини є обмеженим, оскільки пізнання об'єкта відбувається, в основному, дослідженням негативних властивостей, а людина не в змозі бачити в собі недоліки. Справа в тому, що наша природа автоматично виключає їх з нашої свідомості, випускає їх з нашого поля зору, оскільки відчуття цих недоліків викликає в людині величезний біль, а наша природа, наше тіло автоматично уникає подібних почуттів, тікає від них.

І лише кабалісти, які працюють над виправленням своєї природи з метою досягнути властивостей Творця, поступово розкривають в собі недоліки власної природи, в тій мірі, в якій вони спроможні себе виправити. Лише тоді їхній розум, їхня природа дозволяють їм бачити ці недоліки, оскільки ці риси характеру вже зазнають виправлення, – тобто вони вже начебто не належать людині.

І не може допомогти у самодослідженні те, що в собі подібних людина бачить, в основному, лише негативні якості: оскільки природа автоматично уникає негативних відчуттів, людина не в змозі перенести на себе те негативне, що знаходить в інших, наше тіло ніколи не дозволить відчути в собі ті ж самі негативні якості.

І навпаки, саме тому ми й відчуваємо негативні якості іншого, що це дає нам задоволення! І тому можна сміливо стверджувати, що немає в світі людини, котра б знала себе. Кабаліст же, який осягає у повному вигляді істинну природу людини, її корінь, осягає його в первісному обсязі, що називається душею.

Як сказано вище, для істинного осягнення створіння необхідно досліджувати його згори вниз, від Творця до нашого світу, а потім знизу вгору.

Шлях згори вниз називається послідовним сходженням душі в наш світ, або зародженням душі (ібур), – за аналогією з нашим світом, де зароджується зародок у тілі матері від сімені батька. Поки не проявляється в людині її останній найнижчий ступінь, де зовсім відривається від Творця, – як плід від батьків, як зерно, що повністю втратило свою первісну форму, – вона не стає фізично самостійним організмом.

Але як у нашому світі, так і в духовному, продовжує бути повністю залежною від свого джерела, доки з його допомогою не стане самостійною духовною істотою.

Народившись духовно, людина перебуває у найвіддаленішій від Творця стадії свого духовного розвитку і починає поступово осягати ступені сходження до Творця. Шлях знизу нагору називається особистим осягненням і піднесенням, – стадіями духовного зростання за законами духовних світів, – як у нашому світі новонароджений розвивається за законами нашого світу. Причому, всі ступені нашого світу знизу вгору точно відповідають ступеням сходження її душі від Творця у наш світ згори вниз.

(Тому в кабалі вивчається сходження душі вниз, а ступені піднесення кожен, хто сходить угору, повинен осягти самостійно, інакше не зможе духовно зрости. Тому в жодному випадкові не можна заважати учневі, нав'язувати йому духовні дії, – вони повинні бути продиктовані його власним усвідомленням того, що відбувається. Лише в такому випадку він зможе дослідити і виправити в собі всі свої якості, і тому заборонено кабалістам передавати один одному відомості про свої особисті відчуття.)

Через те, що два шляхи – зверху вниз і знизу вгору абсолютно схожі, осягаючи на собі один з них – шлях знизу вгору, можна зрозуміти й шлях згори вниз. Таким чином, по ходу власного розвитку поступово з'являється розуміння свого попереднього стану до народження: що програма творіння походить в наш світ згори вниз, вищий ступінь народжує нижчий, аж до нашого світу, де породжує його в людині нашого світу в якийсь з моментів одного з її життів. А потім примушує духовно зростати, аж до найвищого ступеня.

Але той, хто духовно зростає, повинен, у міру свого зростання, додавати від себе свої особисті зусилля, внести свої особисті дії в створіння для його розвитку та завершення. І ці дії полягають тільки в повному повторенні процесу творіння, оскільки чого немає в природі, – як у фізичній, так і в духовній, – того людина вигадати не може. Так само, як і все, що ми робимо, – є не що інше, як узяті від природи патенти та ідеї.

Як уже зазначалося в першій частині цієї книги, всі створіння нашого світу і все їхнє оточення створені у повній відповідності з необхідними для кожного виду умовами. Як у нашому світі природа приготувала надійне і придатне місце для розвитку плоду, а з появою новонародженого пробуджує в батьках потребу піклуватися про нього, – так і в духовному світі до духовного народження людини все відбувається без її знання і втручання.

Та тільки-но підростає людина, відразу ж починає стикатися із труднощами і невлаштованістю, з необхідністю докладати зусиль для існування. І в міру змужніння людини поступово починають проявлятися в ній все більш негативні якості. Так і в духовному світі, у мірі духовного зростання людини оголюються все більш негативні властивості її природи.

І так зумисне створене та вготоване Творцем через природу, – як у нашому світі, так і в світі духовному, – аби довести людину до потрібного рівня розвитку, щоб усвідомила, що тільки полюбивши ближнього як самого себе, кожен з нас може досягти щастя, оскільки опиниться у подобі з вищою природою.

І так в усьому, в чому людина знаходить «прорахунки» природи, «недоробки» Творця. Саме в цих якостях вона сама мусить доповнити свою природу, виправити своє ставлення до навколишнього, полюбивши всіх, і все поза собою, як саму себе, – згідно зі сходженням духовних ступенів згори вниз. І тоді вона буде повністю відповідати Творцеві, а відтак досягне мети творіння – абсолютної насолоди.

І це в наших силах, і жодному разі Творець не відступить від свого плану тому, що все це для нас, з бажанням завдати нам абсолютної насолоди, створено Ним. А все наше завдання – лише в тому, щоби вивчаючи властивості духовного сходження згори вниз, навчитися чинити так само і в нашому сходженні знизу вгору.

Нам видається неприродним почуття любові до подібних до себе (до «ближнього» – слово недоречне, оскільки ближніх ми любимо, адже вони дорогі нам), це почуття викликає в нас, – як і будь-яке інше альтруїстичне почуття, будь-яка відмова від егоїзму, – почуття внутрішнього стиснення («іткабцут») нашого «я».

Та якщо людина здатна поступитися особистими інтересами, тобто скоротити їх, то в звільнене від егоїзму духовне місце вона може отримати Вище світло, яке вчиняє в ній дію наповнення та розширення. Ці дві дії називаються рухом життя, або душею, і тому вже можуть викликати в наступних діях скорочення й розширення. І тільки у такий спосіб може духовна судина людини отримувати в себе світло Творця, або свою душу, та, розширюючи її, підніматися.

Скорочення може бути здійснене через зовнішній вплив або під дією внутрішніх властивостей самої судини. У випадку скорочення під тиском болючої примусової зовнішньої сили природа судини змушує її збудити в собі сили протидії скороченню та розширитися, повернутися у початковий стан і віддалитися від цього зовнішнього впливу. У випадку, коли скорочення здійснене самою судиною, – вона не в змозі сама розширитися до початкового стану. Та якщо світло Творця увійде і наповнить судину, то вона здатна розширитися, і це світло називається життям.

Життя, як таке, – є усвідомлення його; це може бути осягнене тільки шляхом попередніх скорочень, оскільки неспроможна людина вийти за свої духовні межі, в котрих створена.

А вперше скоротитися, як мовилося вище, людина може лише під впливом зовнішньої сили, яка змушує її до цього, або волаючи в молитвах до Творця про допомогу вищих сил, оскільки до отримання першої допомоги, – життя, – в свою душу немає сил в людині самій виконати подібну надприродну душевну дію. І поки не сама людина, а зовнішня сила змушує її «стискатися», вона вважається неживою, бо жива природа визначається як така, що здатна до самостійного руху.

Доступно і зрозуміло описати світобудову можна за допомогою понять кабали. Все у світобудові кабала поділяє на два поняття: світло («ор») та судина («клі»). Світло – це насолода, а судина – це бажання зазнати насолоди. Коли насолода входить в бажання зазнати насолоди, вона надає цьому бажанню певного прагнення втішитися саме нею.

Без світла судина не знає, чим вона б хотіла втішитися, тому сама судина ніколи не є самостійною, і тільки світло диктує їй вид насолоди, – тобто думки, прагнення, всі її властивості, – отже важливість та духовна цінність судини цілком визначається світлом, що її наповнює.

І більше того, – чим більше бажання зазнати насолоди є в судині, тим вона «гірша», оскільки більше залежить від світла, менш самостійна. Та з іншого боку, – чим вона «гірша», тим більшу насолоду може отримати. Але зростання, розвиток залежать саме від великих бажань. І це протиріччя походить саме від протилежних властивостей світла й судини. Нагорода за наші душевні зусилля – пізнання Творця, та саме наше «я» затуляє Творця від нас.

Оскільки бажання визначає людину, а не її фізіологічне тіло, то з появою кожного нового бажання наче народжується нова людина. Саме так слід розуміти ґільґулей нешамот, – кругообіг душ, – що з кожною новою думкою і бажанням людина народжується заново, оскільки її бажання є новим.

Отже, якщо бажання людини як у тварини, то мовиться, що її душа вселилася в тварину, якщо її бажання піднесене, то мовиться, що людина перетворилася в мудреця. Лише так слід розглядати кругооборот душ. Людина може явно відчути на собі, – наскільки протилежними є її погляди та бажання у різний час, наче це дійсно не одна людина, а різні люди.

Але кожного разу, коли вона відчуває свої бажання, – якщо ці бажання справді є сильними, – вона не може собі уявити, що може бути інший, зовсім протилежний стан. І це від того, що душа людини є вічною, як частина Творця. І тому в кожному своєму стані вона уявляє, що перебуватиме в ньому вічно. Але Творець згори міняє їй душу, – в цьому полягає кругооборот душ, – помирає минулий стан та «народжується нова людина».

І, так само, у своїх духовних злетах, натхненнях та падіннях, радощах і депресіях, людина неспроможна уявити собі, що вона може перейти з одного стану в інший: перебуваючи в стані душевного піднесення, не може собі уявити, як може цікавитись чимось у світі, крім духовного осягнення. Як мертвий не може уявити собі, що є такий стан, як життя, так і живий не думає про смерть. І все це з причини божественності, а тому, – вічності нашої душі.

Вся наша реальність зумисне створена для того, щоби всіляко заважати нам осягти духовні світи, і тисячі думок постійно відволікають нас від мети, та чим більше намагається людина цілеспрямовано діяти, – тим більшими є завади. А проти всіх завад є лише одна допомога – в особі Творця. І в цьому причина їх створення, – щоби у пошуку шляху власного порятунку ми були змушені звернутися до Творця.

Як маленьких дітей, – щоб з'їли те, що ми хочемо, ми відволікаємо від головного, від їжі, розповідаємо казки; так і Творець, – аби привести нас до хорошого, змушений вдягати альтруїстичну істину в егоїстичні причини, через які ми можемо забажати відчути духовне. А потім, відчувши його, ми вже самі захочемо саме цієї духовної їжі.

Увесь шлях нашого виправлення побудований на принципі злиття з Творцем, поєднання з духовними об'єктами, аби перейняти в них їхні духовні властивості. Лише при контакті з духовним ми можемо отримати від нього. Тому так важливо мати вчителя й товаришів у досягненні мети: в чисто побутовому спілкуванні можна поступово, непомітно для себе, – а тому без перешкод з боку тіла, – почати отримувати духовні бажання. Причому чим ближче людина прагне бути з тими, хто звеличує духовну мету, тим більша імовірність піддатися впливові їхніх думок та бажань.

Оскільки справжнім зусиллям вважається лише таке, що зроблене проти бажань тіла, то легше виконувати зусилля, якщо є приклад і багато хто його здійснює, – навіть якщо це здається протиприродним. (Більшість визначає свідомість: там, де всі ходять оголеними, – скажімо, в лазні чи в примітивному суспільстві, – немає ніяких зусиль, аби звільнитись від одягу кожному.) Але і група товаришів, і вчитель – це всього лише допоміжні засоби. У мірі духовного піднесення Творець робить так, що людина все одно змушена буде звернутися за допомогою тільки до Нього.

Чому є Тора у письмовому викладі й усна? Відповідь проста: письмова Тора дає опис духовних процесів, що здійснюються згори вниз, і лише про це в ній мовиться, хоча вона використовує мову оповідання, історичних літописів та юридичних документів, мову пророцтв й кабалістичних знань.

Та головне, для чого дана Тора, – для духовного піднесення людини знизу вгору, до самого Творця, а це – індивідуальний шлях для кожного, залежно від властивостей й особливостей його душі. Тому кожна людина осягає сходження по ступенях духовних світів по-своєму. І це індивідуальне розкриття Тори знизу вгору називається усною Торою, тому що дати єдиний варіант її для кожного неможливо та й немає потреби, – сама людина повинна молитвою до Творця (усно) осягти її.

Кабала пояснює, що масах (екран) духовного тіла («парцуфа»), за допомогою котрого парцуф отримує світло (Тору), перебуває на духовному рівні, який називається уста («пе»). Звідси й назва отримуваного світла, – «Тора ше беаль пе», – усна Тора. Кабала пояснює, яким способом вивчати, – отримувати цю Тору.

Всі зусилля, здійснювані нами в навчанні та роботі над собою, потрібні тільки для того, щоби відчути всю нашу безпорадність і звернутися за допомогою до Творця. Але не може людина оцінити свої дії і просити про допомогу Творця раніше, ніж відчує в цій допомозі необхідність. І чим більше вчить та працює над собою, – тим все сильнішими є її претензії до Творця. Хоча, в остаточному підсумку, допомога походить від Творця, але без нашої молитви ми її не отримаємо. Тому той, хто бажає просунутись уперед, мусить докладати зусиль у різноманітних діях, а про того, хто сидить й очікує, сказано: «Дурень сидить склавши руки та їсть себе».

Зусиллям називається все, що людина робить проти бажання тіла, незалежно від того, яка це дія. Наприклад, якщо людина спить проти бажання тіла, – це також зусилля. Але основна проблема в тому, що людина думає про винагороду за зусилля, а для відторгнення егоїзму необхідно прагнути саме здійснити зусилля безвідплатно і просити у Творця сили для цього, тому що наше тіло без винагороди працювати не може.

Та як залюблений у своє ремесло спеціаліст думає під час роботи про неї, а не про винагороду, – так і той, хто любить Творця, бажає отримати сили для того, щоб придушити егоїзм, бути ближче до Творця, бо ж цього хоче Творець, а не тому, що внаслідок близькості до Творця людина отримує безмежну насолоду.

У тому ж випадку, якщо людина не прагне до винагороди, – вона постійно щаслива, оскільки чим більші зусилля вона може здійснити за допомогою Творця, тим більше радості від цього їй і Творцеві. І тому постійно ніби отримує винагороду.

Тому, якщо людина відчуває, що їй ще важко в роботі над собою і немає від неї радості, – це ознака того, що ще не вийшла з егоїзму, не перейшла із маси суспільства в одиниці тих у світі, хто працює на

Творця, а не на себе. Але лише той відчуває, як важко здійснити хоча б найменше зусилля не заради себе, – хто перебуває вже на шляху між масами й кабалістами.

Але виховання мас неможливо дати в істинному виді, оскільки маси не в змозі прийняти протиприродні закони роботи без винагороди.

Тому таке виховання мас побудоване на основі винагороди для егоїзму. І тому неважко їм виконувати заповіді у найбільш суворій формі та, навіть, шукати додаткових ускладнень. Але такий попередній етап, – бути просто віруючим, – необхідний для всіх. І тому, як пише РАМБАМ, спочатку вчать усіх як маленьких дітей, – тобто пояснюючи, що це на користь егоїзму, для винагороди в цьому і майбутньому світах, а потім, коли підростуть з них одиниці, наберуться розуму та зрозуміють істинний сенс створіння від вчителя, – поступово можна вчити їх методикам виходу з егоїзму.

Взагалі ж винагородою називається те, що людина бажає бачити в результаті своїх зусиль, а зусилля можуть бути в абсолютно різних галузях діяльності. Не можна працювати без винагороди, але можна змінити саму винагороду – задоволення егоїстичне на альтруїстичне. Наприклад, немає різниці в насолоді, яку відчуває дитина від своєї ляльки, і дорослий – від осягнення Тори. Вся різниця лише в одежах на насолоду, в її зовнішній формі. Але щоб її змінити, треба, як і в нашому світі, зрости. І тоді замість ляльки з'явиться прагнення до Тори, замість егоїстичного вбрання насолоди – альтруїстичне.

Тому зовсім невірно стверджувати, як нерідко можна чути від різних «розумників», що Тора проповідує утримання від насолод. Якраз навпаки, за законом Тори назір – людина, яка відмовляє собі в деяких видах насолод, зобов'язана принести жертву, – начебто штраф за те, що не використовує все, що Творець дав людині.

Мета творіння – саме в тому, щоб втішити душі абсолютною насолодою, а вона може бути тільки в альтруїстичній оболонці. Кабала дана для того, щоб за її допомогою ми могли переконатися, що необхідно змінити зовнішній вигляд нашої насолоди, щоб істина здавалася нам солодкою, а не гіркою, як у даний момент.

Змінювати зовнішні одежі насолоди протягом життя нас змушує наш вік або суспільство. Немає в нашому лексиконі слова, що визначає насолоду, а є тільки слова, що описують, в якій одежі, від чого ми її отримали, – від їжі, природи, іграшки. І прагнення до насолоди ми описуємо за виглядом її вбрання, – за типом «люблю рибу».

У тих, хто вивчає Тору, вид насолоди можна визначити питанням: чи важлива людині сама Тора, а чи важливий їй Той, Хто дає Тору. Чи важлива людині Тора тому, що вона походить від Творця, – тобто важливий сам Творець, – чи головне – це виконання вказівок Творця і, відтак, – винагорода.

Уся складність в тому, що є короткий та легкий шлях досягнення духовного стану, але наш егоїзм не дозволяє йти цим шляхом. Ми обираємо, як правило, тяжкий і глухий шлях, що його диктує нам егоїзм, після багатьох страждань повертаємося у вихідну точку і лише потім йдемо правильним шляхом. Короткий й легкий шлях називається шляхом віри, а тяжкий та довгий – шляхом страждань. Але як важко обрати шлях віри, – так легко потім іти цим шляхом.

Перешкода у вигляді вимог нижчого розуму, – спочатку зрозуміти, а потім виконувати, – називається каменем спотикання, або просто каменем – «евен». На цьому власне камені всі спотикаються. Вся Тора говорить тільки про одну душу, душу будь-кого з нас та про її сходження до мети.

У Торі йдеться, що коли стали тяжкі руки (віра) Моше (Моше від дієслова «лімшох» – витягнути себе з егоїзму), то він почав програвати в битві з ворогами (з тими, кого вважав ворогами, – своїми егоїстичними думками й бажаннями). Тоді посадили (принизив свій розум) його старійшини (мудрі його думки) на камінь (над егоїзмом) та підняли його руки (віру), і поклали під них камінь (підняли віру вище вимог егоїстичного здорового глузду), аби переміг Ізраїль (прагнення до духовного піднесення).

Або розповідається, що наші батьки були ідолопоклонниками (початкові прагнення людини є егоїстичними та працюють лише на своє тіло), що вони були біженцями (Ціон – від слова «єція», і воно говорить про те, що з єційот, – виходів з егоїзму, – отримують Тору).

У світі кабаліста-початківця є всього два стани – або страждання, або відчуття Творця. Причому до тих пір, поки людина не виправила свого егоїзму і не може всі свої думки та бажання обернути лише на користь Творцю, вона сприймає свій світ лише як джерело страждань.

Та потім, заслуживши відчути Творця, вона бачить, що Той наповнює собою весь світ і що весь світ являє собою виправлені духовні об'єкти. Але таким вона може побачити світ тільки, якщо придбає духовний зір. І тоді всі минулі страждання здаються їй необхідними й приємними тому, що пройшли виправлення у минулому.

Та головне, – зобов'язана знати людина, що є Господар світу, і все в світі відбувається тільки за Його бажанням, хоча тіло, за волею Творця, постійно стверджуватиме, що все у світі є випадковим.

Але, всупереч голосу тіла людина зобов'язана вірити, що за всі її дії в світі їй належить покарання чи винагорода. Як, наприклад, якщо раптом людина відчуває бажання духовно піднестися, – повинна усвідомити, що це невипадково, а є винагородою за її хороші діяння в минулому,– за те, що просила Творця помогти добре вчинити, але забула про це, оскільки не надавала ваги своїй колишній молитві, бо не отримала відразу ж відповіді на неї Творця.

Або людина каже про себе, що ось тепер, коли вона відчуває духовне піднесення і немає у неї інших турбот, як тільки про вище, мусить зрозуміти, що: 1) цей стан посланий їй Творцем як відповідь на її прохання; 2) цим вона зараз стверджує, що в змозі працювати сама і що від її зусиль залежить її духовне просування, а не від Творця.

А також під час навчання, якщо учень раптом починає відчувати те, що вивчає, повинен зрозуміти, що це також не випадково, а Творець дає йому такі переживання. І тому, вивчаючи, повинен ставити себе в залежність від бажань Творця, аби його віра у Вище управління зміцніла. І цим він стає таким, що має потребу в Творці, і цим з'являється у нього зв'язок із Творцем, що в майбутньому приведе до злиття з Творцем.

А також необхідно усвідомити, що є дві протилежні сили, що діють на людину: альтруїстична стверджує, що все на світі – це втілення бажань

Творця, все для Нього; егоїстична стверджує, щ все на світі створено для людини і заради неї.

І хоча в будь-якому випадку перемагає вища, альтруїстична сила, але цей шлях називається довгим шляхом страждань. І є короткий шлях, що називається шляхом Тори. І людина повинна прагнути максимально скоротити свій шлях, – тривалість виправлення, – добровільно, інакше мимоволі, стражданнями вона прийде до цього ж, – Творець все одно змусить її прийняти шлях Тори.

Найбільш природне почуття людини – це любов до себе, що ми спостерігаємо у найвідвертішому вигляді в немовлятах й дітях. Але не менш природним є породжуване любов'ю до себе почуття любові до іншого створіння, що живить безкінечними варіаціями мистецтво, поезію, творчість. Немає наукового пояснення любові й породжуваних нею процесів.

Усі ми не раз стикалися з таким природним процесом у нашому житті, як прояв почуття взаємної любові, розквіт цього почуття і, як не дивно, занепад. Причому саме у випадку взаємної любові, – чим вона сильніша, тим швидше минає. І навпаки: чим менше любить один, – тим іноді сильніше почуття іншого, а якщо відчує раптом у відповідь взаємне почуття, відповідно до цього зменшується його любов. І цей парадокс помітний на прикладах різного типу любові – статевої, між батьками й дітьми тощо.

Більше того, можна навіть сказати, що якщо один проявляє велику любов, – вона не дає іншому можливості прагнути до нього й сильніше полюбити його. Тобто, прояв великої любові не дозволяє любимому відповісти на повну силу своїх почуттів, а поступово обертає почуття любові на ненависть. І це тому, що перестає боятися втратити люблячого, відчуваючи його безмежну сліпу любов.

Та якщо навіть у нашому світі, нам зрідка вдається егоїстично когось любити, – неважко уявити собі, що альтруїстична любов – почуття, яке нам абсолютно незнайоме й недосяжне.

Та оскільки саме такою любов'ю любить нас Творець, то Він приховує своє почуття до тих пір, поки ми не набудемо властивості відповісти повною постійною взаємністю.

Поки людина не відчуває взагалі ніякого почуття любові до себе, вона згодна на таку любов. Але тільки-но відчуває й насичується цим почуттям, – починає у міру насичення, вибирати і бажати лише незвичайних за силою переживання почуттів. І в цьому полягає можливість постійного прагнення збільшити силу любові до Творця.

Постійна, невгасима взаємна любов можлива лише в тому випадку, коли вона не залежить ні від чого на світі. Тому любов Творця прихована від нас і розкривається поступово у відчутті кабаліста, в мірі звільнення його від егоїзму, котрий і є причиною згасання почуття взаємної любові у нашому світі.

Для того, щоб дати нам можливість розширити кордони свого почуття, відчуваючи постійно почуття любові Творця, яка все більше й більше розкривається, ми й створені егоїстами, бо можемо, саме відчуваючи любов Творця, бажати з'єднатися з Ним для позбавлення від егоїзму як спільного ворога. Можна сказати, що егоїзм є третім у трикутнику творіння (Творець, ми, егоїзм), який дозволяє нам обрати Творця.

Більше того, причина творіння, всі діяння Творця, кінцева мета творіння і всі Його дії, – хоч як би ми їх не сприймали, – засновані саме на почутті абсолютної постійної любові. Світло, що йде від Творця, яке побудувало всі світи і створило нас, мікродоза котрого в наших тілах, та є нашим життям, світло, що наповнює наші душі після їх виправлення, – це і є почуття Його любові.

Причина нашого сотворіння – природне бажання доброти творити добре, бажання любити і завдавати насолоди, природне бажання альтруїзму (тому воно і не сприймається нами); бажання, аби ми, – об'єкт любові, – повною мірою відчували Його любов і тішилися нею та почуттям любові до Нього, бо ж тільки одночасне відчуття цих протилежних у нашому світі почуттів дає ту довершеність насолоди, котра і була метою Творця.

Всю нашу природу ми визначаємо одним словом – егоїзм. Один з яскравих проявів егоїзму – це відчуття свого «я». Все може знести людина, крім почуття власного приниження. Аби уникнути приниження, вона готова померти. За будь-яких обставин, – у злиднях, в поразці, в програші, в зраді, – ми прагнемо відшукати і завжди знаходимо сторонні, не залежні від нас причини та обставини, котрі «поставили» нас у таке становище.

Тому що інакше не можемо виправдатися ні в своїх очах, ні перед іншими, чого наша природа не дозволить, – не дозволить принизитися, оскільки цим знищується, вилучається зі світу саме творіння, – «я», котре ми відчуваємо. І тому знищення егоїзму неможливе природним шляхом, без допомоги Творця. І добровільно замінити його можна лише піднесенням в наших очах, понад усе на світі, мети творіння.

Те, що людина просить Творця про духовні осягнення, але не просить Його про вирішення всіляких життєвих проблем, свідчить про слабкість віри в силу й повсюдність Творця, про нерозуміння того, що всі житейські проблеми нам даються з однією метою, – аби ми намагалися вирішити їх самі, та, водночас, просили Творця про їхнє розв'язання, – у повній вірі в те, що ці проблеми ми отримуємо від Нього для розвитку в нас віри в Його єдність.

Якщо впевнена людина, що все залежить лише від Творця, то зобов'язана просити Творця. Але не для того, щоб уникнути вирішення проблем, а щоби використати це як можливість бути залежною від Творця. Тому, щоб не обманути себе, – для чого вона це робить, – зобов'язана одночасно й сама, як всі довкола, боротися з проблемами.

Духовне падіння дається згори для наступного духовного зростання і, оскільки дається згори, приходить до людини миттєво, проявляється в один момент та майже завжди застає людину непідготовленою. А вихід з нього, духовний підйом відбувається повільно, – як видужання, – бо людина повинна пережити цей стан падіння у відчуттях та спробувати сама його подолати.

Якщо людина в моменти духовного підйому здатна проаналізувати свої погані якості, приєднати ліву лінію до правої, то при цьому вона уникає багатьох духовних падінь, начебто перестрибуючи їх. Але це можуть не всі, а лише ті, хто вже спроможний йти правою лінією, – виправдовувати дії Творця, незважаючи на егоїстичні прагнення.

І це подібне до вказаного у Торі правила щодо обов'язкової війни («мілхемет міцва») та добровільної війни («мілхемет решут»): обов'язкова війна проти егоїзму й добровільна, – якщо людина спроможна та має бажання сама додати своїх зусиль.

Внутрішня робота над собою, над подоланням егоїзму, над звеличенням Творця, над вірою в Його управління повинна бути таємницею людини, як і всі переживання, котрі вона проходить. І не може один вказувати іншому, як чинити. А якщо бачить в сторонніх прояви егоїзму, мусить узяти це на свій рахунок, – адже немає в світі нікого, крім Творця, тобто, те, що бачить і відчуває людина, – це Вище бажання, щоби вона так бачила й відчувала.

Все довкола людини створене для того, щоб постійно підштовхувати її до необхідності думати про Творця, просити Творця про змінювання матеріального, фізичного, суспільного та інших становищ створіння. Сказано, що Тора дана лише тим, хто їсть манну («ло натна Тора елє ле охлей ман»), тобто тим, хто спроможний просити Творця (в кабалі молитва називається «МАН»), – ось вони й отримують Тору – Вище світло.

Людина має безмежну кількість недоліків, джерело котрих одне – наш егоїзм, бажання зазнати насолоди, прагнення в будь-якому становищі мати комфорт. Збірка настанов («мусар») каже про те, як потрібно боротися з кожним недоліком людини та науково обґрунтовує свої методи.

Кабала навіть початківця вводить у сферу дії вищих духовних сил і людина на собі відчуває свою відмінність від духовних об'єктів. Отже, вона вивчає на собі, хто вона така і якою повинна бути. Відпадає вся необхідність у світському вихованні, котре, як ми ясно бачимо, не дає очікуваних результатів.

Спостерігаючи у самій собі боротьбу двох основ – егоїстичної й духовної, людина поступово примушує цим своє тіло зажадати змінити свою природу на духовну, свої якості на якості Творця без зовнішнього тиску наставників. Замість виправлення кожного з наших недоліків, як пропонує система «мусар», кабала пропонує людині виправити тільки свій егоїзм як основу всього зла.

Минуле, теперішнє й майбутнє людина відчуває в теперішньому. У нашому світі це сприймається в одному теперішньому часі, але в трьох різних відчуттях, де наш розум розкладає їх за своєю внутрішньою лінійкою часу та дає нам таке уявлення.

Мовою кабали це визначається як різні впливи світла-насолоди. Насолоду, що у даний момент відчутна нами, ми називаємо теперішнім. Якщо її внутрішній, безпосередній вплив на нас минув, насолода пішла і вже здалеку світить нам, відчувається нами, – це створює в нас відчуття минулого.

Якщо випромінювання насолоди, що залишила нас, припиняється, не сприймається нами, ми начисто забуваємо про її існування. Та якщо знову засвітить нам здалеку, – стане подібною до забутого минулого, котре ми згадали.

Якщо світло-насолода ще ніколи не було нами сприйняте і раптом світить у наші органи відчуття здаля, це сприймається нами як майбутнє, – світло впевненості.

Отже, теперішнє сприймається як внутрішнє отримання, отримання світла, інформації, насолоди, а минуле й майбутнє сприймаються нами від зовнішнього далекого світіння насолоди. Але в будь-якому випадку людина не живе ні в минулому, ані в майбутньому, а тільки в теперішній миті відчуває різного типу впливи світла і тому сприймає його як різні часи.

Людина, не маючи насолоди в теперішньому, шукає, – від чого може отримати насолоду в майбутньому, чекає, аби прийшла вже наступна мить, котра несе інше відчуття. Але наша робота над собою полягає саме в тому, щоби зовнішнє далеке світіння втягнути всередину наших почуттів у теперішньому.

Дві сили діють на нас: страждання штовхають ззаду, а насолоди спрямовують, тягнуть уперед. Як правило, недостатньо лише однієї сили, одного передчуття майбутньої насолоди, бо якщо для цього потрібно докласти зусиль, то нам можуть не дозволити піти назустріч чи то лінь нашого тіла, чи то страх, що й те, що ми маємо, – втратимо, залишимося без того, що маємо сьогодні. Тому необхідна ще сила, яка б штовхала ззаду, – відчуття страждань у теперішньому становищі.

В корені усіх провин лежить одна-єдина провина – прагнення отримати насолоду. Той, хто її вчинив, звичайно, не похваляється тим, що не зміг втриматися, виявився слабкішим за зовнішню принаду. І лише насолодою від гніву пишається відверто людина тому, що стверджує цим, що вона є правою, інакше не могла б пишатися. І ось ця пиха миттєво скидає її донизу. Тому гнів є найбільш сильним проявом егоїзму.

Коли людина переживає матеріальні, тілесні чи душевні страждання, їй мусить бути прикро, що Творець дав їй таке покарання. А якщо їй не прикро, – то це не покарання, оскільки покарання – це відчуття болю і прикрості від свого стану, котрого вона не може витримати, – страждання через насущне, здоров'я тощо. А якщо не відчуває болю від свого стану, значить, не отримала ще покарання, котре посилає їй Творець. А оскільки покарання – це виправлення для душі, то, не відчувши покарання, втрачає можливість виправлення.

Але той, хто відчуває покарання, – якщо спроможний просити Творця, щоб звільнив його від страждань, – здійснює ще більше виправлення в собі, ніж коли б переживав страждання без молитви.

Тому, що Творець дає нам покарання не так, як дають покарання в нашому світі за наші провини, – тобто не за те, що не послухали Його, а для того, щоб ми мали потребу у зв'язку з Ним, звернулися до Нього, зблизилися з Ним. Тому, якщо людина молить Творця звільнити її від покарання, – це не означає, що вона просить Творця звільнити її від можливості виправитися, бо молитва, зв'язок з Творцем, – це незрівнянно більш сильне виправлення, ніж шляхом відчуття страждань.

«Не по своїй волі ти народжений, не по своїй волі ти живеш, не по своїй волі помираєш». Так, ми бачимо, відбувається в нашому світі. Але все, що відбувається в нашому світі, є наслідком того, що відбувається в духовному світі. Тільки немає між цими світами прямої аналогії – подоби.

Тому: не по своїй волі (проти бажань тіла) ти народжуєшся (духовно, отримуєш перші духовні відчуття), оскільки при цьому ти відриваєшся від власного «я», на що наше тіло ніколи добровільно не погоджується. Отримавши згори духовні органи дії та сприйняття («келім»), людина починає духовно жити, відчувати свій новий світ. Але й у цьому стані вона йде проти бажань тіла втішитися самій духовними насолодами, і тому – «проти своєї волі ти живеш». «Не по своїй волі ти помираєш» – означає, що мимоволі беручи участь у нашому повсякденному житті, вона відчуває його як духовну смерть.

У кожному поколінні кабалісти своєю працею і книгами з кабали створюють все кращі умови для досягнення мети – зближення з Творцем. Якщо до великого Бааль Шем Това досягти мети могли лише одиниці в світі, то після нього, під впливом проведеної ним роботи, вищої мети могли досягти уже просто великі вчені Тори. А Бааль Сулам, рабі Єгуда Ашлаг, провів таку роботу в нашому світі, що сьогодні кожен, хто бажає, може досягти мети творіння.

Шлях Тори і шлях страждань відрізняються тим, що шляхом страждань людина йде до тих пір, доки не усвідомить, що швидше і легше йти шляхом Тори. А шлях Тори полягає в тому, що заздалегідь, ще до відчуття страждань, людина уявляє собі ті страждання, котрі пережила й котрі можуть звалитися на неї, і вже не повинна переживати нових, бо минулих страждань їй досить для усвідомлення правильних дій.

Мудрість у тому, щоби, проаналізувавши все, що відбувається, усвідомити, що джерело наших нещасть – в егоїзмі, та діяти так, аби не вийти знову на шлях страждань від егоїзму, а, добровільно відмовившись від його використання, прийняти на себе шлях Тори.

Кабаліст відчуває, що весь світ створений лише для нього, задля того, щоб служити йому в досягненні мети. Всі бажання, котрі кабаліст отримує від оточення, тільки допомагають йому в просуванні вперед, оскільки він негайно відкидає їх використання задля власного блага. Бачачи негативне в тих, хто його оточує, людина вірить, що бачить так тому, що сама ще не є вільною від недоліків, і, як результат цього, знає, – що їй потрібно ще виправити. Таким чином, увесь навколишній світ створений аби служити просуванню людини, оскільки допомагає їй бачити свої недоліки.

Тільки із відчуття глибин свого духовного падіння і почуття безкінечної віддаленості від жаданого людина може відчути те диво, котре здійснив з нею Творець, – підніс із нашого світу до Себе, в духовний світ. Який величезний подарунок вона отримала від Творця! Лише з низин свого стану можна оцінити отримуване та відповісти справжньою любов'ю і жагою злиття.

Є відкрита частина Тори, що описує виконання духовних законів мовою вітей. І є таємна, тобто скрита від оточуючих частина Тори, – цілі, які переслідує людина при виконанні Тори, її думки й бажання. У писаній Торі не можна нічого додавати, а слід виконувати, як вказано, але в усній Торі є постійна можливість поліпшення намірів у виконанні, та її кожен пише сам у своєму серці і кожного разу заново…

Неможливо здобути жодного знання без попереднього зусилля, котре, у свою чергу, народжує в людині два наслідки: розуміння необхідності пізнання пропорційно з докладеним зусиллям, та усвідомлення того, – що саме вона повинна пізнати. Таким чином, зусилля народжує в людині дві необхідних передумови: бажання – в серці, й думку, розумову готовність усвідомити та зрозуміти нове – в розумі, і тому зусилля є необхідним.

Тільки докладання зусиль вимагається від людини, і тільки це від неї залежить, але саме знання дається згори, і на його сходження згори людина не в силах впливати. Причому в осягненні духовних знань й відчуттів людина отримує згори тільки те, про що просить, – тобто до чого внутрішньо готова. Але ж просити про отримання будь-чого у Творця – це використовувати свої бажання, своє его? На такі бажання Творець не може відповісти духовним піднесенням людини! І, крім того, як людина може просити про те, чого ще жодного разу не відчула?

Якщо людина просить позбавити її від егоїзму, джерела її страждань, просить дати їй духовні властивості, – хоча вона й не знає, до їх отримання, що це таке, – Творець дає їй цей подарунок.

… Якщо кабала говорить лише про душевну роботу людини в її розумі й серці, стверджуючи, що тільки від них залежить наше духовне просування, то яке відношення до мети творіння має виконання релігійних ритуалів?

Оскільки всі заповіді Тори – це опис духовних дій кабаліста у вищих світах, то виконуючи фізичні дії в нашому світі, – хоча це ніяк не впливає на духовні світи, – людина фізично виконує волю Творця. Звісно, бажання Творця – духовно підняти створіння до свого рівня. Але передача з покоління в покоління вчення, підготовка ґрунту, з котрого можуть зрости одиниці великих духом, можлива лише при виконанні масами певної роботи.

Як і в нашому світі: для того, щоб виріс один великий вчений, необхідні й усі інші. Тому, що для передачі знання з покоління в покоління необхідно створити відповідні умови, відкрити навчальні заклади, де виховується також й майбутній великий вчений. Таким чином, усі беруть участь в його здобутках, а потім можуть користуватися плодами його праці.

Так і кабаліст, – отримавши виховання, як і його ровесники в належних умовах механічного виконання заповідей та простої віри в Творця, продовжує свій духовний розвиток. Тоді як його однолітки залишаються на дитячому рівні духовного розвитку. Але й вони, як усе людство, несвідомо беруть участь у його роботі і тому несвідомо виправляються в неусвідомлюваній частині своїх духовних властивостей, аби в подальшому, можливо через декілька поколінь чи кругообертів, самим прийти до свідомого духовного піднесення.

І, навіть про учнів, які прийшли займатися кабалою, – хто для загального пізнання, хто в ім'я духовного піднесення, – сказано: «тисяча входить до школи, але один виходить до світла». Але всі беруть участь в поступі одного та отримують від цієї участі свою долю виправлення.

Вийшовши у духовний світ та виправивши свої егоїстичні властивості, кабаліст знову має потребу в оточенні: обертаючись у нашому світі, він набирає від тих, хто його оточує, їхні егоїстичні бажання і виправляє їх, допомагаючи решті у майбутньому також прийти до свідомої духовної роботи. Причому, якщо звичайна людина зможе в чомусь допомогти кабалісту, – навіть прислуговуючи механічно, – вона тим самим дозволяє кабалісту включити свої особисті бажання у виправлення, здійснювані кабалістом.

Тому і сказано в Торі, що прислужування мудрецеві є більш корисним для учня, ніж навчання, бо навчання включає егоїзм та використовує наш земний розум, а прислужування походить від почуття віри у велич кабаліста, котре учень не може усвідомити, і тому його служіння більш близьке до духовних властивостей, – отже, більш продуктивне для учня.

Тому той, хто був ближчим до свого вчителя, більше за інших прислужував йому, має більшу вірогідність духовного піднесення. Тому й сказано в Торі, що вона не передається у спадок, а лише від вчителя учню.

Так і було в усіх поколіннях, аж до останнього, котре духовно настільки впало, що навіть його проводирі передають своє знання у спадок, оскільки їхнє знання перебуває на тілесному рівні. Той же, хто живе духовним зв'язком з Творцем і з учнями, той передає свою спадщину лише тому, хто може її прийняти, – тобто своєму найближчому учню.

Коли людина відчуває завади у своєму пориванні до Творця, про що вона повинна просити Творця:

1) про те, аби Творець прибрав ці завади, що Ним і посилаються, і тоді людина сама надалі зможе справитися своїми силами і не потрібні будуть їй більші, ніж у неї є, духовні сили;

2) про те, аби Творець дав більш сильне бажання духовного осягнення, усвідомлення важливості духовного піднесення, і тоді перешкоди не зможуть зупинити людину на шляху до Творця.

Все на світі готова людина віддати за своє життя, якщо воно дороге для неї. Тому людина повинна просити Творця, щоби дав їй відчувати смак у духовному житті, і тоді ніякі перешкоди не будуть для неї жахливими.

Духовне – це бажання віддавати, та використовувати бажання насолоди лише там, де за його допомогою можна завдати насолоди іншим. Бажання самонасолоди в духовних об'єктах відсутнє. Матеріальне є полярно протилежним духовному.

Та якщо немає жодного контакту, тобто спільних властивостей між духовним, – альтруїзмом, і матеріальним, – егоїзмом, то як можна виправити егоїзм? Адже духовне світло, яке здатне надати егоїзмові властивостей альтруїзму, не може увійти в егоїстичне бажання. Адже наш світ не відчуває Творця саме за тієї причини, що світло входить в об'єкт у міру відповідності властивостей світла й об'єкта. І тільки світло Творця, увійшовши в егоїстичну судину, може переробити її на духовну. Іншого шляху немає.

І тому була створена людина, котра спочатку перебуває під владою егоїстичних сил та отримує від них властивості, які віддаляють її від духовного. Але згодом потрапляє під дію духовних сил, та поступово, працюючи над своєю духовною точкою в серці, за допомогою кабали, вона виправляє ті бажання, котрі отримала від егоїстичних сил.

Ім'я Творця АВАЯ означає Його світло ще до отримання людиною, – тобто світло сам по собі; і тому називається письмовою Торою, – Торою в тому вигляді, якою вона вийшла від Творця. Ім'я Творця АДНЙ означає світло, що осягається людиною, і зветься усною Торою тому, що проходить по шляхах духовного сприйняття: зору (читання), слуху й осмислення.

Мовиться в Торі, що Авраам сказав, ніби Сара є його сестрою, а не дружиною, боячись, що його вб'ють, аби опанувати нею. Оскільки весь світ кабала розглядає як одну людину, бо тільки для полегшення досягання кінцевої мети розділилася душа на 600 тисяч частин, – то Авраам є в нас уособленням віри. Дружина – це те, що належить лише чоловікові, на противагу сестрі, яка заборонена тільки братові, але не всім іншим.

Авраам бачив, що не можуть інші властивості людини, окрім нього (крім віри), взяти Сару (Тору), мету творіння, за основу свого життя. І цим вони, будучи заполоненими красою мети творіння, бажаючи отримати в свої егоїстичні почуття вічні блага, вб'ють віру. Тому й сказав, що мета творіння може бути сприйнята і рештою властивостей людини:

всім людям дозволена вона тому, що є його сестрою. І до виправлення можна користуватися Торою заради своєї вигоди.

Відмінність всіх духовних світів від нашого світу в тому, що все, що є в духовних світах, є частиною Творця і набуло вигляду духовних сходів заради полегшення духовного підйому людини. Але наш егоїстичний світ ніколи не був частиною Творця, – він створений з небуття і, по піднесенні останньої душі з нашого світу в духовний світ, наш світ зникне. Тому всі види людської діяльності, що передаються з покоління в покоління, все, що створене з матеріалу нашого світу, приречене на зникнення.

Питання: перше створіння отримало все світло і відмовилося від нього, аби не відчувати почуття сорому. Як такий стан можна вважати близьким до Творця, адже неприємне відчуття означає віддалення від Творця?

Відповідь: оскільки в такому духовному стані минуле, теперішнє й майбутнє зливаються в одне ціле, то створіння не відчувало почуття сорому, тому що вирішило своїми бажаннями досягти такого ж стану злиття з Творцем, а рішення і його результат відчуваються відразу.

Впевненість, почуття безпеки є наслідком впливу навколишнього світла («ор макіф»), відчуття Творця в теперішньому. Але оскільки людиною ще не створені належні виправлені властивості, Творець відчувається не у вигляді внутрішнього світла («ор пнімі»), а у вигляді оточуючого світла.

Упевненість і віра – схожі поняття. Віра являє собою психологічну готовність страждати. Адже немає перешкоди перед бажанням, крім браку терпіння докладати зусилля та втоми. Тому сильним є той, хто відчуває в собі впевненість, терпіння й сили страждати, а слабкий, відчуваючи відсутність терпіння в стражданнях, здається вже на самому початку тиску страждань.

Для досягнення відчуття Творця необхідні розум і сила. Відомо, що для досягнення того, що високо цінується потрібно докласти багато зусиль, зазнати багато страждань. Сума зусиль визначає в наших очах цінність набутку. Міра терпіння свідчить про життєву силу людини. Тому до 40-річного віку людина перебуває в силі, а потім, у мірі зменшення тваринної сили, зменшується її можливість вірити в себе, – поки впевненість й віра в себе не зникають зовсім в момент, коли людина йде з цього життя.

Оскільки кабала являє собою Вищу мудрість та вічне надбання, – на відмінність від усіх інших набутків цього світу, – зрозуміло, що вона потребує найбільших зусиль, тому що «придбаває» світ, а не щось тимчасове. Осягнувши кабалу, людина осягає джерело всіх наук в їх істинному, повністю розкритому вигляді. Вже одне це може дати уявлення про міру необхідних зусиль, оскільки ми знаємо, скільких зусиль потребує засвоєння однієї науки в наших нікчемних рамках її розуміння.

Воістину надприродні сили для опанування кабалою людина отримує згори, і за їх допомогою вона набуває достатньої сили терпіти страждання на цьому шляху. І з'являються в неї впевненість в собі та життєві сили самій прагнути на собі осягти кабалу. Але для подолання всіх перешкод без явної (не явно Творець підтримує життя в кожному) допомоги Творця не обійтись.

Сила, що визначає готовність людини до дій, називається вірою. Хоча на початку шляху у людини немає здатності відчути Творця, з огляду на відсутність альтруїстичних властивостей, але з'являється відчуття наявності вищого всесильного управителя світом, до котрого вона іноді звертається в моменти абсолютної безпорадності, – інстинктивно, всупереч антирелігійному вихованню і світогляду.

Ця особлива властивість нашого тіла передбачена Творцем, аби ми могли з нашого стану абсолютного утаєння Творця почати поступово розкривати Його для себе.

Ми бачимо, як покоління вчених розкривають нам таємниці природи. Якби людство доклало подібних зусиль в осягненні Творця, Він би розкрився нам не меншою мірою, ніж таємниці природи, тому що всі шляхи пошуків людства проходять через освоєння таємниць природи світу. Та щось не чутно про вчених, які б досліджували сенс мети творіння, а навпаки, – як правило, вони заперечують Віще управління.

Причина в тому, що в них Творцем вкладена сила розуму та здібність тільки до матеріальних пошуків й винаходів. Але саме тому, з іншого боку, закладена в нас Творцем інстинктивна віра всупереч усім наукам. Природа й всесвіт постають перед нами так, що заперечують наявність Вищого управління, і тому вчений не володіє природною силою віри.

Додаткова причина в тому, що суспільство очікує від ученого матеріальних результатів його праці, і він інстинктивно підкоряється цьому. І оскільки найбільш цінні речі в світі існують в мінімальній кількості та розшукуються з великими труднощами, а розкриття Творця – найбільш складне з усіх відкриттів, вчений автоматично уникає невдачі.

Тому єдиний шлях наближення до Творця полягає в тому, щоби усупереч розумінню більшості зростити в собі почуття віри. Сила віри не є більшою, ніж інші сили в природі людини, тому що всі вони є наслідком світла Творця. Але особливість цієї сили в тому, що вона здатна привести людину до приторку з Творцем.

Осягнення Творця є подібним до здобуття знань: спочатку людина працює над вивченням й осягненням, а потім, осягнувши, застосовує. І так завжди – важко на початку, а плоди пожинає той, хто досягнув мети, вийшов у духовний світ: з безмежною насолодою відчуття Творця людина осягає абсолютне пізнання усіх світів та їхніх мешканців, кругообіг душ у всіх часах-станах від початку творіння до його кінця.

Альтруїстичне діяння визначається відторгненням особистої насолоди з огляду на усвідомлення величі мети творіння, виходу з егоїзму. Полягає воно в тому, що на насолоду, яка приходить у вигляді духовного світла, людина ставить обмеження, екран («масах»), котрий відштовхує насолоду назад до джерела. Цим людина добровільно обмежує можливість насолоди і тому готова сама визначати причину її прийняття: не заради втіхи егоїзму, а заради мети творіння, бо Творець бажає її насолоди, і вона, зазнаючи насолоди, завдає насолоди Творцеві. Причому міру насолоди людина визначає відповідно до сили волі протистояти прямій насолоді від світла, а насолоджується тим, що надає насолоди Творцеві.

У такому випадкові дія людини й дія Творця збігаються, і людина додатково відчуває величезну насолоду від збігу своїх властивостей з властивостями Творця, від величі, сили, могутності, абсолютного знання, безмежного існування.

Ступінь духовної зрілості визначається величиною екрана, котрий може спорудити людина на шляху егоїстичної насолоди: чим більша сила протидії особистим інтересам, тим вищий ступінь й отримуване «заради Творця» світло.

Всі наші органи чуттів влаштовані подібним чином: тільки від контакту звукової, зорової, нюхової та іншої інформації з нашими органами чуттів виникають відчуття та сприйняття. Без зіткнення сигналу з обмеженням на шляху його розповсюдження не може бути його відчуття, сприйняття. Зрозуміло, – за цим же принципом діють і всі вимірювальні прилади, тому що закони нашого світу – не більш як наслідки духовних законів.

Тому, як прояви нового в нашому світі явища, так і перше розкриття Творця та й кожне додаткове відчуття Його залежать тільки від величини межі, котру людина спроможна створити. Ця межа у духовному світі називається судиною, клі. А осягається не саме світло, а його взаємодія з межею його поширення, що є похідною від його впливу на духовне клі людини, як і в нашому світі, – ми осягаємо не саме явище, а результат його взаємодії з нашими органами чуттів чи з нашими приладами.

Деяку частину себе Творець наділив егоїстичним бажанням насолоди, яке створене Ним же. Внаслідок цього ця частина перестала відчувати Творця і відчуває лише саму себе, свій стан, своє бажання. Ця частина називається душею. Ця егоїстична частина міститься в самому Творці, бо тільки Він існує, й немає незаповненого Ним місця; але позаяк егоїзм відчуває лише свої бажання, – він не відчуває Творця. Мета творіння полягає в тому, щоб своїми силами, своїм вибором ця частина воліла повернутися до Творця, – знову стати подібною до Нього за властивостями.

Творець повністю керує доведенням цієї егоїстичної частини до злиття з Ним. Але це керування ззовні не є відчутним. Бажанням Творця є прояв (з Його прихованою допомогою) з середини самого егоїзму бажання зблизитися з Ним. Для полегшення цього завдання Творець розбив егоїзм на 600 тисяч частин. Причому, кожна з них вирішує завдання відмови від егоїзму поступово, послідовним усвідомленням егоїзму як зла, у процесі багаторазового отримання егоїстичних властивостей та страждань від них.

Кожна із 600 тисяч частин душі називається душею людини. Період поєднання з егоїзмом називається людським життям. Тимчасове переривання зв'язку з егоїзмом зветься існуванням у вищих духовних світах. Момент отримання душею егоїстичних властивостей називається народженням людини в нашому світі. Кожна із 600 тисяч частин спільної душі зобов'язана у підсумку послідовних злиттів з егоїзмом віддати перевагу перед ним властивостям Творця та злитися з Ним, незважаючи на наявність егоїзму в ній, – тобто ще перебуваючи в людському тілі.

Поступове досягнення збігу за властивостями, поступове наближення душі до Творця називається духовним підйомом. Духовний підйом відбувається по ступенях, що називаються сфірот (сфіра). Всього від початкового, найбільш егоїстичного стану і до останнього ступеня подоби з Творцем духовні сходи складається із 125 сходин, сфірот. Кожні 25 сфірот становлять завершений етап, що називається «світ». Отже, крім нашого стану, що називається «нашим світом», є 5 світів. Таким чином, ми бачимо, що мета егоїстичної частини – досягти властивостей Творця, будучи в нас, в цьому світі, щоби попри наш егоїзм ми в цьому світі відчували Творця в усьому та в собі.

Бажання злиття – це природне споконвіку створене, – тобто таке, що не потребує жодних передумов й висновків, – знання необхідності злиття з Творцем. Те, що в Творці є вільним бажанням, в

Його створінні діє як природний зобов'язуючий закон, бо Він створив природу за Своїм наміром, і кожен закон природи є Його бажанням бачити такий лад.

Тому всі наші «природні» інстинкти й бажання походять безпосередньо від Творця, а всі висновки, які потребують розрахунку та знань, є плодом нашої діяльності. Якщо людина бажає досягти повного злиття з Творцем, вона мусить сама довести це бажання до інстинктивного знання, наче воно отримане нею з її природою від Творця.

Закони духовних бажань такі, що немає місця для неповних бажань, для часткових, в котрих є сумніви або місце для сторонніх бажань. Тому Творець дослухається лише до такого прохання, котре йде з самої глибини почуттів людини, відповідає повному бажанню духовної судини на тому рівні, на котрому перебуває людина. Але процес створення в серці людини такого прохання відбувається повільно і, непомітно для людини, накопичується вище її розуміння.

Творець об'єднує всі маленькі молитви людини в одну, та по отриманні остаточної, необхідної сили прохання про допомогу Він допомагає людині.

Так само і людина, – потрапляючи у сферу дій світла Творця («ейхаль»), відразу ж отримує все тому, що Той, Хто дає, є вічним та не робить розрахунків, що залежать від часу й круговертів життів. Тому найменший духовний ступінь дає повне відчуття вічного. Але оскільки людина ще й потім переживає духовні підйоми та падіння, то перебуває в обставинах, що звуться «світ», «рік», «душа», бо, перебуваючи в русі, ще не закінчивши свого виправлення, душа має потребу в місці для руху, що називається «світ», і сума її рухів відчувається як час, що називається роком.

Навіть найнижчий духовний ступінь вже дає відчуття повної довершеності, – настільки, що людина лише вірою вище розуму осягає, що її стан – це всього лише «духовні відходи» більш високого духовного ступеня. І тільки повіривши в це, вона може піднятися ще вище, – на той духовний рівень, в котрий повірила і котрий звеличила в своїх очах більше за своє відчуття досконалості.

Наше тіло настільки автоматично діє за законами своєї егоїстичної природи і за звичкою, звиканням, що якщо людина постійно казатиме собі, що бажає тільки духовного піднесення, то, врешті решт, запрагне цього, тому що тіло через такі вправи прийме це бажання як природне (звичка – друга натура).

У стані духовного падіння належить вірити у сказане: «Ісраель у вигнанні, – Творець с ними» («Ісраель ше галу, шхіна імахем»). Коли людина в апатії та почутті безнадії, то їй здається, що і в духовному немає ніякої привабливості, що все перебуває на тому рівні, на якому вона зараз. Тому потрібно вірити, що це її особисте відчуття внаслідок того, що вона у духовному вигнанні («ґалут»), і тому Творець також сходить у вигнання, – не відчувається.

Світло, яке поширюється від Творця, проходить чотири стадії до створення егоїзму. І лише остання, п'ята стадія (малхут) називається створінням, тому що відчуває свої егоїстичні бажання зазнати насолоди світлом Творця. Тому перші чотири стадії – це властивості самого світла, котрими він нас створює. Найвища властивість, властивість першої стадії, – бажання завдати насолоди майбутньому створінню, – сприймається нами за властивість Творця.

Егоїстичне створіння (п'ята стадія розвитку) бажає протистояти своїй егоїстичній природі та бути подібним до першої стадії. Воно намагається це зробити, але це вдається лише почасти.

Егоїзм, який здатний хоча б у деякій свої частині протистояти собі й бути подібним до першої стадії, зветься (світ) Олам Адам Кадмон.

Егоїзм, котрий може бути подібним до другої стадії, називається (світ) Олам Ацилут.

Егоїзм (частина п'ятої стадії), котрий вже не може бути подібним ні до першої, ні до другої стадії, а тільки до третьої, – зветься (світ) Олам Брія.

Егоїзм (частина п'ятої стадії), котрий не має сил протистояти собі, щоб бути подібним чи до першої, чи до другої, чи до третьої стадії, а може бути подібним лише до четвертої стадії розвитку світла, називається (світ) Олам Єцира.

Частина п'ятої стадії, що залишилася, котра не має сил бути подібною ні до одної із попередніх стадій, а може тільки пасивно опиратися егоїзму, відмежувати себе від отримання насолоди й не більше (дія, яка є зворотною першій стадії), зветься (світ) Олам Асія.

У кожному зі світів є п'ять підступенів, що називаються «парцуфім»: Кетер, Хохма, Біна, Зеїр Анпін, Малхут. Зеїр Анпін складається із 6 підсфірот: хесед, гвура, тіферет, нецах, год, єсод.

Після створення п'яти світів був створений наш матеріальний світ, що міститься нижче світу Асія, та людина в ньому. В людині закладена невелика порція егоїстичної властивості п'ятої стадії. Якщо людина піднімається у своєму духовному розвиткові знизу вгору всередині світів, то частина егоїзму, що міститься в ній, а також всі ті частини світів, котрі вона використовувала для свого підйому, стають подібними до першої стадії, властивостей Творця. Коли вся п'ята стадія стане подібною до першої, всі світи прийдуть до мети творіння.

Духовним коренем часу й місця є відсутність світла в спільній душі, де духовні підйоми і спуски дають відчуття часу, а місце майбутнього заповнення світлом Творця дає відчуття простору в нашому світі.

На наш світ послідовно діють духовні сили і дають відчуття часу з огляду на зміненння свого впливу. Оскільки два духовних об'єкти не можуть бути як один, відрізняючись своїми властивостями, то вони діють один за одним, спочатку більш високий, а потім нижчий і т.д., що дає в нашому світі відчуття часу.

Для успішної роботи щодо виправлення егоїзму в нас створені три інструменти: почуття, розум і уява.

Духовний матеріал і форма: матеріал являє собою егоїзм, а форму його визначають сили, що йому протистоять, за аналогією з нашим світом.

Насолода і страждання визначаються нами, відповідно, як хороше і погане. Але духовні страждання є єдиним джерелом розвитку і просування людини. Духовне спасіння являє собою досконалість, що отримувана на основі сильних негативних відчуттів, які сприймаються як жадано-солодкі, оскільки ліва лінія повертається до правої, чим самі нещастя, страждання й тиск перетворюються на радість, насолоду і духовний простір.

Причина полягає в тому, що в кожному об'єкті існують дві протилежних основи – егоїзм й альтруїзм, що відчуваються як віддалення або зближення з Творцем. Цьому є багато прикладів у Торі: жертвопринесення Іцхака, жертвопринесення в Храмі тощо. (Жертвування – «курбанот», від слова «каров» – зближення.)

П‍рава лінія являє собою саму суть духовного об'єкта, у той час як ліва лінія є лише тією частиною егоїзму, котру він може використати, приєднавши до своїх альтруїстичних намірів.

Б‍агато чорнил витрачено філософами в дискусіях щодо непізнаванності Творця. Кабала, як наука, заснована на особистому експерименті кабалістів, пояснює: як ми можемо говорити про пізнаванність Творця, якщо не пізнаємо Його? Тому спочатку слід усвідомити, що мається на увазі під поняттям непізнаванності, або поняттям безкінечності, – яким чином ми можемо стверджувати те, що розуміємо ці категорії.

Ясно, що якщо ми говоримо навіть про пізнання Творця, то під цим розуміємо лише сприйняття нашими органами чуттів і розумом того, що ми досліджуємо, подібно до досліджень нашого світу. Крім того, ці поняття повинні бути доступними кожному в нашому світі, подібно до будь-якого іншого пізнання, а тому повинно бути в цьому пізнанні дещо цілком відчутне й реальне, що сприймається нашими органами чуттів.

Відмінність пізнання духовних об'єктів і самого Творця від пізнання об'єктів нашого світу – в зсуві рубежів відчуття. Найближчий рубіж сприйняття – в органах тактильних чуттів, коли ми безпосередньо торкаємося зовнішньої межі досліджуваного об'єкта. У слуховому відчутті ми вже не дотикаємося з самим об'єктом взагалі, а дотикаємося з проміжним, передатним, третім об'єктом, наприклад, повітрям, що мав контакт із зовнішньою межею досліджуваного об'єкта, – голосовими зв'язками людини або коливальної поверхні, яка передає нам звукову хвилю.

Так і духовні органи чуттів призначені для відчуття Творця. Відчуття дотику, подібне до тактильного, із зовнішньою границею називається пророчим баченням, а відчуття, опосередковане якимось середовищем, що в свою чергу контактує із зовнішньою границею того, що осягається, подібно до слухового відчуття, називається пророчим слухом.

Пророчий зір вважається явним знанням (як у нашому світі ми бажаємо побачити і вважаємо це найповнішим осягненням об'єкта) – тому, що ми маємо безпосередній контакт зі світлом, що походить від самого Творця.

Пророчий слух (голос Творця) визначається кабалістами як неосяжне, на відмінність від пророчого зору, – подібно до того, як чуємо звукові хвилі, – бо відчуваємо сигнали проміжного духовного об'єкта від його дотикання із зовнішньою межею Творця. Хвилі, як і у випадку пророчого зору, сприймаються всередині нашої свідомості як звукові.

Кабаліст, який заслужив пророче осягнення Творця, спочатку сприймає Його своїм фізичним зором або слухом і обмірковує, причому усвідомлення побаченого дає повне пізнання, а сприйняте за допомогою слуху дає усвідомлення непізнаванності.

Але як у нашому світі навіть одного слуху достатньо для відчуття властивостей об'єкту пізнання (навіть сліпа від народження людина чудово відчуває чимало властивостей людей довкола), так і духовне пізнання за допомогою слуху є достатнім. Тому, що всередині духовної інформації, яка надходить, міститься решта всіх скритих властивостей...

Заповідь пізнання Творця зводиться до Його відчуття на основі духовного зору і слуху до такої міри, щоб людині було абсолютно ясно, що вона перебуває в повному зоровому і слуховому свідомому контакті з Творцем, що називається лицем до лиця.

Творіння і управління відбувається завдяки двом протилежним явищам: прихованню могуття Творця і поступовому Його розкриттю, – в тій мірі, в котрій створіння можуть Його відчути у своїх виправлених властивостях. Тому в івриті є ім'я Творця «Мааціль» (від слова «цель» – тінь), і «Боре» (від слів «бо ре» – прийди й дивись). Від цих слів, відповідно, походять імена світів Ацилут і Брія.

Ми не в силах усвідомити істинну картину творіння, а лише відчуваємо нашими почуттями, – як матеріальними, так і духовними. Все, що існує, ділиться в нашому розумінні на порожнечу й наявність, хоча стверджують вчені мужі, що немає взагалі такого поняття, як порожнеча. І дійсно, це поняття вище нашого розуміння, бо навіть відсутність чогось ми повинні сприйняти своїми почуттями.

Але ми можемо відчути порожнечу або відсутність чого б то не було, якщо уявимо відношення до нас після нашої смерті того, існує в цьому світі. Але навіть і за нашого життя в цьому світі ми відчуваємо ту ж картину, – що все, що перебуває поза нашим тілом, неначе відсутнє та взагалі не існує.

Істина в тому, що якраз навпаки: саме те, що перебуває поза нами, є вічним й існуючим, і лише ми самі – ніщо та й зникаємо в ніщо.

Ці два поняття в нас є абсолютно неадекватними тому, що наше відчуття говорить нам про те, що все, що існує, зв'язане з нами і лише в цих рамках існує, – з нами і в нас, – а все, що поза нами, не має ніякої вартості. Але об'єктивний розум стверджує протилежне, що ми нікчемні, а все, що нас оточує, вічне.

Нескінченно мала порція Вищого світла, що міститься в усіх об'єктах неживої й живої природи та визначає їхнє існування, називається малою свічкою («нер дакік»).

Заборона розкривати таємниці Тори викликана тим, щоб не з'явилося нехтування кабалою. Тому, що непізнаванне викликає повагу та уявляється цінністю. Адже така природа людини, що будучи бідняком, цінує копійку, а в очах володаря мільйона втрачає ця сума колишню цінність, і тільки два мільйони цінуються, і т.п.

Також і в науці, – все, що іще не пізнане, викликає повагу і видається цінним, та щойно осягнула, – відразу втрачається цінність осягнутого, і людина женеться за ще не осягнутим. Тому не можна розкривати таємниці кабали масам, бо почнуть нехтувати. Але кабалістам можна розкривати, оскільки прагнуть пізнати все більше, – як і вчені нашого світу; та хоча нехтують своїм знанням, – саме це викликає в них прагнення пізнати ще не осягнуте. І тому весь світ створений для тих, хто прагне осягти таємниці Творця.

Ті, хто відчувають й осягають світло життя, що йде від Творця («ор хохма»), в жодному разі не осягають при цьому самого Творця, Його суть. Та не слід помилятися в тому, що ті, хто осягають духовні ступені та їхнє світло, осягають лише світло, бо не можна осягти щонайменшого духовного ступеня, якщо не осягнув кабаліст у відповідній мірі Творця та Його властивості відносно нас.

У нашому світі ми пізнаємо наших знайомих за їхніми діяннями й проявами щодо нас та інших. Після того, як ми познайомилися з діями людини, з проявами його доброти, заздрості, злості, поступливості тощо стосовно різних осіб, ми можемо стверджувати, що знаємо його. Так само й кабаліст, – після того як осягає всі дії і прояви Творця в них, Творець розкривається йому в абсолютно пізнаваному вигляді через світло.

Якщо ступені і випромінюване ними світло не несуть в собі можливості осягнення «самого» Творця, то ми називаємо їх нечистими («кліпа», «сітра ахра»). («Самого» – мається на увазі, як і в нашому світі, – що ми отримуємо уявлення про когось за його діями і не відчуваємо при цьому потреби пізнати щось іще, оскільки те, що взагалі не осягається нами, не викликає в нас інтересу і потреби осягти.)

Нечисті сили («кліпа», «сітра ахра») – це сили, що володарюють над людиною, аби не дозволити їй повністю втішитися кожною насолодою, що до неї приходить, але щоби людина вдовольнилася малим: аби сказала собі, що досить їй того, що знає, як зрізати верхню частину, шкаралупу з плоду і залишає найголовніше. Тому розум людини не може зрозуміти змісту роботи заради Творця через дію цих нечистих сил, що не дозволяють зрозуміти прихований смисл у Торі.

У духовному об'єкті світло, що заповнює його верхню половину (до табур), називається минуле, світло, що заповнює нижню частину (сіюм), називається теперішнє, оточуюче світло, яке ще не увійшло, але очікує своєї черги розкритися, називається майбутнє.

Якщо людина духовно впала, збільшились її егоїстичні бажання, то падає в її очах важливість духовного. Але духовне падіння вона отримує згори зумисне, щоби зрозуміла, що перебуває все ще у духовному вигнанні, що підштовхне її до молитви про спасіння.

Вигнання («ґалут») – поняття духовне. Матеріально людина звичайно відчуває себе в ґалуті краще, ніж в Ізраїлі, – настільки, що бажає повернутися в ґалут зновy. Бо не може бути визволення, повернення з ґалуту («геула») фізичного без духовного. Тому ми і сьогодні ще перебуваємо в ґалуті, про що свідчать і наші поступки сусідам, і втеча молоді з країни, і наше бажання наслідувати всьому світові.

Але не знайдемо спокою, доки не піднімемо над усе наше вище призначення – духовне визволення як нас самих, – усього народу, – так і всього людства.

Ґалут – це не фізичне поневолювання, котрого зазнали всі народи за свою історію. Ґалут – це поневолювання кожного з нас нашим злісним ворогом – егоїзмом, причому поневолювання настільки витончене, що людина не сприймає того, що постійно працює на цього хазяїна, зовнішню силу, що вселилася в нас і диктує нам свої бажання. А ми, наче навіжені, не усвідомлюємо цього і з усіх сил намагаємося виконати всі його вимоги. Воістину наш стан є подібним до стану душевнохворого, що сприймає голоси, які ввижаються лише йому, за накази або за своє істинне бажання, та й виконує його.

Справжній наш ґалут – це вигнання з духовного, неможливість бути в контакті, відчувати Творця та працювати на Нього. Саме відчуття цього ґалуту і повинно бути умовою виходу, визволення із нього.

Спочатку тіло згодне вивчати кабалу й докладати зусиль в засвоєнні духовного тому, що бачить певні вигоди в духовних знаннях, але коли починає трохи усвідомлювати, що значить справжня робота «заради Творця», і повинна просити свого визволення, – людина відштовхує таке спасіння, переконуючи себе, що не зможе мати успіх у подібній роботі. І знову стає рабом свого розуму, тобто повертається до ідеалів матеріального життя. Порятунок з такого стану може бути тільки в дії шляхом віри вище знання.

Але духовне падіння не означає, що втрачена віра. Додатковим розкриттям егоїзму дає Творець можливість докласти додаткового зусилля і збільшити таким чином віру. Колишній рівень віри людини не зникнув, але відносно нової роботи людина відчуває його як падіння.

Наш світ створений подібним до духовного, лише – з егоїстичного матеріалу. Із навколишнього світу ми можемо багато взнати, якщо не про властивості духовних об'єктів, то про їхні взаємозв'язки, за аналогією з нашим світом.

Є і в духовному світі такі поняття: світ, пустеля, поселення, країни, Ізраїль. Всі духовні дії (заповіді) можна виконувати на будь-якому рівні, навіть ще не досягнувши рівня Ізраїль, окрім заповідей любові і страху. Вони розкриваються тільки тому, хто осягнув рівень Ерец Ісраель.

Усередині рівня Ерец Ісраель є підрівень, що зветься Єрушалаїм, від слів «їра» (страх) та «шалем» (довершений), – бажання відчуття трепоту перед Творцем, що допомагає звільнитися від егоїзму.

Людина мимоволі виконує дії для підтримки життя тіла. Наприклад, навіть будучи хворою і не маючи бажання їсти, примушує себе, знаючи, що без цієї роботи не буде здоровою. Але це завдяки тому, що в нашому світі винагорода та покарання є явними для всіх, і тому всі виконують закони природи.

Але, незважаючи на те, що наша душа хвора і видужати може тільки від приймання «ліків», – виконання альтруїстичних зусиль, – людина, не бачачи явних винагороди й покарання, не може примусити себе зайнятися лікуванням. Тому зцілення душі цілком залежить від віри людини.

Нижня половина вищого духовного об'єкта міститься всередині верхньої половини нижчого (АХАП де-еліон міститься всередині ГЕ де-тахтон). У нижньому об'єкті екран розташований в його «очах» («масах» у «ніквей ейнаїм»). Це називається духовною сліпотою («стімат ейнаїм»), адже в такому стані бачить, що й у більш високого є всього лише половина – АХАП. Виходить, що екран нижчого приховує від нього більш високий об'єкт.

Якщо вищий об'єкт передає свій екран нижчому, то цим розкриває себе нижньому, котрий починає бачити більш високого так, як той бачить себе. Від цього нижчий отримує стан «повний» («гадлут»). Нижчий бачить, що більш високий перебуває у «великому» стані, і усвідомлює, що колишнє приховання себе більш високий здійснював зумисне задля користі більш низького: таким чином більш низький отримує відчуття важливості більш високого.

Всі послідовні стани, котрих людина зазнає на своєму шляху, є подібними до того, наче Творець дає хворобу, від котрої сам же згодом виліковує. Але те, що людина сприймає як хворобу, безнадію, безсилля й безвихідь, якщо сприймає ці переживання як волю Творця, – перетворюється на стадії виправлення і наближення до злиття з Творцем.

Щойно світло Творця входить в егоїстичне бажання, воно відразу ж схиляється перед світлом і готове перетворитися на альтруїзм.

(Не раз мовлено, що світло в егоїстичне бажання увійти не може, але є два види світла – світло, що надходить для виправлення бажань, і світло, що несе насолоду, і в даному випадку йдеться про світло, яке несе виправлення.)

А оскільки світло входить в бажання, вони змінюються на протилежні. Так найбільші наші гріхи обертаються на заслуги. Але це відбувається лише за умови повернення до Творця з любові («тшува мі агава»), – коли можемо отримати все світло Творця не заради себе («ҐАР де-хохма»), – лише тоді всі наші колишні діяння (бажання) стають судинами для отримання світла.

Але такого стану не може бути до загального виправлення («ґмар тікун»). А до цього можливе отримання лише частини світла Творця (ВАК де-хохма) не заради себе, за принципом середньої лінії («кав емцаї»).

Є кілька видів отримання: отримання милостинею, подарунком, силою (вимагаючи, вважаючи, що йому належить). Отримуючи милостиню, людина соромиться, але просить. Подарунок не просять, його дають тому, кого люблять. Силою вимагає той, хто не вважає, що отримує як милостиню чи як подарунок.

Так відчувають себе у своїх вимогах праведники, вимагаючи від Творця, як борг, що їм належить, призначений їм ще у замислі творіння, і тому сказано: «праведники беруть силою».

Авраам (права лінія, віра вище розуму) зв'язав і готовий принести в жертву Іцхака (ліву лінію, розум, контроль свого духовного стану), аби постійно йти тільки в правій лінії. Внаслідок цього піднявся до середньої лінії, яка включає обидві. Тому що є велика відмінність у тому, – чи йде людина тільки у вірі вище розуму.

Проста віра – це безконтрольна віра і називається, звичайно, вірою нижче від розуму. Віра, яка перевіряється розумом, називається вірою всередині розуму. Але віра вище розуму можлива тільки після аналізу свого стану. І якщо людина бачить, що не досягла нічого, та все ж таки віддає перевагу вірі, – наче все в неї є, – і так аж до найбільш критичного стану («месірут нефеш»), то це називається вірою вище розуму тому, що людина зовсім не бере до уваги свій розум, – і тоді вона удостоюється середньої лінії.

Є три лінії духовної поведінки – права, ліва, та їхнє поєднання – середня; та якщо є у людини лише одна лінія, то її не можна назвати ні правою, ані лівою, оскільки лише наявність двох протилежних ліній виявляє, яка із них є правою, а яка – лівою.

І є просто пряма лінія, що називається почуттям довершеності, котрою іде вся віруюча маса, – тобто один шлях, за законами якого виховується і потім усе життя діє людина. І кожен точно знає, у відповідності зі своїм розрахунком, скільки зусиль він мусить докласти, аби відчути, що зробив у Торі те, що повинен, – віддав свій борг. І тому кожен відчуває вдоволення від своєї роботи в Торі. А, крім того, відчуває, що кожний день, який він прожив, додає йому додаткових заслуг, пільг, бо виконав ще кілька заповідей. Тому ця лінія поведінки називається прямою, – з неї не може збочити людина, тому що призвичаєна з дитинства чинити так, без контролю й самокритики. І тому йде прямо все життя і кожного дня додає до своїх заслуг.

Той, хто йде правою лінією, повинен пробити усе так само, як і той, хто йде по прямій. З тією лише різницею, що у тих, хто йде прямою лінією, відсутня самокритика їхнього духовного стану. Ті ж, хто йдуть правою лінією, із зусиллям долають кожен крок, оскільки ліва лінія нейтралізує праву, пробуджуючи жагу духовного, і тому немає вдоволення у своєму духовному стані.

Той, хто йде прямою лінією, не піддає критиці свій стан, а постійно додає до своїх попередніх заслуг нові, бо є йому на що опертися, тоді як ліва лінія стирає всі минулі зусилля.

Головне для відчуття насолоди – це жага насолоди, що називається в кабалі судиною. Величина цієї судини вимірюється відчуттям нестачі насолоди. Тому, якщо є одна і та ж насолода у двох судин-людей, то один може при цьому відчувати себе абсолютно насиченим нею, а другий – відчувати, що немає у нього нічого і перебувати в глибокому смутку.

В книзі «Адір бе Маром» (стор. 133) великий каббаліст Луцато пише: «…Тора – це внутрішній зміст (світло Тори – це «пніміют») і включає роботу людину як зовнішнє («аводат ашем – клі ле ор Тора»). А знання мудреців відносяться до зовнішньої частини («хохмот хіцонійот») і зовсім не належать до Тори». Людина повинна прагнути жити даною миттю, взявши знання з минулих станів та йдучи вірою вище розуму в сьогоденні, і вона не потребує майбутнього.

Осягнення Ерец Ісраель і, як наслідок цього, розкриття Творця («ашрат шхіна») дається тому, хто досягнув духовного рівня, званого Ерец Ісраель. Для цього необхідно відірвати від себе три нечисті сили («шалош кліпот тмеот», що відповідає духовному обрізанню свого егоїзму) та добровільно прийняти на себе умову скорочення (цимцум), яке визначає, що до егоїзму світло не увійде.

Там, де в кабалі сказано «не можна», – мається на увазі – неможливо, навіть якщо бажає. Але мета в тому, щоби не хотіти.

Якщо людина працює на якійсь роботі годину в день і не є знайомою з робітниками, які вже отримали винагороду за свою працю, – вона непокоїться, чи виплатять їй зарплатню, але набагато менше, ніж той, хто працює по десять годин. В останнього віра в хазяїна повинна бути набагато більшою, і він більше страждає від того, що не бачить, як інші отримують винагороду.

А якщо бажає працювати день і ніч, то ще більше відчуває скритість хазяїна та винагороди, тому що є велика потреба знати, – чи отримає винагороду, як йому обіцяно.

Але ті, хто йдуть вірою вище знання, – розвивають в собі величезну потребу в розкритті Творця і, відповідно, можливість протистояти розкриттю, – тоді Творець розкриває перед ними всі світобудову.

Єдина можливість не використовувати егоїстичні бажання – це йти шляхом віри. Тільки якщо людина відмовляється бачити і знати, боячись позбутися можливості працювати альтруїстично, внаслідок отримання сильних почуттів та знань, вона може почати їх отримувати в тій мірі, в якій вони їй не заважають продовжувати йти шляхом віри.

Таким чином, видно, що суть роботи не заради себе зв'язана з необхідністю вийти з обмежених егоїстичних можливостей насолоди, щоби придбати не обмежені нічим можливості зазнавати насолоду поза вузькими рамками тіла. І такий духовний «орган» відчуття називається вірою вище знання.

А той, хто досягнув такого рівня духовного розвитку, що здатний виконувати роботу без усякої винагороди для егоїзму, набуває збіжності властивостей, а, отже, зближення (тому що в духовних світах лише відмінність властивостей відокремлює об'єкти, а інших понять місця й відстані немає) з Творцем та відчуває безмежні насолоди, які не обмежені почуттям сорому за милостиню.

Відчуття невидимої «хмари» Вищого Розуму, що заповнює весь простір всесвіту, наскрізь пронизує все та управляє всім, дає людині справжнє почуття опори і впевненості. Тому віра є єдиною протидією егоїзму. Але не тільки від внутрішнього егоїзму рятує віра, а й від зовнішнього, оскільки сторонні можуть нашкодити лише зовнішнім, але не внутрішнім осягненням.

Природа людини є такою, що в ній є сили робити лише те, що усвідомлює і відчуває. І це називається – всередині розуму. Вірою називається вища, надприродна сила, бо дає можливість діяти навіть у тому випадку, коли людина ще не відчуває і не розуміє всієї суті своїх дій, – тобто сила, що є незалежною від особистого інтересу, егоїзму.

Мовлено: там, де стоїть той, хто повертається («бааль тшува»), абсолютний праведник не може стояти. Коли вчиться, називається абсолютним праведником. Коли не в змозі вчитися, називається грішником. Але якщо пересилює себе, то називається «той, хто повертається». А оскільки весь наш шлях тільки назустріч меті творіння, то кожний новий стан є вищим за попередній. І тому новий стан «того, хто повертається» є вищим за колишній стан праведника.

Є два види повернення – в дії та в думках. Повертання в дії – людина, яка досі не виконувала всі вимоги у повному обсязі, намагається виконувати все (навчання, молитви, заповіді), але це – тільки в дії («маасе»), а не в думках про те, – для чого вона це виконує («кавана»).

Повернення в думках відбувається, якщо раніше виконував усе, але тільки з метою мати користь для себе, а тепер виправляє свій намір на протилежний, аби його вчинки мали альтруїстичні наслідки. Звідси зрозуміло, що є робота в дії, котру видно всім, і є робота в думках, яку ніхто не бачить. І ці два види роботи називаються відкритим («нігле») та прихованим («ністар»).

Творець сприймається нами як світло насолоди. В залежності від властивості й міри чистоти нашої альтруїстичної судини, – органа відчуття духовного світла, – світло Творця сприймається по-різному. Тому, хоча світло одне, але в залежності від нашого відчуття ми називаємо його різними іменами, – за його впливом на нас.

Є два види світла Творця: світло знання, розуму, мудрості («ор хохма») та світло милосердя, впевненості, злиття («ор хасадім»). У свою чергу ор хохма розпізнається у двох видах за своїм впливом на людину: спочатку (коли воно приходить) людина усвідомлює своє зло, а потім (коли людина усвідомила своє зло і знає, що не можна використовувати свій егоїзм) те ж світло дає сили в ті ж егоїстичні бажання, щоб працювати (зазнавати насолоду) з ними не заради себе. А потім, коли вже є сили переробити егоїзм, то це світло дає можливість виправленим, колишнім егоїстичним бажанням зазнавати насолоду від альтруїзму («лекабель аль-менат леашпіа»).

Ор хасадім дає нам інші бажання – «давати» замість того, щоб «брати» насолоди; тому із 320 невиправлених бажань душі (поступово їх відчувають по мірі духовного піднесення, – як поступово людина осягає всю глибину свого зла і здригається від розуміння, хто ж вона така) під дією ор хохма відокремлюються 32 частини малхут – бажання самонасолоди, тому що людина виявляє, що егоїзм – її найбільш злісний ворог.

Решта 288 бажань не мають ні егоїстичної, ані альтруїстичної спрямованості, це просто відчуття (типу слуху, зору тощо), котрі можна застосовувати як завгодно, в залежності від зробленого вибору, – для себе або заради інших.

Тоді під дією ор хасадім в людини з'являється бажання альтруїстично працювати з усіма 288 відчуттями. Це відбувається внаслідок заміни 32 егоїстичних бажань на 32 альтруїстичні.

Виправлення під дією світла (або Тори, що одне і те ж, тому що Тора і є Вищим світлом Творця) відбувається без відчуття насолоди від нього. Людина відчуває тільки різницю властивостей між своїм егоїзмом та величчю світла. Цього одного достатньо для прагнення вирватися з тілесних бажань. Тому сказано: «Я створив в вас егоїстичні поривання і тому сотворив Тору».

Але потім, виправивши свої бажання, людина починає приймати світло заради втіхи Творця. Це світло, тобто ця Тора називається іменами Творця, тому що людина отримує в себе, в свою душу частину Творця і за своїми насолодами від світла дає Творцю імена.

Увійти в духовний світ («олам тікун») можна лише набувши властивість все віддавати («ор хасадім», «хафец хесед»). Це мінімальна й необхідна умова, щоби ніякі егоїстичні бажання вже не змогли спокусити людину і тому нашкодити їй, оскільки нічого не хоче заради себе.

Без захисту альтруїстичних властивостей властивістю ор хасадім людина забажає зазнати самонасолоди і тим погубить себе, – вже ніяк не зможе вийти з егоїзму в альтруїзм. Все її існування буде гонитвою за цими, недосяжними для егоїстичних бажань, насолодами.

Але ор хасадім, який дає людині прагнення до альтруїзму, не може світити в егоїстичні бажання (судину, «клі»). Егоїстичні бажання живляться мікродозою, іскрою світла, що міститься в них, силоміць введеної Творцем для підтримання життя в нас, тому що без отримання насолоди людина жити не може. Коли б ця іскра Вищого світла зникла, людина відразу покінчила би з життям, аби відірватися від егоїзму, від незаповненого бажання насолоди, – тільки б не переживати відчуття абсолютної пітьми й безвихіддя.

Чому в егоїзм не може увійти ор хасадім? Як вказувалося вище, у самому світлі немає відмінності – ор хохма це, чи ор хасадім, але сама людина визначає це. А оскільки егоїстичне бажання може почати тішитися світлом незалежно від його походження, тобто тішитися ор хасадім заради себе, то лише вже підготовлене до альтруїстичних дій бажання може прийняти світло й відчути насолоду від альтруїзму, – тобто відчути світло як ор хасадім.

Людина отримує насолоду від трьох видів відчуттів: минулого, теперішнього й майбутнього. Найбільша насолода – від майбутнього, – оскільки вже заздалегідь, у теперішньому, передчуває насолоду, тобто зазнає насолоди у сьогоденні. І тому передчуття й думки про негідні діяння є гіршими за самі ці діяння, бо розтягають насолоду та займають думки довгий час.

Насолода в теперішньому, як правило, є нетривалою, з огляду на наші дрібні бажання, що швидко насичуються. Насолоду, що минала, людина може знову та знову викликати в думках і тішитись.

Тому раніше ніж застосувати хорошу дію («кавана леашпіа»), необхідно про неї багато думати й готуватися, аби звідати якомога більше різноманітних відчуттів, щоб потім можна було викликати їх в пам'яті та оживляти свої прагнення до духовного.

Оскільки наша природа – егоїзм, людина бажає зазнавати насолоди життям. Та якщо згори дають людині в її бажання маленький зародок душі, котра за своєю природою бажає живитися альтруїстичними насолодами, то егоїзм не може дати сили для таких дій, і немає насолоди від такого життя, бо душа не дає людині спокою та кожної миті дає зрозуміти, що це не життя, а тваринне існування.

Внаслідок цього життя починає здаватися людині нестерпним, сповненим страждань, бо що б вона не робила, – не спроможна отримати насолоду чи, хоча б, вдоволення ані від чого, бо душа не дає їй вдоволення. І так триває до тих пір, поки сам егоїзм не вирішить, що немає іншого виходу, крім як дослухатись голосу душі і виконувати її вказівки, інакше людина не матиме спокою. І це означає, що Творець мимоволі повертає нас до себе.

Неможливо відчути навіть найменшої насолоди, якщо перед цим людина не переживає її нестачу, котра визначається як страждання від того, що немає насолоди, якої бажає. Для отримання Вищого світла також необхідне попереднє бажання. Тому людина повинна під час навчання та інших своїх дій просити про відчуття потреби у Вищому світлі.

«Немає нікого, крім Нього», – все, що відбувається, є Його бажанням, і всі створіння виконують Його бажання. Відмінність лише в тому, що є одиниці, які виконують Його волю за власним бажанням («мі даато»). Відчуття злиття створіння зі своїм Творцем можливе саме при збігові бажань («берацон аловеш у берацон амальбіш»).

Благословенням називається вилив згори світла милосердя («ор хасадім»), що є можливим лише за умови альтруїстичних дій людини знизу.

Сказано в Торі: «Потреби Твого народу є великими, а мудрість – короткою», – саме тому, що мало мудрості але великі потреби.

Сказав рабі Єгуда Ашлаг: «Наше становище подібне до становища царського сина, котрого батько помістив у палаці, повному всього, але не дав світла аби бачити. І ось сидить син у темряві, і не вистачає йому лише світла, щоб оволодіти всім багатством. Навіть свіча є у нього (Творець посилає йому можливості почати зближення з Собою), як сказано: «Душа людини – свіча Творця». Вона лише повинна запалити її своїм бажанням».

―

Сказав рабі Єгуда Ашлаг: «Хоча сказано, що мета творіння непізнаванна, але є величезна відмінність її непізнаванності мудрецем від незнання цієї мети неуком».

―

Сказав рабі Єгуда Ашлаг: «Закон кореня й віти означає, що нижчий зобов'язаний досягти ступеня вищого, але вищий не зобов'язаний бути як нижчий».

―

Вся наша робота полягає у підготовці до сприйняття світла. Як сказав рабі Єгуда Ашлаг: «Головне – це клі, судина, хоча клі без світла безжиттєве, як тіло без душі. І ми мусимо заздалегідь підготувати наше клі, щоб при отриманні світла воно справно працювало. Це подібне до того, як робота машини, яка зроблена людиною та працює на електриці, неможливе без підключення електричного струму, але результат її роботи залежить від того, як вона сама зроблена».

―

У духовному світі закони та бажання є зовсім протилежними нашому світові: наскільки в нашому світі неможливо йти всупереч знанню, розумінню, настільки в духовному світі важко йти у знанні. Як сказав рабі Єгуда Ашлаг: «Сказано, що коли в Храмі стояли на службі, то було тісно, але коли падали долілиць, ставало просторо. «Стояти» означає великий стан парцуфа, отримання світла, а «лежачи» – малий стан, відсутність світла. В малому стані було більше місця – почували себе вільніше, тому що саме в утаєнні Творця ті, хто духовно піднімаються, – відчувають можливість йти всупереч своєму розуму, і в цьому їхня радість в роботі».

Як оповідав рабі Єгуда Ашлаг, у рабі Пінхаса з містечка Кориці, великого кабаліста 19 століття, не було грошей навіть купити книгу «Древо життя» Арі, і він був змушений йти на півроку викладати дітям, щоби заробити на купівлю цієї книги.

Хоча наше тіло начебто тільки заважає нам у духовному піднесенні, та це лише здається нам від нерозуміння функцій, покладених на нього Творцем. Як сказав рабі Єгуда Ашлаг: «Наше тіло є подібним до анкера в годиннику – хоча анкер і зупиняє годинника, але без нього годинник не працював би, не рухався вперед». Іншого разу сказав: У стволі далекобійної гармати є гвинтова різьба, що утруднює вихід снаряду, але саме завдяки цій затримці снаряд летить далі і точніше». Такий стан у кабалі називається «кішуй».

Як сказав рабі Єгуда Ашлаг: «Настільки всі трактують Тору в поняттях нашого світу, що навіть там, де прямо сказано в Торі: «Бережіть свої душі», все одно кажуть, що мається на увазі здоров'я тіла».

Як сказав рабі Єгуда Ашлаг: «Людина перебуває в духовному настільки, наскільки відчуває, що її егоїстичні бажання – це і є нечиста сила».

Як сказав рабі Єгуда Ашлаг: «Найменший духовний ступінь – це коли духовне важніше й раніше за матеріальне».

Як сказав рабі Єгуда Ашлаг: «Лише в одному людина може бути пиховитою – в тому, що ніхто не зможе завдати більшого задоволення Творцеві, ніж вона».

Мовлено: «Винагорода за заповідь – пізнання Того, Хто заповідає».

Як сказав рабі Єгуда Ашлаг: «Турботи про цей світ у тих, хто духовно зростає, абсолютно відсутні, – як у важкохворого немає турботи про зарплатню, а є лише про те, як би вижити».

Як сказав рабі Єгуда Ашлаг: «У духовному, як і в матеріальному нашому світі, немає спасіння з огляду на насильні обставини. Наприклад, якщо хтось ненароком звалився у прірву, – хіба порятує його від смерті та обставина, що звалився, сам того не бажаючи? Так і в духовному».

Коли рабі Єгуда Ашлаг хворів, покликали до нього лікаря. Лікар порадив спокій, сказав, що необхідно заспокоїти нерви і якщо вже вивчати, то що-небудь легке, наприклад, – читати Псалми. Коли лікар пішов, рабі Єгуда сказав: «Певно, лікар вважає, що читати Псалми можна не заглиблюючись».

Як сказав рабі Ашлаг: «Немає місця посередині між духовним, чистим, альтруїстичним, бажанням, – «віддавати», – й матеріальним, егоїстичним, нечистим, бажанням, – «отримувати». І якщо людина не зв'язана кожної миті з духовним, то вона не просто забуває про нього, а перебуває в нечистому, матеріальному».

Сказано в книзі «Кузарі», що цар Кузарі, коли вибирав віру для свого народу, звернувся до християнина, мусульманина, а вже затим – до іудея. Коли він вислухав іудея, то сказав, що християнин та мусульманин обіцяють йому вічне райське життя і величезні винагороди в тому світі, після смерті, а Тора каже про винагороду за виконання заповідей і покарання за невиконання їх в цьому світі. Але ж більш важливо, що людина отримає після своєї смерті, у вічному світі, ніж те, як вона проживе свої роки в цьому світі. Відповів на це іудей, що вони обіцяють винагороду в тому світі, бо той, хто каже неправду, – віддаляє, аби приховати брехню, розкриття своїх слів. Як казав рабі Єгуда Ашлаг зі слів АГРА: сенс сказаного іудеєм у тому, що все духовне, весь майбутній світ людина мусить відчути ще в цьому світі, і це обіцяє нам в якості винагороди Тора. А всі винагороди Тори людина повинна отримати в цьому світі, саме ще під час свого перебування в тілі, – відчути всім своїм тілом.

Як сказав рабі Єгуда Ашлаг: «Коли людина відчуває, що нечисті сили (егоїстичні бажання) утискають її, – це вже початок її духовного звільнення».

Як сказав рабі Єгуда Ашлаг на слова Тори «Все в руках неба, крім остраху перед небом»: «У відповідь на всі прохання людини може вирішити Творець, – дати їй те, що просить, чи не дати. Лише на прохання про страх перед небом Творець не вирішує: це не в руках неба – дати страх перед небом. Але якщо просить людина остраху перед небом – неодмінно отримує».

Життям називається стан відчуття бажання зазнати насолоди від отримання або віддачі. Якщо це бажання насолоди зникає, то такий стан називається втратою чуттів, непритомним або мертвим.

Якщо людина перебуває в такому стані, коли ясно бачить і відчуває, що неможливо отримати насолоду, – наприклад, від того, що винна всім, соромиться своїх колишніх вчинків, відчуває лише страждання, котрі нейтралізують навіть те невелике задоволення, котре мала від цього життя, – вона хоче покінчити з собою.

У такому випадку людина мусить докласти всіх зусиль, аби отримувати насолоди від того, що чинить благі в очах Творця діяння, що завдає цим радості Творцю. У подібних думках і діях є настільки велика насолода, що це здатне нейтралізувати найсильніші в світі страждання. І тому через оточення, ворогів, банкрутство, невдачі в роботі даються тому, хто духовно піднімається, відчуття безнадії, безвихіддя, повної відсутності смислу його існування.

Якщо людина здатна вже робити альтруїстичні вчинки, – тобто що б вона не робила, вона виключає будь-яку вигоду для себе, думає лише про благо того, для кого вона це робить, тобто про Творця, але ще не отримує насолоди від своїх дій, – це називається чистою віддачею («машпіа аль-менат леашпіа»). Наприклад, виконуючи заповіді заради Творця, вона при цьому ще не отримує світло Тори (насолоду), яке є відповідним кожній заповіді. Причина цього в тому, що вона ще не повністю себе виправила, і якщо отримає насолоду відкритим світлом Тори, повстане егоїзм і зажадає будь що отримати таку насолоду задля самонасолоди; і не зможе відмовитись, та мимохіть, силою тяжіння насолод, більшою за бажання бути гідною в очах Творця, отримає для себе.

Келім, якими людина виконує альтруїстичні дії («леашпіа аль-менат леашпіа»), називаються «келім де-ашпаа». Духовний об'єкт має будову (відповідність духовних сил подібно до фізичної будови нашого тіла) подібну до нашого тіла, що складається із ТАР'ЯГ міцвот (заповідей), або 613 органів.

Тому РАМАХ (248) келім де-ашпаа визначаються як такі, що містяться над грудьми духовного тіла і відповідають виконавчим заповідям, виконувати котрі Тора зобов'язує кожного.

Світло, котре отримує людина, виконуючи такі дії, називається «ор хасадім», або «хасадім мехусим», приховані хасадім, – утаєні від ор хохма.

Якщо в людини є сила волі, виправлені почуття, – настільки, що спроможна не лише виконувати альтруїстичні дії, але й отримувати насолоду від них заради Творця, тобто отримувати в колишні егоїстичні бажання (келім), то це називається «кабала аль-менат леашпіа» (отримання заради віддачі). Тоді вона може отримувати світло, що є в кожній заповіді, тобто в кожній духовній дії.

Початкова стадія того, хто бажає досягти мети творіння, полягає в тому, що працює над собою для своєї вигоди («ло лішма»), оскільки є багато способів отримати насолоду, наприклад, шляхом їжі, ігор, почестей, слави тощо.

Але ці способи дозволяють відчути досить незначні й скороминучі насолоди. Такі наміри називаються «ло лішма», заради себе. Тоді як за допомогою віри в Творця (у Його всесилля, в Його єдність як такого, що управляє всім у світі, в тому числі й усім, що трапляється з нами, в Його управління всім, від чого залежить людина, в Його готовність допомогти, чуючи молитву), людина може осягти набагато більші насолоди.

І лише після того як людина цілком осягає цю попередню стадію роботи, вона отримує особливі, зовсім інші відчуття більш високого стану, які полягають у тому, що раптом їй стає зовсім байдужа особиста вигода, а турбується лише про те, чи всі її розрахунки і помисли є духовно істинними, а саме: чи всі її думки та наміри спрямовані тільки на те, щоб цілком довіритися сутності істинних законів світобудови, аби відчути, що зобов'язана виконувати лише волю Творця, виходячи із відчуття Його величі й сили.

І тоді вона забуває про свої колишні наміри і відчуває, що у неї немає жодного бажання думати й турбуватися про себе, що вона повністю віддається величі всеосяжного Вищого Розуму та зовсім не відчуває голосу власного розуму, а непокоїть її лише те, як можна зробити щось бажане й приємне Творцю. І такий стан називається «машпіа аль-менат леашпіа» – «не заради себе», «лішма».

Причина віри в тому, що немає більшої насолоди, ніж відчуття Творця і наповнення Ним. Але щоб людина змогла отримати ці насолоди не заради себе, існує стан утаєння Творця, аби дати можливість людині виконувати заповіді, навіть якщо не відчуває ніяких насолод, і це називається «не заради винагороди» («аль-менат ше ло лекабель прас»).

А коли людина осягає такий стан, створює таку духовну судину, – негайно розплющуються у неї очі та всім своїм єством відчуває й бачить Творця. А те, що раніше змушувало її і казало про вигідність роботи на Творця задля власного зиску, – зникає ця причина і сприймається зараз як смерть, бо раніше була людина зв'язана з життям і досягла цього за допомогою віри.

Та якщо у своєму ж виправленому стані починає знову трудитися над вірою вище розуму, то отримує назад свою душу, світло Творця.

Імена в кабалі, хоч і узяті з нашого світу, але означають зовсім несхожі, не подібні до них об'єкти й дії в духовному світі, хоча ці духовні об'єкти є їхніми безпосередніми коренями. З цієї протилежності і несхожості кореня та його наслідку в нашому світі ще раз видно, наскільки духовні об'єкти віддалені від наших егоїстичних уявлень.

У духовному світі ім'я означає особливість розкриття світла Творця людині за допомогою дії, яка називається цим іменем. Як у нашому світі будь-яке слово каже не про самий предмет, а про наше сприйняття його.

———

Явище чи об'єкт поза нашими відчуттями – річ у собі, яка є абсолютно нами непізнаванною. Звичайно ж, у нього є зовсім інші вигляд і властивості, ніж ті, що сприймаються нашими приладами чи почуттями. Підтвердження цьому ми можемо бачити хоча б із того, що картина об'єкта у променях видимої частини спектра є зовсім не подібною до картини, яку ми спостерігаємо за допомогою приладів в спектрі рентгенівських променів чи теплових частот.

Та як би там не було, – але є об'єкт, і є те, яким його осягає, відповідно до своїх властивостей, людина. І це тому, що поєднання самого об'єкта, його істинних властивостей, та властивостей того, хто осягає, створюють разом третю форму: у відчуттях того, хто осягає, народжується картина об'єкта зі спільних властивостей самого об'єкта й того, хто його осягає.

В роботі з духовним світлом є два різних стани людини, яка бажає та приймає світло: відчуття й якості людини до отримання світла та після його отримання.

Є також два стани у самого світла-наповнювача судини-бажання людини: стан до того, як воно увійшло в контакт із почуттями, бажаннями людини, і стан після того, як світло увійшло в контакт з тим, хто осягає його. В першому стані світло називається простим («ор пашут»), тому що не зв'язане з властивостями об'єктів сприйняття. А оскільки всі об'єкти, крім світла Творця, є такими, що бажають отримати, тобто зазнати насолоди від світла, то немає у нас ніякої можливості осягти, дослідити, відчути чи навіть уявити собі, що означає саме світло поза нами.

Тому, якщо ми називаємо світло Творця сильним, то саме тому, що відчуваємо у цей момент (той, хто відчуває!) Його силу; але, не осягнувши якоїсь властивості, неможливо назвати Його, адже навіть саме слово «Творець» каже про те, що людина осягла це у світлі, яке вже було відчуте нею. Якщо ж людина вимовляє імена Творця (тобто називає Його якості), не осягаючи їх у своїх відчуттях, то це рівносильне тому, що вона дає імена простому світлу ще до відчуття його в собі, що називається брехнею, бо у простого світла немає імені…

Людина, котра бажає духовного піднесення, мусить уникати сторонніх впливів, оберігати свої ще не зміцнілі переконання, поки не отримає сама згори необхідні відчуття, які слугуватимуть їй потім опорою. І основний захист та віддалення повинні бути не від людей, далеких від Тори, оскільки у них може бути лише байдужість або крайнє заперечення, – тобто віддаленість від її стану, – а саме від людей начебто близьких до Тори і, навіть, до кабали. Бо ззовні людина може виглядати так, наче перебуває в самому центрі істини і всю себе віддає Творцеві, щонайточнішому виконанню Його заповідей та несамовитій молитві, але причини її «праведності» не є видними нікому, а насправді всі її помисли – здобути користь у будь-якому виді задля себе.

Такого роду особи чи групи людей являють собою небезпеку для тих, хто бажає духовно зростати, бо початківець бачить картину завзятого служіння Творцеві, але не може перевірити, чи походить воно з бажання пізнання Творця, чи це такою є поведінка людини внаслідок виховання, а може бути, – з престижних міркувань та ін.

При цьому початківець бачить ті величезні сили, котрі такі люди можуть викликати собі на допомогу, не розуміючи, що подібні сили тільки тому й можливо застосувати, що немає ніякої перешкоди цим діям з боку егоїзму, а навпаки, – саме егоїзм і прагнення довести свою правоту дають їм силу, тоді як справжня Тора ослабляє сили людини, аби отримала потребу в Творці («Тора матешет кохо шель адам»).

І якщо людина відчуває у зовнішніх діях подібних «праведників» притягальну силу, то потрапляє у рабство до фараона, бо сказано в Торі, що рабство у фараона було приємним для Ісраель (Ісраель є той, хто бажає йти яшар Ель – прямо до Творця). А оскільки Тора мовить лише про духовні стани кожного з нас особисто, то мається на увазі саме духовне рабство, у котре може потрапити початківець настільки, що шкодуватиме за тими силами, які витратив на боротьбу з егоїзмом.

Далеких від Тори людей початківець може не боятися, знаючи наперед, що у них йому немає чому вчитися, і тому вони не являють собою небезпеки духовного поневолення.

Наш егоїзм дозволяє нам рухатися лише тоді, коли відчуває страх. І штовхає нас на будь-які дії, щоб нейтралізувати це почуття. Тому якби людина могла відчути страх перед Творцем, у неї з'явилися б сили та бажання трудитися.

Є два види страху: страх перед порушенням заповіді і страх перед Творцем. Є страх, який не дозволяє людині грішити, інакше би згрішила. Та якщо людина вже впевнена, що не согрішить, і всі її діяння тільки заради Творця, все одно виконує заповіді – не від страху, а тому що це бажання Творця.

Страх перед порушенням (страх провини) є страхом егоїстичним, тому що боїться нашкодити собі. Страх перед Творцем називається страхом альтруїстичним, тому що боїться не виконати того, що приємне Творцеві, з почуття любові. Та при всьому бажанні все одно важко людині виконувати заповіді Творця (дії, що приємні Творцеві), бо не бачить в них необхідності.

Страх з почуття любові повинен бути не меншим, ніж страх егоїстичний. Наприклад, людина боїться, що якщо її побачать у момент злочину чи просто провини, то вона зазнає страждання і сорому. Поступово кабаліст розвиває в собі почуття трепету від того, що мало робить для Творця, і почуття це постійне й таке ж велике, як в егоїста страх покарання за великі очевидні провини.

«Людина вчиться тільки тому, чому бажає навчитися» («ейн адам ломед, елє бе маком ше лібо хафец»). Виходячи з цього, ясно: людина ніколи не навчиться виконанню будь-яких правил та норм, якщо вона того не бажає. Та яка людина хоче вислуховувати нотації, при тому, що, як правило, людина не відчуває своїх недоліків? Як же тоді взагалі може виправитися навіть той, хто до цього прагне?

Людина створена такою, що бажає тільки зазнавати насолоду. Тому все, що вчить, – вчить лише для того, щоби знайти шлях задовольнити свої потреби, і не вчитиме непотрібне, бо така її природа.

Тому аби той, хто бажає наблизитися до Творця, зміг навчитися, яким чином може діяти «заради Творця», – повинен просити Творця, щоб дав йому інше серце, щоби з'явилося альтруїстичне бажання замість егоїзму. Якщо Творець виконає це прохання, то мимоволі в усьому, що вчитиме, – бачитиме шляхи, як робити приємне Творцю.

Та ніколи людина не побачить того, що проти бажання серця (чи егоїстичного, чи альтруїстичного). Тому ніколи не почуває себе зобов'язаною, оскільки немає від цього задоволення серцю. Але тільки-но Творець міняє егоїстичне серце («лев евен») на альтруїстичне («лев басар»), – вона відразу ж відчуває свій обов'язок, аби могла виправляти себе за допомогою придбаних можливостей, і знаходить, що немає в світі більш важливого заняття, ніж робити приємне Творцю.

А те, що бачить як свої недоліки, – обертається перевагами, тому що, виправляючи їх, завдає радості Творцеві. Але той, хто не може ще виправляти себе, ніколи не побачить своїх недоліків, бо розкривають їх людині тільки тією мірою, в якій вона може себе виправити.

Всі діяння людини щодо вдоволення власних потреб і вся її робота у стані «заради себе» («ло лішма») зникає, коли вона йде з цього світу. І все, про що турбувалася і що вистраждала, пропадає в один момент.

Тому, якщо людина в змозі зробити розрахунок, – чи варто їй працювати в цьому світі і втратити все в останній момент життя, – то може дійти висновку, що ліпше працювати «на Творця» («лішма»). У такому випадку це рішення приведе її до необхідності просити Творця про допомогу, особливо, якщо багато зусиль вклала у виконання заповідей з наміром мати власний зиск.

У того ж, хто небагато трудився в Торі, і бажання перевести свої діяння в діяння «заради Творця» («лішма») є меншим тому, що небагато програє, а робота щодо зміни наміру потребує ще багатьох зусиль.

Тому людина повинна намагатися збільшити усіма шляхами свої зусилля в і роботі «не заради Творця» («ло лішма») , оскільки це є причиною того, що потім виникає в неї бажання повернутися до Творця (лахзор бе тшува) й працювати «лішма».

Всі свої відчуття людина отримує згори. Тому, якщо людина відчуває поривання, любов, потяг до Творця, – це вірна ознака того, що і Творець переживає до неї ці ж почуття (за законом: «людина – це тінь Творця»), те, що людина відчуває стосовно Творця, те і Творець – стосовно людини, й навпаки.

Після гріхопадіння «першої людини – Адама» (духовного сходження спільної душі зі світу Ацилут до рівня, що називається «цей світ» або «наш світ»), його душа розділилася на 600.000 частин, і ці частини вдягаються в людські тіла, що народжуються в нашому світі.

Кожна частина спільної душі вдягається в людські тіла стільки разів, скільки їй необхідно для повного особистого виправлення. А коли всі частини поодинці виправлять кожна себе, вони знову зіллються в спільну виправлену душу, яка називається «Адам».

У чергуванні поколінь є причина, що називається «батьки», та її наслідки – «діти». Причому причина появи «дітей» – лише у можливості продовжити виправлення того, що не виправили «батьки», тобто душі в минулому кругооберті.

Творець наближає людину до себе не за її хороші якості, а за її відчуття власної нікчемності і бажання очиститися від власного «бруду». Якщо людина відчуває насолоду в духовному натхненні, то у неї спроквола виникає думка, що варто бути рабом Творця заради подібних відчуттів. У таких випадках Творець звичайно вилучає насолоду з її стану, аби показати цим людині, яка істинна причина її завзяття від духовного відчуття: що не віра в Творця, а власна насолода є причиною її бажання стати рабом Творця. Цим дається людині можливість діяти не заради насолоди.

Вилучення насолоди з будь-якого духовного стану відразу ввергає людину у стан занепаду та безнадії, і вона не відчуває ніякого смаку в духовній роботі. Але у такий спосіб з'являється у людини можливість саме з цього стану наблизитись до Творця завдяки вірі вище знання (відчуття), – вірі, що те, що в даний момент відчуває непривабливість духовного – це її суб'єктивне відчуття, а насправді немає нічого більш величного, ніж Творець.

Звідси бачимо, що духовне падіння вготоване людині Творцем зумисне, задля її ж негайного духовного піднесення на ще більший ступінь, тим, що дана їй можливість працювати над збільшенням віри. Як мовиться: «Творець попереджає ліками хворобу» і «тим же, чим б'є Творець, Він лікує».

Попри те, що кожного разу вилучення життєвої сили й інтересу струшує весь організм людини, – якщо людина справді бажає духовного сходження, то вона радіє можливості піднести віру вище розуму, на ще більший ступінь і стверджує цим, що дійсно хоче бути незалежною від особистих насолод.

Людина зазвичай зайнята лише собою, своїми відчуттями й думками, своїми стражданнями чи насолодами. Та якщо вона жадає духовного сприйняття, повинна намагатися перенести центр своїх інтересів немовби назовні, в наповнюваний Творцем простір, жити існуванням і бажаннями Творця, зв'язати все, що відбувається, з Його замислом, перенести всю себе в Нього, щоби тільки тілесна оболонка залишилася у своїх тваринних рамках, але внутрішні відчуття, суть людини, її «я» перенеслося з тіла назовні, і тоді постійно відчуватиметься добра сила, яка пронизує всю світобудову.

Таке відчуття подібне до віри вище розуму, оскільки людина прагне перенести всі свої відчуття зсередини себе назовні, поза межі свого тіла. А осягнувши віру в Творця, людина продовжує утримуватися в цьому стані, незважаючи на перешкоди, які посилає Творець, збільшує свою віру і поступово починає отримувати в неї світло Творця.

Оскільки все створіння побудоване на взаємодії двох протилежних сил – егоїзму (бажання зазнати насолоди) та альтруїзму (бажання завдати насолоди), то шлях поступового виправлення, переведення егоїстичних сил у протилежні, будується на їх поєднанні: поступово і потроху, невеликими частинами, егоїстичні бажання включаються в альтруїстичні і таким чином виправляються.

Такий метод перетворення нашої природи називається роботою в трьох лініях. Права лінія (кав ямін, хесед, Лаван, Авраам) називається білою лінією тому, що в ній немає ніяких недоліків, пороків.

Після того як людина вже оволоділа нею, вона вбирає в себе невелику частину лівої лінії (кав смоль, ґвура, адом), яка називається червоною тому, що в ній міститься наш егоїзм, на котрий є заборона використання його в духовних діях, оскільки можна потрапити під його владу, владу нечистих бажань (кліпат смоль, кліпат Іцхак, Есав), що прагнуть отримати заради себе світло (ор хохма), відчути Творця і зазнати самонасолоди цим відчуттям у своїх егоїстичних бажаннях.

Якщо людина силою віри вище розуму, тобто прагненням сприймати світло не в свої егоїстичні бажання, відмовляється від можливості осягнення Творця, Його дій, управління, насолоди Його світлом, воліючи йти вище своїх природних поривань про все дізнатися і все відчути, знати заздалегідь, яку отримає винагороду за свої дії, – то на неї вже не впливають сили заборони використовувати ліву лінію. Таке рішення називається «створення тіні», бо людина сама себе відгороджує від світла Творця.

У такому випадку людина має можливість узяти деяку частину від своїх лівих бажань і з'єднати їх з правими. Отримуване поєднання сил, бажань називається середньою лінією (кав емцаї, Ісраель). Саме в ній розкривається Творець. А потім всі описані вище дії повторюються на наступному, більш високому ступені, і так – до кінця шляху.

Різниця між наймитом і рабом у тому, що наймит під час роботи думає про винагороду, знає його величину, і це є метою його роботи. Раб не отримує жодної винагороди, лише необхідне для свого існування, а все, що має, – належить не йому, а його господарю. Тому якщо раб завзято працює – це явна ознака того, що бажає просто догодити своєму господареві, зробити йому приємне.

Наше завдання – засвоїти ставлення до нашої духовної роботи подібно до вірного раба, який працює зовсім безвідплатно, щоби на наше ставлення до роботи над собою не впливали ніяке почуття остраху перед покаранням чи вірогідність винагороди, а тільки бажання безкорисливо робити те, чого бажає Творець; причому – навіть не відчуваючи Його, тому що це почуття – також винагорода, і, навіть, без того, щоб Він знав, що саме «я» зробив це для Нього, і, навіть, щоб не знав, чи дійсно я щось зробив, тобто не бачачи навіть результатів своєї праці, а лише віруючи в те, що Творець мною задоволений.

Та якщо наша робота справді мусить бути такою, то виключається умова покарання та винагороди. Аби це зрозуміти, слід знати, – що мається на увазі в кабалі під поняттями покарання та винагороди.

Винагорода має місце там, де людина докладає певних зусиль аби отримати те, чого вона хоче, і в результаті своєї праці – отримує або знаходить бажане. Не може бути винагородою те, що є в достатку, що доступне для всіх у нашому світі. Роботою називається зусилля людини задля отримання певної винагороди, котру без витрати цих зусиль отримати неможливо.

Наприклад. не може людина стверджувати, що виконала роботу, знайшовши камінь, якщо довкола неї каміння є в достатку. У такому випадкові немає ні роботи, ані винагороди. У той же час, аби заволодіти маленьким коштовним камінцем, необхідно докласти великих зусиль, тому що його важко відшукати. У такому випадкові є як зусилля, так і винагорода.

Світло Творця наповнює все творіння. Ми немовби плаваємо в ньому, але не можемо відчути. Насолоди, котрі ми відчуваємо, – є лише безкінечно маленьким світінням, котре проникає милістю Творця до нас, бо без насолоди ми покінчили б зі своїм існуванням. Це світіння відчувається нами як сила, яка приваблює нас до тих об'єктів, в які вдягається. Самі об'єкти не мають ніякого значення, як ми й самі відчуваємо, коли раптом перестаємо цікавитись тим, що раніше так нас вабило.

Причина сприйняття нами тільки маленького світіння, а не всього світла Творця, в тому, що наш егоїзм виконує роль екрана. Там, де панують наші егоїстичні бажання, світло не відчувається за законом відповідності властивостей, законом подібності: тільки в тій мірі, в якій бажання, властивості двох об'єктів збігаються, вони можуть відчувати один одного. Навіть всередині нашого світу ми бачимо, що якщо двоє людей перебувають на різних рівнях мислення, бажань, то просто не можуть зрозуміти один одного.

Тому якби людина мала властивості Творця, вона просто плавала б у відчутті безмежного океану насолоди і абсолютного знання. Але якщо Творець заповнює собою все, тобто не треба шукати Його, як коштовну річ, – то, очевидно, і поняття винагороди не міститься в ньому. А також і не можна щодо пошуку відчуття Його застосувати поняття роботи тому, що Він і довкола, і всередині нас, – тільки поки що не в наших відчуттях, а в нашій вірі. Але й відчувши Його, і зазнаючи насолоди Ним, не можна сказати, що цим отримали винагороду, бо якщо немає роботи і певна річ є у достатку в світі, – вона не може бути винагородою.

Але в такому випадку залишається відкритим питання, що ж тоді є винагородою за наші зусилля йти супроти природи егоїзму?

Перш за все необхідно зрозуміти, чому Творець створив закон подібності, внаслідок котрого, – хоч Він і заповнює все, – ми неспроможні Його відчути. Внаслідок цього закону Він приховує Себе від нас.

Відповідь така: Творець створив закон подібності, в силу якого ми відчуваємо лише те, що перебуває на нашому духовному рівні, для того, щоб ми не відчували при насолоді Ним найжахливішого почуття у створінні (тобто в егоїзмі), – почуття сорому, приниження. Цього відчуття егоїзм не може стерпіти. Якщо людина не в змозі ніяким способом виправдати свій негарний вчинок, – ні перед собою, ані перед іншими, – не може відшукати жодних причин, котрі начебто змусили проти її бажання здійснити те, що вона здійснила, – вона воліє яку завгодно іншу покару, тільки не це відчуття приниження свого «я», тому що це «я» – є основою основ її єства, і тільки-но воно принижується, духовно зникає саме її «я», вона сама наче зникає зі світу.

Та коли людина досягає такого рівня свідомості, що її бажанням стає бажання все віддавати Творцю, тоді вона знаходить, що Творець сотворив її, аби вона отримувала насолоди від Творця, і понад це Творець не бажає. І тоді людина отримує всі насолоди, котрі тільки здатна відчути, аби виконати бажання Творця.

У такому випадку зовсім не має місця почуття сорому, оскільки отримує насолоду тому, що Творець показує їй, що Він бажає, щоби людина отримала ці насолоди. І людина виконує цим бажання Творця, а не свої егоїстичні бажання. І тому вона стає подібною за властивостями до Творця, і екран егоїзму зникає. І це – внаслідок оволодіння духовним рівнем, на котрому вона вже здатна завдавати насолоди, подібно до Творця.

Отже, винагорода, котру людині слід просити за свої зусилля, повинна бути в отриманні нових, альтруїстичних властивостей, бажань «віддавати», прагнень завдавати насолоди, подібно до бажання Творця щодо нас. Цей духовний ступінь, ці властивості називаються острахом перед Творцем.

Духовний, альтруїстичний страх та всі інші антиегоїстичні властивості духовних об'єктів є абсолютно не схожими з нашими властивостями й відчуттями. Страх перед Творцем полягає в тому, що людина боїться бути віддаленою від Творця, – але не заради своєї користі, не з остраху залишитися в своєму егоїзмі, не бути подібною до Творця, тому що всі такі розрахунки спираються на власні інтереси, беручи до уваги своє становище.

Страх перед Творцем полягає у безкорисному побоюванні не зробити того, що міг би ще зробити заради Творця. Такий страх і є альтруїстичною властивістю духовного об'єкта – на противагу нашому егоїстичному страхові перед тим, що ми не зможемо задовольнити власних потреб.

Досягнення властивості страху перед Творцем, сили віддавати повинно бути причиною й метою зусиль людини. А потім за допомогою набутих властивостей людина приймає заради Творця всі вготовані їй насолоди, і такий стан називається кінцем виправлення («ґмар тікун»).

Страх перед Творцем повинен передувати любові до Творця. Причина цього в тому, що для того, аби людина могла виконувати необхідне з почуття любові, аби відчула насолоду, що міститься в духовних діях, які називаються заповідями, аби ці насолоди викликали у неї почуття любові, (як і в нашому світі: те, що дає нам насолоду, – ми любимо, а від чого страждаємо, – те ненависне нам), – вона мусить перш за все осягти страх перед Творцем.

Якщо людина виконує заповіді не з любові, не через насолоду в них, а з відчуття страху, це відбувається тому, що не відчуває прихованої в них насолоди і виконує волю Творця зі страху перед покаранням. Тіло не пручається проти такої роботи, оскільки боїться покарання, але постійно запитує людину про причину її роботи, що дає людині привід ще більше посилити її страх та віру в покарання й винагороду, в управління Творцем, поки не удостоїться постійно відчувати присутність Творця.

Відчувши присутність Творця, тобто оволодівши вірою в Творця, людина може починати виконувати бажання Творця вже з почуття любові, відчуваючи сама насолоду в заповідях, між тим, коли б Творець дав їй можливість одразу, без страху, виконувати заповіді з почуття любові, – тобто від відчуття насолоди в них, – то людина не мала б потреби у вірі Творця. А це є подібним до того, як проводять своє життя ті, хто весь час – у гонитві за земними насолодами і кому не потрібна віра в Творця для виконання заповідей (законів) їхньої природи, бо вона зобов'язує їх до цього, обіцяючи насолоди.

Тому якби кабаліст відразу відчув насолоди в заповідях Творця, то мимоволі виконував би їх, і всі кинулися б виконувати волю Творця заради отримання тих величезних насолод, котрі приховані в Торі. І ніколи б людина не змогла зблизитися з Творцем.

Тому створене утаєння насолод, що містяться в заповідях Тори в цілому (Тора являє собою суму всіх насолод, що містяться в кожній заповіді; світло Тори – є сумою всіх заповідей), і розкриваються ці насолоди лише по досягненні постійної віри в Творця.

Яким чином людина, яка створена із властивостями абсолютного егоїзму і не відчуває ніяких бажань, крім тих, котрі диктує її тіло, і, навіть, не має можливості уявити собі щось, окрім своїх відчуттів, може вийти з бажань свого тіла й відчути те, чого не спроможна відчути своїми природними органами чуттів?

Людина створена з прагненням наповнити свої егоїстичні бажання насолодою, і за таких умов у неї немає жодної можливості змінити себе, свої властивості на протилежні.

Для того, щоби створити таку можливість переходу від егоїзму до альтруїзму, Творець, створивши егоїзм, вмістив в нього зерня альтруїзму, котре людина може сама зростити за допомогою вивчення кабали та вчинків за її методом.

Коли людина відчуває на собі вказівні вимоги свого тіла, вона не владна протистояти їм, і всі її думки спрямовані тільки на їх виконання. У такому стані в неї немає ніякої свободи волі не лише діяти, а й, навіть, думати про будь-що, крім самовдоволення.

Коли ж людина відчуває приплив духовного піднесення, з'являються бажання духовного зростання та відриву від бажань тіла, які тягнуть донизу, вона просто не відчуває бажань тіла і не має потреби у праві вибору між матеріальним й духовним.

Таким чином, перебуваючи в егоїзмі, людина не має сил обрати альтруїзм, а відчуваючи велич духовного, – вже не стоїть перед вибором, бо сама його бажає. Тому вся свобода волі полягає у виборі, – хто ж керуватиме людиною: егоїзм чи альтруїзм. Але коли ж буває такий нейтральний стан, в котрому людина може вирішувати вільно?

Тому немає у людини іншого шляху, крім як зв'язати себе з учителем, заглибитися в книги з кабали, включитися в групу, яка прагне тієї ж мети, віддавши себе впливові думок про альтруїзм духовних сил, від чого в ній прокинеться альтруїстичне зерня, яке закладене в кожного з нас Творцем, але дрімає іноді протягом багатьох кругообертів життів людини. І в цьому її свобода волі. А тільки-но відчує альтруїстичні бажання, – вже без зусиль запрагне осягнення духовного.

Людина, яка прагне до духовних думок і дій, але ще не змужніла в своїх переконаннях, повинна берегти себе від зв'язку з тими людьми, думки котрих постійно в їхньому егоїзмі. Особливо ті, хто бажає йти вірою вище розуму, мусять уникати контактів з поглядами тих, хто йде життям у рамках свого розуму, бо вони є протилежними в основі свого мислення, як мовиться: «розум неуків є протилежним розуму Тори» («даат баалей байтім афуха мі даат Тора»).

Мислення в рамках свого розуму означає, що людина перш за все розраховує мати вигоду від своїх дій. Тоді як розум Тори, тобто віра, що стоїть вище розуму людини, передбачає вчинки, зовсім не зв'язані з егоїстичними міркуваннями розуму та можливими прибутками внаслідок цих дій.

Людина, яка потребує допомоги інших людей, називається бідняком. Хто щасливий тим, що має, називається багатієм. Якщо людина відчуває, що всі її дії – результат егоїстичних бажань й думок та почувається бідною, то приходить до розуміння свого істинного духовного рівня, усвідомлення свого егоїзму, зла, що є в ній.

Відчуття гіркоти від усвідомлення істинного свого стану народжує в людини прагнення виправитися. Якщо це прагнення досягло певної величини, Творець посилає в це клі світло свого виправлення. І таким чином людина починає підніматися по ступенях духовних сходів.

Маси виховуються у відповідності до їхньої егоїстичної природи, в тому числі й у виконанні заповідей Тори. І виконують засвоєне в процесі виховання потім вже автоматично. І це є вірною запорукою того, що не залишать цього рівня зв'язку з Творцем. І якщо тіло запитує людину, для чого вона виконує заповіді, то людина відповідає собі, що так вихована, і це спосіб життя її й громади, до якої вона належить.

Це найбільш надійна основа, з котрої людина не може впасти, бо звичка стала другою вдачею, її природою, і тому вже не потрібні ніякі зусилля аби виконувати природні дії, бо саме тіло й розум диктують їх. І в такої людини не виникне небезпека порушити узвичаєне для неї, – наприклад, захотіти поїхати на машині в суботу.

Та якщо людина бажає робити те, що не дано їй з вихованням, що не увійшло до неї як природна вимога тіла, то кожна, навіть незначна дія супроводжуватиметься питанням тіла, – навіщо вона це робить, хто і що змушує її вийти зі стану (відносного) спокою.

У такому випадкові людина стоїть перед випробуванням й вибором тому, що ні вона, ані її товариство не роблять того, що наміряється робити вона, і нема з кого брати приклад, і нема де знайти підтримку своїм намірам, – бо не може знати, чи мислять інші так само, як вона, аби знайти опору своїм думкам.

А оскільки не може відшукати ніякого прикладу ні в тому, як її виховували, ні в суспільстві, то мусить сказати собі, що лише страх перед Творцем змушує її по-новому чинити й мислити. І тому немає на кого сподіватися та спиратися, крім Творця.

І оскільки Творець є Єдиним та є її природною опорою, то така людина зветься єдиною, а не такою, що належить до мас, серед котрих народилася, виросла, виховувалася, і відчуває, що не може отримати підтримку від мас, але є абсолютно залежною від милості Творця; і тому вона удостоюється отримати Тору – світло Творця, що служить їй провідником на шляху.

У кожного початківця виникає це питання: хто визначає вибір шляху людини – сама людина чи Творець. Іншими словами, хто обирає кого: людина Творця чи Творець людину.

Справа в тому, що, з одного боку, людина зобов'язана сказати, що Творець обрав саме її, що називається особистим управлінням, і повинна дякувати за це Творцеві, за те, що дав їй можливість щось зробити задля свого Володаря.

Але потім людина мусить подумати: а навіщо Творець обрав її та дав їй таку можливість, для чого вона повинна виконувати заповіді, задля якої мети, до чого вони повинні її привести. І людина приходить до висновку, що все це дано їй для діянь заради Творця, що сама робота є винагородою, а відлучення від неї – покарою. І ця робота є вибором людини заради Творця, – вона готова просити Творця дати їй намір своїми діями завдавати насолоди Творцю. І цей вибір робить людина.

Маси називаються в Торі господарями домів («бааль байт»), бо їхнє прагнення – збудувати свій дім – егоїстичну судину («клі») і наповнити його насолодами. Той, хто піднімається в духовному, називається в Торі сином Тори («бен Тора»), оскільки його бажання є породженням світла Тори й полягають у тому, щоб збудувати в своєму серці дім Творця для заповнення світлом Творця.

Усі поняття, всі явища ми розрізняємо за нашими відчуттями. За реакцією наших органів чуттів ми даємо назви тому, що відбувається. Тому, якщо людина каже вам про який-небудь об'єкт чи дію, вона виражає своє відчуття. І в тій мірі, в якій цей об'єкт заважає їй отримати насолоду, людина визначає міру його зла для себе, – аж до того, що не може стерпіти близькості з ним.

Тому в тій мірі, в якій є в людині розуміння важливості Тори й заповідей, вона визначає зло, що міститься в об'єктах, які заважають їй виконувати заповіді. Тому якщо людина бажає дійти ненависті до зла, їй слід працювати над звеличуванням Тори, заповідей і Творця у своїй свідомості. І в тій мірі, в якій з'явиться в людини любов до Творця, у тій же мірі відчує ненависть до егоїзму.

У пасхальному сказанні розповідається про чотирьох синів, які запитують про духовну роботу людини. І хоча всі ці чотири властивості є в кожному з нас, та, як завжди, кабала каже лише про один збірний образ людини стосовно Творця, але можна розглядати ці чотири образи як різні типи людей.

Тора дана для боротьби з егоїзмом. Тому якщо у людини немає запитань («ейно єдея лішоль»), значить вона ще не усвідомила свого зла, і Тора їй не потрібна. У такому випадку, якщо вона вірить у покарання та винагороду, її можна пробудити тим, що є винагорода за виконання заповідей. І це називається: «Ти відкрий йому» («птах ло»).

А той, хто вже виконує заповіді заради отримання винагороди, але не відчуває свого егоїзму, той не може себе виправляти, тому що не відчуває своїх недоліків. І такого слід вчити безкорисно виконувати заповіді. Тоді з'являється його егоїзм (поганий син, «раша») і запитує: «Що це за робота і навіщо? (Ма авода азот лахем?). Що я матиму з цього? Адже це проти мого бажання». І людина починає відчувати потребу в допомозі вищої сили для роботи проти свого егоїзму тому, що відчула зло в собі.

Є особлива духовна сила, яка зветься ангелом, що створює страждання в людині, аби вона усвідомила, що не може наситись, задовольняючи свій егоїзм. І ці страждання підштовхують людину вийти з рамок егоїзму, інакше залишилася б рабом егоїзму назавжди.

Мовиться, що Творець, раніше ніж вручити Тору Ісраелю, пропонував її всім народам, але отримав відмову. Людина, як маленький світ, складається з багатьох бажань, які називаються народами. Людина мусить знати, що жодне з її бажань непридатне для духовного сходження, крім прагнення до Творця, що називається «Ісраель», – яшар Ель. Лише обравши це бажання із усіх інших, вона може отримати Тору.

Приховування свого духовного рівня є однією з неодмінних умов успіху в духовному піднесенні. Під прихованням такого роду мається на увазі виконання дій, які не помітні сторонім. Але головна вимога поширюється на прихованість думок людини, її прагнень, і якщо потребує кабаліст усе ж таки висловити свої погляди, – зобов'язаний затушувати їх і виражати в загальному вигляді, так, щоб істинних його намірів не дізналися.

Наприклад, людина дає велику пожертву на підтримання уроків Тори з умовою надрукування її імені в газетах, – тобто дає гроші, аби прославитися і зазнати задоволення. Та хоча явно показує, що для неї головне – отримання почестей, можливо, справжня причина в тому, що не хоче показувати, що робить це заради розповсюдження Тори. Тому приховання зазвичай має місце в намірах, а не в діях.

Якщо Творець повинен дати кабалісту відчуття духовного падіння, то, перш за все, даючи погані відчуття, віднімає у нього віру в великих кабалістів, інакше зможе отримати від них зміцнення сил та не відчує духовного падіння.

Маси, які виконують заповіді, піклуються лише про дії, але не про наміри, тому що їм ясно, що роблять це заради винагороди в цьому або в майбутньому світах, завжди мають виправдання своїм діям і відчувають себе праведниками.

Кабаліст, працюючи над своїм егоїзмом, контролюючи свої наміри у виконанні заповідей, прагнучи безкорисно виконувати бажання

Творця, відчуває опір тіла і постійні думки, що заважають, та почуває себе грішником.

І так зумисне робиться Творцем, щоби кабаліст постійно мав можливість корегувати свої думки й наміри, щоб не залишився рабом свого егоїзму, не працював би, як маси, заради себе, а відчув, що немає у нього іншої можливості виконувати бажання Творця, як тільки заради Нього (лішма).

Саме звідси гостре постійне почуття кабаліста, що він набагато гірший за маси. Адже відсутність відчуття істинного духовного стану у мас є основою фізичного виконання заповідей. Кабаліст же змушений переробити свої наміри з егоїстичних на альтруїстичні, інакше не зможе виконувати заповіді взагалі. Тому він у своїх відчуттях гірший, ніж маси.

Людина постійно перебуває у стані війни за виконання вимог своїх бажань. Але є війна протилежного виду, в котрій людина воює проти себе, за те, щоб віддати всю територію свого серця Творцю і заповнити серце своїм природним ворогом – альтруїзмом, – щоби Творець займав увесь простір не лише за Своєю волею, але й за бажанням людини, царював над нами за нашим проханням, явно нами керував.

У такій війні людина перш за все повинна припинити ототожнювати себе зі своїм тілом, а ставитись до свого тіла, розуму, думок, почуттів як до таких, що приходять ззовні, посилаються Творцем для того, щоб людина мала потребу в допомозі Творця, просила Творця перемогти їх, щоб Творець зміцнив думку про Свою єдиність, – що саме Він посилає ці думки; щоб Творець дав людині віру – відчуття Своєї присутності і управління для протистояння думкам, наче щось в усьому цьому залежить від самої людини, – що є в світі ще воля і сила, крім Творця.

Наприклад, хоча людина прекрасно знає, що Творець усе сотворив і всім керує (права лінія), але, разом з тим, не може позбутися думки, що якийсь «N» зробив щось їй чи може зробити (ліва лінія). І хоча, з одного боку, вона впевнена, що всі впливи походять з одного джерела, Творця (права лінія), – не може уникнути думки, що крім Творця ще хтось впливає на неї або що не лише від Творця залежить результат будь-чого (ліва лінія).

Такі внутрішні сутички між протилежними відчуттями відбуваються з усіляких приводів залежно від суспільних зв'язків людини до тих пір, поки людина не дійде такого стану, коли Творець допоможе їй віднайти середню лінію.

Війна відбувається за відчуття єдиності Творця, а сторонні думки надсилаються зумисне, для боротьби з ними ж, для перемоги з допомогою Творця і завоювання більшого відчуття Його управління, тобто збільшення віри. Якщо природна війна людини відбувається за наповнення свого егоїзму, за великі прибутки, як і всі війни в нашому світі, то протиприродна війна, – війна проти свого єства, – ставить за мету віддати владу над своєю свідомістю противнику, Творцю; віддати всю свою територію в розумі і в серці діянням Творця, заповненню Творцем, щоби Творець завоював весь світ, – і особистий маленький світ людини і весь великий світ, – наділив своїми властивостями в усьому за їх бажанням.

Стан, при якому бажання, властивості Творця займають всі думки і бажання людини, зветься альтруїстичним, – станом «віддачі» («машпіа аль мінат леашпіа»), або станом віддачі Творцю тваринної душі («месірут нефеш»), або поверненням («тшува»). Відбувається це під впливом світла милосердя («ор хасадім»), котре людина отримує від Творця і котре дає сили протистояти стороннім думкам тіла.

Такий стан може бути і непостійним: людина може подолати якісь перешкоди думок, але від нової атаки думок, які заперечують єдиність Творця, знову потрапити під їхній вплив, знову боротися з ними, знову відчути необхідність у допомозі Творця, знову отримати світло, перемогти ці думки, віддати також і їх під владу Творця.

Стан, при якому людина отримує насолоди від Творця, тобто не лише здається своєму «противнику», Творцю, але й переходить на Його бік, називається отриманням ради Творця (лекабель аль мінат леашпіа). Природний вибір думок і вчинків людини такий, що підсвідомо чи свідомо вона обирає той шлях, на котрому може отримати більші насолоди, – тобто нехтує малими насолодами заради більших. У цих вчинках немає ніякої свободи волі, права вибору.

Але у того, хто ставить собі за мету обирати рішення на основі правди, а не насолоди, – з'являється право вибору, свобода рішення тому, що згоден йти шляхом правди, хоча він і приносить страждання. Але природне прагнення тіла – уникати страждань та шукати насолод будь-яким шляхом, і воно не дозволить людині діяти, керуючись категорією «правда». Ті, хто виконують заповіді, виходячи з віри у винагороду й покарання, також не переслідують мети відчути велич Творця, бо їхньою метою є отримання винагороди в цьому або в майбутньому світах, і це є причиною виконання ними Тори й заповідей. Тому немає у них зв'язку з Творцем, бо не мають потреби в Ньому, – настільки, що якби Творець не існував взагалі, а винагорода йшла з якогось іншого джерела, вони б також виконували його бажання.

Той же, хто прагне виконати бажання Творця, тобто мусить ставити свої бажання нижче від бажань Творця, зобов'язаний постійно піклуватися про відчуття величі Творця, що дає сили виконувати волю Творця, а не свою. І в тій мірі, в якій людина вірить у велич і силу Творця, вона може виконувати Його бажання. Тому всі зусилля людина повинна зосередити на поглибленні відчуття величі Творця.

Оскільки Творець бажає, щоб ми відчували насолоду, Він створив в нас бажання зазнавати насолоди. Крім цього бажання немає в нас ніякої іншої властивості, і воно диктує всі наші думки та вчинки, програмує наше існування.

Егоїзм зветься злим ангелом, злою силою, тому повеліває нами згори, посилаючи нам насолоди, і ми мимохіть стаємо його рабами. Стан беззаперечного підкорення цій силі, що купує нас насолодами, називається рабством, або вигнанням («ґалут») із духовного світу.

Якби у цього ангела не було що дати, він не міг би панувати над людиною. А також, якби людина могла відмовитись від насолод, які пропонує егоїзм, вона не була би поневоленою насолодою.

Тому, що людина не спроможна вийти з рабства, але якщо намагається це зробити, що розцінюється як її вибір, то Творець допомагає їй згори тим, що вилучає насолоди, котрими егоїзм поневолює людину, і людина здатна вийти з-під влади егоїзму та стати вільною, а підпадаючи під вплив духовно чистих сил, відчуває насолоди в альтруїстичних діях і стає рабом альтруїзму.

Висновок: людина є рабом насолоди. Якщо насолода людини від отримання, то вона зветься рабом егоїзму. Якщо насолода людини від віддачі, то називається рабом Творця (альтруїзму). Але без отримання насолоди людина не в змозі існувати, – така її суть, такою її створив Творець, і в цьому її змінити не можна. Все, що повинна зробити людина, – це просити Творця дати їй бажання альтруїзму. У цьому вибір людини та її молитва.

Правильне (дієве) звернення до Творця складається з двох етапів. Спочатку людина повинна усвідомити, що Творець – абсолютно добрий до всіх без винятку і всі Його дії є милосердними, якими б неприємними вони не відчувалися. Тому і їй Творець посилає лише найкраще, наповнює її всім необхідним, та їй нема про що просити Творця.

У тій мірі, в котрій людина задоволена отримуваним від Творця, у якому б жахливому стані вона не перебувала, – в тій же мірі може дякувати Творцеві і звеличувати Його настільки, що вже нема чого додати до її стану, бо задоволена тим, що має («самеах бе хелько»).

Спочатку за минуле людина завжди зобов'язана дякувати Творцеві, а затим, – на майбутнє, – просити. Та якщо людина відчуває нестачу у чомусь, то в тій же мірі, в якій це відчуває, вона є віддаленою від Творця, бо Творець – абсолютна досконалість, а людина – почувається нещасною. Тому, дійшовши такого відчуття, що все, що має, – це найкраще, оскільки Творець послав їй саме цей стан, а не інший, – вона стає ближче до Творця і вже може просити на майбутнє.

Стан «вдоволений тим, що має» («самеах бе хелько») може бути у людини навіть лише від усвідомлення того, що не вона, а Творець дав їй такі обставини, – що вона читає книгу, яка розповідає про Творця, про те, як просити Творця змінити свою долю, чого не удостоюються мільйони у світі.

І ті, хто бажають відчути Творця, але ще не удостоєні цього, хоча вдоволені тим, що мають, – оскільки це походить від Творця, – щасливі своєю долею («самеах бе хелько»). А оскільки (попри те, що вони задоволені тим, що Творець знаходить за потрібне їм давати, і тому вони близькі до Творця), все ж залишаються в них незаповнені бажання, то заслуговують отримати світло Творця, яке несе абсолютне знання, розуміння й насолоду.

Аби духовно відірватися від егоїзму, людина мусить відчути свою нікчемність, ницість своїх інтересів, прагнень, насолод, – відчути, наскільки вона готова на які завгодно вчинки в ім'я досягнення власного благополуччя і в усіх думках переслідує лише свої вигоди.

Головне у відчутті власної нікчемності – це усвідомлення істини, що власне вдоволення важливіше за Творця, а якщо не бачить у своїх діях зиску, – не в змозі виконати їх ні в думках, ні в дії.

Творець зазнає насолоди, завдаючи насолоди людині. Якщо людина зазнає насолоди від того, що дає Творцеві можливість тішити себе, то і Творець, і людина схожі за властивостями, бажаннями тому, що кожен задоволений тим, що дає: Творець дає насолоди, а людина створює умови для їх отримання, – кожний думає про іншого, але не про себе, і це визначає їхні дії.

Але оскільки людина народжена егоїстом, не може думати про інших, а тільки про себе, і може віддавати тільки в тому випадку, якщо бачить в цьому прямий зиск, більший за те, що віддає (як, наприклад, процес обміну, покупки), – то цією властивістю людина полярно віддалена від Творця і не відчуває Його.

Ця абсолютна віддаленість людини від Творця, джерела всіх насолод, з огляду на наш егоїзм, є джерелом всіх наших страждань. Усвідомлення цього називається усвідомленням зла («акарат ра»), бо для відмови від егоїзму через ненависть до нього людина зобов'язана повністю відчути, що все це її зло – це її єдиний смертельний ворог, який не дозволяє людині досягти довершеності насолод і безсмертя.

Тому в усіх діяннях, – у вивчанні Тори, у виконанні заповідей, – людина повинна ставити собі за мету відірватися від егоїзму та зблизитись з Творцем збіжністю властивостей, щоб у тій же мірі, в якій вона зараз може зазнати насолоди від егоїзму, вона могла б тішитись тим, що робить альтруїстичні вчинки.

Якщо за допомогою згори людина починає отримувати насолоду від виконання нею альтруїстичних діянь, – і в цьому її радість та її найбільша винагорода, – то такий стан називається «дає заради віддачі» без будь-якої винагороди («машпіа аль мінат леашпіа»). Насолода людини – лише в тому, що може щось зробити для Творця.

Та після того як людина піднялася на цей духовний рівень і бажає що-небудь дати Творцю, вона бачить, що Творець бажає тільки одного – щоб людина отримувала від Нього насолоди. Тоді людина готова приймати насолоди тому, що саме в цьому бажання Творця. Такі дії називаються «отримує заради віддачі» («мекабель аль мінат леашпіа»).

У духовних станах розум (мудрість) людини відповідає світлу мудрості («ор хохма»). Серце, бажання, відчуття людини є відповідним світлу милосердя («ор хасадім»). Лише коли є в людини підготовлене до сприйняття серце, розум може панувати над ним. (Ор хохма може світити тільки там, де є вже ор хасадім.) Якщо ж немає ор хасадім, то ор хохма не світить, і такий стан називається пітьмою, ніччю.

Але в нашому світі, тобто у людини, яка ще перебуває в рабстві егоїзму, ніколи розум не може панувати над серцем, тому що серце є джерелом бажань. Воно є істинним господарем людини, і немає в розуму доказів, аби протистояти бажанням серця.

Наприклад, якщо людина бажає вкрасти, то просить у свого розуму поради, як їй це зробити, і розум є виконавцем бажань серця. А якщо бажає зробити що-небудь добре, то той же розум допомагає їй, як й інші органи тіла. Тому немає іншого шляху, як тільки очистити своє серце від егоїстичних бажань.

Творець спеціально показує людині, що Його бажання – щоби кожна людина отримала насолоду, аби звільнити людину від почуття сорому під час отримання. У людини створюється повне відчуття того, що отримуючи насолоди «заради Творця», вона дійсно тішить Його, – тобто завдає насолоди Творцю, а не отримує насолоди від Творця.

Є три види роботи людини в Торі та заповідях, і в кожній роботі є добрі й злі прагнення.

1) Вчить і виконує заради себе, – наприклад, аби стати відомим, щоб не Творець, а люди, які довкола, платили йому почестями або грошима за його зусилля. І тому займається Торою на очах у всіх, інакше не отримає винагороди.

2) Вчить і виконує заради Творця, щоб Творець заплатив йому в цьому та в майбутньому світах. У такому випадкові вже займається Торою не на очах у всіх, а так, щоб люди не бачили його роботу і не почали нагороджувати за його працю, тому що всю винагороду бажає отримати лише від Творця, а якщо оточення почне його нагороджувати, то може збитися зі своїх намірів і замість винагороди від Творця почне отримувати винагороду від людей.

Такі наміри людини в роботі називаються «заради Творця» тому, що працює на Творця, виконує заповіді Творця, щоб тільки Творець нагородив його за це, тоді як у першому випадку він працює на людей, виконуючи те, що вони бажають бачити в його роботі, і за це вимагає винагороди.

3) Після попередніх двох етапів людина входить у стан усвідомлення егоїстичного рабства, – її тіло починає запитувати: «Що це за робота без винагороди?». І на це питання нема чим відповісти.

У стані 1 егоїзм не запитує, тому що бачить плату за працю від свого оточення. У стані 2 людина може відповісти егоїзму, що бажає плату більшу, ніж їй можуть дати люди, тобто бажає вічних духовних насолод у цьому і в майбутньому світах. Але в стані 3 людині нема чого відповісти своєму тілу, і тому лише тоді вона починає відчувати своє рабство, владу егоїзму над собою; тоді як Творець бажає тільки віддавати, і людина хоче, щоб можливість робити так, як Творець, була її винагородою.

Винагородою називається те, що бажає отримати людина за свою роботу. У загальному вигляді ми називаємо це словом «насолода», а під роботою маємо на увазі будь-яке розумове, фізичне, моральне та інші зусилля тіла. Насолода також може бути у вигляді грошей, почестей, слави тощо.

Коли ж людина відчуває, що не в силах протистояти в боротьбі з тілом, – немає енергії для виконання навіть незначної дії, оскільки тіло, якщо не бачить винагороди, не в змозі здійснити жодного зусилля, – в неї не залишається ніякої можливості, окрім як просити Творця дати їй надзвичайні сили працювати проти природи й розуму. Тоді вона зможе працювати без будь-якого зв'язку зі своїм тілом і доказами розуму.

Тому найголовніша проблема – це повірити в те, що Творець може допомогти всупереч природі і очікує на прохання про це. Але це рішення людина може прийняти тільки після абсолютного розчарування у своїх силах.

Творець бажає, щоб людина сама обрала хороше і віддалилася від поганого. Інакше Творець сотворив би людину зі своїми якостями, або, вже сотворивши егоїзм, сам би замінив його на альтруїзм без гіркоти вигнання зі стану вищої досконалості.

Вибір же полягає у вільному особистому рішенні самої людини щоб над нею царював Творець замість егоїзму. Сила егоїзму в тому, що розплющує людині очі на винагороди, які обіцяє. Людина явно бачить винагороду від своїх егоїстичних дій, – розуміє їх своїм розумом і бачить очима. Результат звичний, відомий зарані, вітається суспільством, сім'єю, батьками і дітьми. Тому тіло задає егоїстичне питання: «Хто такий Творець, що я повинен його слухати?», «Навіщо мені така робота?». Тому права людина, коли каже, що не в її силах йти проти природи. Але від неї це і не вимагається. А потрібно лише вірити, що Творець може її змінити.

Світло Творця, Його розкриття людині називається життям. Момент першого постійного відчуття Творця називається духовним народженням людини. Але як у нашому світі людина володіє природним бажанням жити, прагненням існувати, так само бажання духовно жити вона зобов'язана зростити в собі, якщо бажає духовно народитися, – за законом «страждання (туга) за насолодою визначає отримувану насолоду».

Тому людина повинна вчити Тору заради Тори, тобто заради розкриття світла, лика Творця. І якщо не досягає цього, то відчуває величезні страждання і гіркоту. Цей стан називається «у гіркоті живи» («хаєй цаар тих'є»). Але все одно людина мусить продовжити свої зусилля («бе Тора ата амель») і, відповідно, її страждання від того, що не отримує одкровення, посилюються до певного рівня, коли Творець розкривається їй.

Бачимо, що саме страждання поступово народжують в людині справжнє бажання зазнати розкриття Творця. Такі страждання називаються стражданнями любові («ісурей ахава»). І цим стражданням може заздрити кожний! Поки не наповниться вся повна чаша цих страждань у необхідній мірі, і тоді Творець розкриється кабалісту.

Для укладання угоди часто є необхідним посередник, який дає зрозуміти покупцеві, що річ, котра його цікавить, коштує більше, ніж та ціна, за якою вона продається, – тобто продавець не перевищує ціну. Весь метод «отримання» («мусар») побудований на цьому принципі, який переконує людину відкинути матеріальні блага в ім'я духовних. І книги системи «мусар» вчать, що всі насолоди нашого світу – це надумані насолоди, які не мають ніякої вартості. І тому людина не так вже й багато втрачає, поступаючись ними задля придбання духовних насолод.

Метод рабі Бааль Шем Това дещо інший: основна вага переконання припадає на запропоновану покупку. Людині дають зрозуміти безмежну цінність і велич духовного придбання, – хоча і є цінність в насолодах світу, але від них ліпше відмовитись, оскільки духовні насолоди є незрівнянно більшими.

Якби людина продовжувала залишатися в егоїзмі і могла б одночасно з матеріальними отримувати духовні насолоди, то вона б, як і в нашому світі, збільшувала б свої бажання кожного разу, – ще і ще, – та віддалялася б від Творця все далі й далі, відмінністю властивостей та їхньою величиною. У такому випадкові людина, не відчуваючи Творця, не зазнавала б почуття сорому при отриманні насолоди. Але такий стан є подібним до стану спільної душі в момент її творення («малхут де-эйн соф»).

Отримати насолоду від Творця можна лише наближенням до Нього за властивостями , проти чого наше тіло, егоїзм, негайно повстає, що людина відчуває у вигляді питань, які раптом у неї виникають: що я маю від цієї роботи на сьогодні, незважаючи на те, що вже віддав так багато сил; чому я повинен бути впевненим, що хтось досягнув духовного світу; навіщо слід так важко вчитися по ночах; чи дійсно можна досягти відчуття духовного і Творця у тому обсязі, як пишуть кабалісти; чи під силу це звичайній людині … ?

Все, що каже наш егоїзм, – правда: не в силах людина досягти найменшого духовного ступеня без допомоги Творця. Та найскладніше – вірити в допомогу Творця до її отримання. Ця допомога в подоланні егоїзму приходить у вигляді розкриття величі і сили Творця.

Якби велич Творця була розкрита всім у нашому світі, то кожний тільки й прагнув би догодити Творцеві, навіть без всякої плати тому, що сама можливість услужити була б платнею. І ніхто б не просив і навіть відмовлявся б від іншої чи додаткової винагороди («машпіа аль мінат леашпіа»).

Та оскільки велич Творця прихована від наших очей та почуттів («шхіна де-ґалут, шхіна бе афар»), – неспроможна людина що-небудь здійснити заради Творця. Адже тіло (наш розум) вважає себе важливішим за Творця, оскільки тільки себе й відчуває, і тому справедливо заперечує: якщо тіло важливіше за Творця, то працюй на тіло і отримуй винагороду. Але там, де не бачиш вигоди, – не працюй.

І ми бачимо, що в нашому світі лише діти у своїх іграх, чи душевнохворі готові трудитися без усвідомлення винагороди. (Але і це тому, що і ті, й інші автоматично примушуються до цього природою: діти – для їхнього розвитку, душевнохворі – для виправлення їхніх душ.)

Насолода є похідною від бажання, що їй передує: апетиту, страждання, жаги, голоду. Людина, у котрої є все, – нещасна тому, що не може зазнати насолоди та перебуває в депресії. Якщо вимірювати майно людини її відчуттям щастя, то бідні люди – вони найбільш багаті тому, що мають задоволення від незначних речей.

Саме тому Творець не розкривається відразу, аби людина створила необхідне відчуття бажання (пізнати) Творця. Коли людина вирішує йти назустріч Творцеві, то, замість того, щоб відчувати вдоволення від свого вибору і насолоду від процесу духовного осягнення, вона потрапляє в обставини, що сповнені страждань. І це навмисне для того, щоб зростила в собі віру вище всіх своїх відчуттів і думок, віру в доброту Творця. Незважаючи на страждання, які раптом так боляче вражають, вона повинна зусиллям, внутрішньою напругою подолати думку про ці страждання і примусити себе думати про мету творіння та свій шлях у ньому, хоча для цього немає місця ні в розумі, ні в серці.

Та неможна обманювати себе і казати, що це не страждання, а разом із тим слід вірити, всупереч своїм почуттям, і намагатися не прагнути відчути Творця, – Його розкриття та явне знання про Його задуми, дії та плани у стражданнях, які Він посилає, – тому що це подібне до хабара, винагороди за відчуття страждань; але всі дії та думки людини повинні бути не про себе, не всередині себе, не спрямованими на відчуття своїх страждань й думок, – як їх уникнути, – а за межами свого тіла, – наче перенесеними зсередини назовні; слід прагнути відчувати Творця і

Його задуми, але не в своєму серці, не за своїми відчуттями, а зовні, у відриві від себе, поставивши себе на місце Творця, приймаючи ці страждання як необхідну умову для збільшення віри в управління, – щоб все було ради Творця.

У такому випадку людина може заслужити розкриття Творця, відчуття Творця, Його істинного управління. Тому, що Творець розкривається лише в альтруїстичних бажаннях, думках не про себе, свої проблеми, а у «зовнішніх» турботах, оскільки лише тоді є збіжність за властивостями між Творцем й людиною. А якщо людина просить у своєму серці позбавити її від її страждань, то перебуває у становищі прохача, егоїста. Тому зобов'язана знайти позитивні почуття, за котрі може дякувати Творцеві, і тоді може отримати особисте розкриття Творця.

Слід пам'ятати, що приховання Творця та страждання – це наслідок дії нашої егоїстичної оболонки, а з боку Творця приходить лише насолода і ясність, але тільки за умови створення в людині альтруїстичних бажань і повного відторгнення егоїзму («келім лемала мі даат») шляхом виходу зі своєї природи, з відчуття свого «я». І весь прогріх людини – в тому, що не бажає йти вірою вище розуму і тому відчуває постійні страждання, бо опора тікає з-під ніг («толє ерец аль блі ма»).

Причому, доклавши багато зусиль в навчанні і роботі над собою, людина, звичайно, чекає доброї винагороди, а отримує болючі відчуття безвихідних і критичних станів. Адже втриматися від насолоди своїми альтруїстичними діями незрівнянно важче, ніж від егоїстичних насолод тому, що сама насолода є незрівнянно більшою. Надзвичайно важко навіть на мить зусиллям розуму погодитися, що це і є допомога Творця. Тіло, всупереч всім міркуванням, кричить про необхідність позбутися подібних переживань.

Допомога Творця, – лише вона може врятувати людину від несподіваних життєвих проблем; але не проханням про їхнє вирішення, а молитвою про можливість, – незалежно від вимог тіла, – просити Творця про віру вище розуму, про згоду з діями Творця: адже лише Він усім керує й створює всі ці ситуації зумисне для нашого вищого духовного благополуччя.

Всі земні муки, душевні страждання, сором, осуд – все доводиться зносити кабалісту на шляху духовного злиття з Творцем: історія кабали сповнена подібними прикладами (Рашбі, Рамбам, Рамхаль, Арі та ін.).

Однак, тільки-но людина буде спроможна вірити вище розуму, – тобто всупереч своїм відчуттям, – що ці страждання – не що інше як абсолютна доброта й бажання Творця притягнути людину до Себе, погодиться з цим станом і не захоче змінити його на приємні для егоїзму відчуття, Творець розкриється їй в усій своїй величі.

Мовиться, що наше тіло – не що інше як тимчасова оболонка для вічної душі, яка спускається згори, що процес смерті й народження знову є подібним до зміни одягу людиною в нашому світі: як ми легко міняємо одну сорочку на іншу, так само легко, з точки зору духовного світу, душа міняє одне тіло на інше.

Не те що ці події нічого не варті у порівнянні з духовними, адже людина – мета творіння і на собі відчуває найнезначнішу радість чи біль. Але на цьому прикладі можна уявити собі ту грандіозність духовних процесів, в котрих ми повинні брати участь (та зобов'язані, ще перебуваючи в нашому тілі), всю велич сил, насолоди, до котрих нас готує Творець.

Безкорисливо виконувати бажання Творця, бути альтруїстом у думках і діях – означає, незважаючи на неприємні події, відчуття, що зумисне посилаються Творцем, аби людина вивчила себе і сама дала оцінку своєму істинному низькому становищу, усе ж постійно бути в думках про виконання бажань Творця, про прагнення виконувати прямі та справедливі закони духовного світу, всупереч «особистому» благополуччю.

Прагнення бути схожим властивостями на Творця може походити від страждань і випробувань, яких зазнає людина, а може походити від осягнення величі Творця, і тоді вибір людини полягає в тому, щоб просити про просування шляхом Тори. Всі свої заняття людина повинна здійснювати з наміром осягти велич Творця, щоб відчуття і усвідомлення цього допомогли їй стати чистішою та більш духовною.

Для того, щоб духовно просуватися, людина мусить на кожному духовному рівні турбуватися про зростання в собі усвідомлення величі Творця, постійно відчуваючи, що для духовної досконалості і, навіть, для того, щоб втриматися на тому ступені, де вона перебуває в даний момент, – вона має потребу у все більш глибокому усвідомленні величі Творця.

Цінність подарунку вимірюється важливістю того, хто дарує, – настільки, що часто перекриває номінальну цінність самого подарунку у багато разів. Адже річ, що належала відомій, важливій в очах суспільства людині, коштує іноді мільйони.

Цінність Тори також вимірюється відповідно до величі Того, Хто дарує нам Тору: якщо людина не вірить в Творця, то Тора для неї значить не більше, ніж історичний чи літературний документ, але якщо вірить у силу Тори та в її користь для себе, оскільки вірить у Вищу силу, що вручила Тору, цінність Тори в її очах незрівнянно зростає.

Чим більше людина вірить в Творця, тим більшу цінність являє для неї Тора. А кожного разу, беручи на себе добровільне підкорення Творцеві у відповідності з величиною віри в Нього, осягає цінність Тори та її внутрішній зміст. Таким чином кожного разу людина приймає нову Тору, бо кожного разу отримує її наче від нового Творця, на більш високому духовному ступені.

Але це стосується лише тих, хто, піднімаючись по духовних сходинах, кожного разу отримує нове розкриття світла Творця. Тому мовиться, що «праведник живе вірою», величина віри визначає міру світла, яке він відчуває. «Кожного дня є вручення Тори», а для кабаліста кожен «день» (коли світить світло Творця) є нова Тора.

Якщо людина бажає дотримуватись духовних правил, то відчуває, що її бажання й думки чинять опір цьому, постійно стирають її думки про єдиність Творця, про те, що це Творець зумисне посилає для виштовхування «людини з егоїзму» гнітючі обставини та страждання, тобто її тіло (під тілом у кабалі маються на думці егоїстичні бажання й думки) не бажає виконувати вимоги альтруїстичних законів духовного життя, і причина цього у відсутності страху перед Творцем.

Людину можна виховати так, що вона буде виконувати заповіді, дотримуватись суботи, але неможливо виховати в ній потребу придавати своїм діям ті чи інші альтруїстичні наміри, оскільки це не може увійти в егоїстичну природу людини, щоб могла автоматично виконувати їх, як потреби тіла.

Якщо людина проймається почуттям, що її війна проти егоїзму є війною проти темних сил, проти властивостей, які є протилежними Творцеві, то таким способом вона відокремлює ці сили від себе, не ототожнює себе з ними, подумки відмежовується від них, немовби виходить із бажань свого тіла. Продовжуючи відчувати їх, вона починає їх зневажати, як зневажають ворога, і у такий спосіб може перемогти егоїзм, отримуючи насолоду від його страждань. Подібний прийом називається «війною помсти за Творця», «некамат ашем». Поступово людина зможе звикнути відчувати потрібні цілі, думки, наміри незалежно від бажань, егоїстичних вимог її тіла.

1) Якщо під час навчання й виконання заповідей людина не бачить жодної вигоди для себе та страждає – це називається «зла основа» («єцер ра»).

2) Міра зла визначається мірою відчуття зла, жалем про відсутність потягу до духовного, якщо не бачить особистої користі. І чим більші страждання від такого низького стану, – тим вищою є ступінь усвідомлення зла.

3) Якщо людина розуміє, що поки що не має успіху в духовному просуванні, але не «болить» їй, то немає ще у такої людини злої основи («єцер ра»), бо ще не страждає від зла.

4) Якщо людина не відчуває зла в собі, то вона повинна займатися Торою. Якщо відчула зло в собі, повинна вірою і молитвою вище розуму позбуватися від нього.

Наведені вище визначення потребують пояснень. Написано в Торі: «Я створив злу основу (силу, бажання), і Я ж створив йому Тору в добавку (задля зміни його), – «Бараті єцер ра, бараті Тора тавлін». Тавлін означає – спеції, добавки, доповнення, що робить їжу смачною, придатною для вживання.

Ми бачимо, що головне створіння – це зло, егоїзм. А Тора – всього лише добавка до нього, тобто засіб, що дозволяє користуватися злом, обертаючи його на добро. Це тим більш дивно, бо ще сказано, що дані заповіді лише для того, щоб очистити за їх допомогою Ісраель («ло натну міцвот, ела лецареф ба хем Ісраель»). З цього випливає, що після очищення людини вже не будуть потрібні їй Тора й заповіді.

Мета творіння – насолодити створених. Тому в них створене бажання зазнати насолоди, бажання отримати насолоду. Аби при отриманні насолоди створіння не відчували сорому, який потьмарює насолоду, створена можливість виправити відчуття сорому: якщо творіння не бажає нічого для себе, а бажає завдати насолоди Творцеві, тоді не відчує сорому від отримання насолоди, оскільки отримає її заради Творця, а не для свого задоволення.

Та що можна дати Творцеві, аби Він втішився? Для цього Творець дав нам Тору й заповіді, щоб ми могли «заради Нього» виконувати Його вказівки, і тоді Він зможе дати нам насолоди, що не затьмарені соромом, відчуттям подачки. Якби не вказівки Творця, ми б не знали, чого бажає Творець.

Якщо людина виконує Тору й заповіді, щоби зробити Творцю приємне, то вона схожа своїми діями на Творця, який робить приємне людині. За мірою уподібнення бажань, дій, властивостей людина і

Творець зближаються. Творець хоче, щоб ми давали Йому, як Він дає нам, щоби наші насолоди не були потьмарені соромом, не відчувалися милостинею.

Духовне бажання, тобто бажання, що володіє всіма умовами отримати світло, визначає отримувану ним насолоду за величиною і за видом тому, що світло Творця включає в себе все, – кожне наше бажання натішитися чимось конкретним, виявляє зі спільного світла бажане нами. Величина бажання, що вимірюється стражданням від браку насолоди, визначає величину останньої. Творцем дані саме 613 заповідей для виправлення зла (в нас) на добро (для нас) тому, що саме з 613 частин Він сотворив наше бажання зазнати насолоди, і кожна заповідь виправляє певну властивість. І тому мовиться: «Я створив зло і Тору для його виправлення».

Але навіщо виконувати Тору і заповіді після виправлення зла? Заповіді даються нам для наступного.

1) Коли людина ще перебуває у рабстві своєї природи і не в змозі нічого робити заради Творця, а тому перебуває у віддаленні від Творця внаслідок різниці властивостей, то 613 заповідей дають їй сили вийти з рабства егоїзму, про що і каже Творець: «Я створив зло і Тору для його виправлення».

2) По закінченні виправлення, коли людина перебуває завдяки схожості властивостей і бажань у злитті з Творцем, вона удостоюється світла Тори: 613 заповідей стають її духовним тілом, судиною її душі, і в кожне з 613 бажань вона отримує світло насолоди. Як бачимо, заповіді на цьому етапі зі способу виправлення стають «місцем» отримання насолоди (судина, «клі»).

Правою лінією («кав ямін») називається малий духовний стан, катнут, («задоволений тим, що має», – «хафец хесед»), коли нема потреби Тори, бо не відчуває зла, егоїзму в собі, а без потреби у власному виправленні – не потребує Тори.

Тому має потребу в лівій лінії («кав смоль»), – критиці свого стану, чого він бажає від Творця і від себе, чи розуміє Тору, чи наближається до мети творіння. І тут він бачить свій істинний стан та зобов'язаний включити його в свою праву лінію, тобто задовольнятися тим, що має, і радіти своєму стану, ніби має все, що бажає.

Ліва лінія, яка дає страждання від браку бажаного, саме цим викликає потребу в допомозі Творця, котра приходить у вигляді світла душі.

У правій лінії, в стані, коли людина не бажає нічого для себе, є тільки світло милосердя («ор хасадім»), насолоди від подібності до духовних властивостей. Але цей стан не є довершеним тому, що немає в ньому знання, осягнення Творця.

У лівій лінії немає довершеності тому, що світло розуму може світити, тільки якщо є схожість духовних властивостей світла й того, хто його отримує. Схожість дає ор хасадім, що міститься в правій лінії. Духовні осягнення можна отримати лише при бажанні. Але права лінія нічого не бажає. Бажання зосереджені в лівій лінії. Але бажане неможливо отримати в егоїстичні бажання.

Тому необхідне об'єднання цих двох властивостей, і тоді світло пізнання й насолоди лівої лінії увійде в світло альтруїстичних властивостей правої і освітить творіння середньою лінією. Без світла правої лінії світло лівої не проявляється і відчувається як пітьма.

Навіть коли людина перебуває ще в рабстві у свого егоїзму, також має місце робота в правій та лівій лініях, але вона ще не керує своїми бажаннями. Бажання диктують їй думки й поведінку, і вона не може наповнитися світлом схожості з Творцем («ор хасадім») і світлом вищого осягнення («ор хохма»), – лише вимовляє імена світів, сфірот і келім.

У такому стані тільки вивчення будови духовних світів та їхніх дій, тобто вивчення кабали, дозволяє людині розвинути в собі прагнення наблизитись до Творця, оскільки в процесі навчання вона проймається бажаннями духовних об'єктів, які вивчає, і викликає на себе їхній вплив, – поки що невідчутний через відсутність духовних почуттів.

Але духовні сили діють на людину за умови, що вона вчить за ради зближення (за властивостями) з духовним. Лише в такому випадку людина викликає на себе очищувальний вплив оточуючого світла. Як можна спостерігати на прикладі багатьох, хто вивчає кабалу без правильного інструктажу, – людина може знати, що написано в книгах кабали, розумно та зі знанням справи міркувати й дискутувати, але так і не осягти чуттєво суті того, що вивчає. Як правило, її сухі знання є більшими за знання тих, хто вже перебуває у духовних світах.

Але той, хто осягає духовні ступені, навіть найнезначніші, – сам, своєю роботою, собою, – він вже вийшов зі шкаралупи нашого світу, вже робить те, для чого спустився у наш світ. Знання і пам'ять розумників тільки збільшують їхній егоїзм та самовпевненість і ще більше віддаляють їх від мети, тому що Тора може бути як життєдайними ліками («сам хаїм»), так і отрутою («сам макет»). І не в змозі початківець відрізнити того, хто насправді осягає, – кабаліста, – від того, хто вивчає кабалу як одну із світських наук.

Для початківця робота в трьох лініях полягає не в отриманні Вищого світла, – як для того, хто вже осягає, – а в аналізі свого стану. У правій лінії, що називається «віддачею», хесед, вірою, яка є вищою від знання та відчуття невдоволення, людина щаслива долею, яка їй випала, своєю судьбою, тим, що дає їй Творець, вважаючи, що це найбільший подарунок для неї.

Але цей стан ще не називається правою лінією тому, що відсутня ліва. Лише при появі протилежного стану можна казати про один з них як про праву лінію. Тому тільки після того як з'являється в людини критика свого стану, коли робить підрахунок своїх досягнень, усвідомлює, яка дійсно мета її життя, визначає цим свої вимоги до результатів своїх зусиль, – тоді лише виникає в ній ліва лінія.

Головне тут – розуміння мети творіння. Людина дізнається, що вона (мета) являє собою отримання насолоди від Творця. Але вона відчуває, що жодного разу ще не відчула цього. У процесі навчання вона усвідомлює, що це можливе лише при збіжності її властивостей з властивостями Творця. Тому вона зобов'язана вивчати свої прагнення та бажання, якомога об'єктивніше їх оцінювати, контролювати й аналізувати, щоб відчути, – чи дійсно вона наближається до відторгнення егоїзму та любові до ближнього.

Якщо учень бачить, що він ще перебуває в егоїстичних бажаннях і не зрушив в кращий бік – він часто проймається почуттям безнадії і апатією. Більше того, часто він знаходить, що не тільки залишився у своїх егоїстичних бажаннях, але ще більше зростив їх, оскільки з'явилися бажання до насолод, котрі раніше вважав низькими, дрібними, скороминучими, негідними, а тепер він мріє досягти їх.

Звичайно, в такому стані важко виконувати заповіді і продовжувати вчитися, як раніше, в радості. Людина впадає у відчай, розчаровується, шкодує про витрачений час, зусилля, нестатки, постає проти мети творіння.

Такий стан називається лівою лінією («кав смоль») тому, що потребує виправлення. Людина відчуває свою порожнечу і повинна перейти в такому випадку в праву лінію, у відчуття досконалості, достатку, повного вдоволення тим, що має.

Раніше, в такому стані, людина вважалася такою, що перебуває не в правій лінії, а в одній (першій), тому що не мала другої лінії, – критики свого стану. Та якщо після істинного усвідомлення недосконалості свого стану в другій лінії вона повертається у почуття досконалості (всупереч справжньому її стану та почуттям), в першу лінію, – вважається, що діє вже в двох лініях, – не просто у першій та другій, а в протилежних, правій та лівій.

Весь шлях відмови від егоїзму, виходу з кола своїх інтересів будується на основі правої лінії. Коли мовиться, що людина мусить відмовитися від «своїх» інтересів, маються на увазі тимчасові, дрібні, скороминучі інтереси нашого тіла, надані нам згори не для того, щоб ми вважали їх метою життя, а щоби ми відмовились від них в ім'я придбання вічних, вищих, абсолютних відчуттів духовних насолод, злиття з Найвищим, що є у світобудові, – з Творцем.

Та відірватися від своїх думок й бажань неможливо, оскільки крім себе, ми не відчуваємо нічого. Єдине, що можливе в нашому становищі, – це вірити в існування Творця, в Його повне управління всім, в мету Його творіння, в необхідність досягти цієї мети всупереч запевненням тіла. Така віра у невідчутне, віра в те, що є вищим від нашого розуміння, називається вірою вище знання.

Саме після лівої лінії надходить черга перейти до такого сприйняття дійсності. Людина є щасливою від того, що заслужила виконувати волю Творця, хоча не відчуває, з огляду на егоїстичні бажання, ніякої насолоди від цього. Та всупереч своїм відчуттям вона вірить, що отримала особливий подарунок від Творця тим, що нехай навіть і в такий спосіб, але може виконувати Його волю. Саме так, – а не як усі, заради насолод або в силу виховання, не усвідомлюючи навіть автоматизму своїх дій.

А вона усвідомлює, що все виконує всупереч своєму тілу, тобто внутрішньо перебуває на боці Творця, а не на боці свого тіла. Вона вірить, що все приходить до неї згори, від Творця, з особливим ставленням саме до неї. Тому вона дорожить цим подарунком Творця, і це надихає її, наче удостоїлася отримати найвищі духовні осягнення.

Тільки в такому випадку перша лінія називається правою, досконалістю, оскільки радість людини не від свого стану, а від ставлення до неї Творця, який дозволив здійснити хоча б щось поза особистими егоїстичними бажаннями. І в такому стані, хоча людина ще не вийшла з рабства егоїзму, вона може отримати згори духовне свічення.

Але хоча це вище свічення ще не входить в людину, тому що в егоїстичні бажання світло увійти не може, а охоплює її довкола у вигляді оточуючого світла («ор макіф»), все ж таки це дає людині зв'язок з духовним та усвідомлення того, що навіть найнезначніший зв'язок з Творцем – це велика нагорода і насолода. А про відчуття свічення вона повинна сказати собі, що не в її силах оцінити дійсну цінність світла.

Права лінія називається також істинною, тому що людина тверезо розуміє, що не досягла ще духовного рівня, не обманює себе, а каже, що те, що вона отримала, йде від Творця, навіть найгірший її стан, і тому вірою вище розуму, власним переконанням, всупереч відчуттям, знає, що це велика цінність тому, що є контакт з духовним.

Ми бачимо, що права лінія будується з чіткого усвідомлення відсутності духовного осягнення та гіркого відчуття власної нікчемності й наступного виходу із егоїстичних розрахунків на основі: «не те, що маю я, а те, чого бажає Творець», – настільки, наче отримала все, що бажає.

Незважаючи на те, що доводи людини є розумними якщо каже, що до неї є особливе ставлення Творця, що є у неї особливе ставлення до Тори і заповідей, а інші зайняті дрібними розрахунками своїх тимчасових турбот, – усе ж ці розрахунки в розумі, а не вище розуму; та слід сказати собі, що це настільки важлива річ, що вона щаслива своїм становищем і для цього вона повинна йти вірою вище розуму, щоб її радість будувалася на вірі.

Ліва ж лінія будується на перевірці, – наскільки любов людини до ближнього є щирою, чи здатна вона на альтруїстичні дії, на безкорисливі вчинки, не бажаючи отримати за свої труди винагороду в жодному вигляді. І якщо після подібних розрахунків людина бачить, що ще не може ні на йоту відмовитись від власних інтересів, – немає у неї іншого виходу, ніж молити Творця про порятунок. Тому ліва лінія приводить людину до Творця.

Права лінія дає людині можливість дякувати Творцеві за відчуття досконалості Тори. Але не дає відчуття істинного її стану, – стану незнання, відсутності зв'язку з духовним. І тому не приводить людину до молитви, без котрої неможливо осягнути світло Тори.

У лівій же лінії, стараючись зусиллям волі подолати свій істинний стан, людина відчуває, що у неї немає ніяких сил на це. І тоді у неї з'являється потреба в допомозі згори, тобто бачить, що тільки надприродні сили можуть їй допомогти. І тільки за допомогою лівої лінії людина досягає того, чого бажала.

Але необхідно знати, що ці дві лінії повинні бути врівноважені таким способом, щоб використовувалися порівну. І лише тоді виникає середня лінія, що з'єднує праву й ліву в одну. А якщо одна з них є більшою іншу, то більша не дозволить відбутися злиттю з меншою через відчуття того, що вона більш є корисною в даній ситуації. Тому вони мусять бути абсолютно рівними одна одній.

Користь від такої важкої роботи з рівного збільшення двох ліній у тому, що на їхній основі людина отримує згори середню лінію, Вище світло, що розкривається і відчувається саме на почуттях двох ліній.

Права дає досконалість тому, що людина вірить у досконалість Творця. А оскільки Творець править світом, і ніхто більше, то, якщо не брати в розрахунок егоїзм, – все є довершеним. Ліва лінія дає критику її стану й відчуття недосконалості. І необхідно потурбуватися, щоб в жодному разі вона не була більшою, ніж права. (Практично, за часом, людина повинна 23,5 години на добу перебувати в правій лінії і тільки на півгодини дозволяти собі включати егоїстичний розрахунок.)

Права лінія повинна бути настільки яскраво виражена, щоб не виникало ніяких додаткових потреб для відчуття повного щастя. Це контроль відриву від власних егоїстичних розрахунків. І тому вона називається досконалістю, оскільки не має потреби ні в чому для відчуття радості. Тому, що ці розрахунки людини не всередині її тіла, а поза тілом, на боці Творця.

Перейшовши до лівої лінії (перехід від правої лінії до лівої і назад людина повинна робити свідомо, у визначений час, заздалегідь диктуючи собі умови, а не відповідно зі своїм настроєм), вона знаходить, що не тільки не просунулася вперед у сприйманні й відчутті духовного, але й у звичайному своєму житті стала ще гіршою, ніж була раніше. Тобто, замість руху вперед повертається ще більше в свій егоїзм.

Із такого стану людина повинна відразу ж перейти до молитви про виправлення. Але вихід із егоїзму відбувається в стані, коли людина перебуває на останньому, сорок дев'ятому ступені бажань нечистих сил. Тільки коли людина цілком усвідомлює всю глибину і шкідливість свого егоїзму та волає про допомогу, Творець звеличує її, дає середню лінію тим, що дає душу, – починає світити їй згори світло Творця, яке дає сили перейти до альтруїзму, народитися в духовному світі.

Для досягнення мети творіння необхідний «голод», без котрого неможливо звідати всієї глибини насолод, які посилає Творець, без котрих ми не принесемо радості нашому Творцеві. І тому необхідним є виправлений егоїзм, що дозволяє зазнавати насолоди заради Творця.

У моменти, коли людина відчуває страх, необхідно усвідомити, – для чого посилає їй Творець подібні відчуття. Адже немає в світі іншої сили і влади, крім Творця, – ні ворогів, ні темних сил, – а сам Творець створює в людині таке почуття, щоб, очевидно, замислилась, з якою метою це раптом відчувається нею, і в результаті своїх пошуків змогла б зусиллям віри сказати, що це посилає їй сам Творець.

І якщо вже після всіх її зусиль страх не полишає її, вона повинна сприйняти це як приклад, що в такій же мірі мусить бути страх перед могутністю і владою Творця, – тобто в тій же мірі, як зараз її тіло здригається від надуманого джерела страху нашого світу, в тій же мірі воно повинно здригатися від страху перед Творцем.

Як людина може точно визначити, в якому духовному стані вона перебуває? Адже коли відчуває себе впевненою й задоволеною, – це, можливо, від того, що вірить у свої сили, і тому не має потреби в Творці, – тобто насправді перебуває в глибині свого егоїзму та є вкрай віддаленою від Творця; а відчуваючи себе абсолютно втраченою і безпорадною, – і тому відчуваючи гостру необхідність в підтримці Творця, – вона в цей час перебуває саме в найкращому для себе стані.

Якщо людина, зробивши зусилля, виконала якусь благу в її очах справу і відчуває вдоволення від «свого» вчинку, то тут же впадає в свій егоїзм, не усвідомлюючи, що це Творець дав їй можливість здійснити щось добре, і тільки посилює свій егоїзм.

Якщо постійно, день у день, докладаючи зусилля в навчанні і поверненні думками до мети творіння, людина все одно відчуває, що нічого не розуміє і не виправляється, і цим спроквола своїм почуттям у серці докоряє за свій стан Творцеві, – то ще більше віддаляється від істини.

Тільки-но людина починає намагатися перейти до альтруїзму, її тіло й розум відразу ж постають проти подібних думок і будь-якими шляхами пробують заплутати її: відразу ж з'являються сотні думок, невідкладних справ і виправдань, оскільки альтруїзм, тобто все, що не зв'язане з будь-якою вигодою для тіла, є ненависним нам, і не в змозі наш розум витримати хоч на якусь мить подібні прагнення та негайно пригнічує їх.

І тому думки про відмову від егоїзму здаються нам надзвичайно важкими, непосильними. А якщо вони ще не відчуваються такими, значить, десь в них криється власний зиск для тіла, і саме він не дозволяє так діяти і думати, обманюючи нас і запевняючи, що наші думки і вчинки є альтруїстичними.

Тому найбільш вірною перевіркою, – чи думки і дії продиктовані піклуванням про себе, чи вони альтруїстичні, – є перевірка того, чи дозволяють серце й розум хоча б якось погодитись, затримати на цьому думку або здійснити найменший порух. Якщо ми згодні – значить, це самообман, а не істинний альтруїзм.

Тільки-но людина зупиняється на відсторонених від потреб тіла думках, відразу ж у нього виникають питання типу: «а навіщо мені це потрібно?» та «кому є користь від цього?».

У таких ситуаціях найважливіше – усвідомити, що це не наше тіло запитує нас і не дає ніякої можливості зробити щось таке, що б виходило за рамки його інтересів, а це дії самого Творця, це Він особисто створює в нас такі думки й бажання та не дозволяє нам самостійно відірватися від бажань тіла, бо немає нікого, крім Нього; Він як приваблює нас до Себе, так і створює перешкоди на шляху до самого себе, аби ми навчилися розпізнавати нашу природу і змогли реагувати на кожну думку й бажання нашого тіла при спробах відірватися від нього.

Безсумнівно, подібні переживання можуть бути тільки у тих, хто намагається осягнути властивості Творця, «прорватися» в духовний світ – таким Творець посилає різноманітні перешкоди, що відчуваються як думки і бажання тіла, які відштовхують від духовного.

І це для того, щоби людина усвідомила свій істинний духовний стан та ставлення до Творця, – наскільки вона виправдовує дії Творця всупереч запереченням розуму, наскільки вона ненавидить Творця, який забирає у неї всі втіхи цього життя, яке раптом починає здаватися сповненим усього прекрасного, повергає її в пітьму безнадії, бо тіло не в змозі знайти в альтруїстичних відчуттях ані краплини насолоди.

Людині здається, що це її тіло заперечує, а не сам Творець діє на її почуття й розум тим, що дає думки і емоції, які сприймаються людиною позитивно чи негативно, і сам Творець створює на них же певну реакцію серця й розуму, аби навчити людину, познайомити її з самою собою, подібно до того, як мати вчить дитину, – показуючи, даючи спробувати і відразу ж пояснюючи, – так і Творець показує та пояснює людині її істинне ставлення до духовного та її нездатність самостійно діяти.

Найважче у просуванні полягає в тому, що в людині постійно зіштовхуються два погляди, дві сили, два бажання. Навіть в усвідомленні мети творіння: з одного боку, людина повинна досягти злиття за своїми властивостями з Творцем, щоб, з другого боку, її єдиним бажанням було бажання відмовитися від усього заради Творця.

Але ж Творець – абсолютно альтруїстичний і не потребує нічого, бажаючи лише, щоб ми відчули абсолютну насолоду, – це Його мета в творінні. І це дві абсолютно протилежні цілі: людина повинна все віддати Творцю і, з іншого боку, сама зазнавати насолоди.

Вся справа в тому, що одна з них не ціль, а лише засіб для досягнення цілі: спочатку людина повинна досягти такого стану, коли всі її думки, бажання і дії будуть тільки поза рамками її егоїзму, абсолютно альтруїстичними, «заради Творця». А оскільки, крім людини й Творця, немає у світобудові нічого, то все, що виходить за рамки нашого тіла, – це Творець.

А після того як людина досягає виправлення створіння – збіжності своїх властивостей з властивостями Творця, вона починає осягати мету творіння – отримання від Творця безкінечної, не обмеженої рамками егоїзму насолоди.

До виправлення у людини є лише бажання самонасолоди. В мірі виправлення вона воліє все віддати і тому також неспроможна отримувати насолоду від Творця. І тільки по завершенні виправлення вона здатна почати отримувати безмежну насолоду не заради свого егоїзму, а заради мети творіння.

Така насолода є безкорисною й не породжує почуття сорому, оскільки отримуючи, осягаючи і відчуваючи Творця, вона радіє задоволенню Творця своїми вчинками. І тому чим більше отримує, чим більше тішиться, – тим більше вона радіє насолоді, якої від цього зазнає Творець.

За аналогією зі світлом й пітьмою в нашому світі, в духовних відчуттях світло та пітьма (або день і ніч) – це відчуття існування або відсутності Творця, управління Творця або його відсутності, – тобто «присутність» або «відсутність» Творця в нас.

Іншими словами, якщо людина про щось просить Творця і негайно отримує те, що попросила, – це називається світлом, або днем. А якщо перебуває в сумнівах щодо існування Творця та Його управління – це називається пітьмою, або ніччю.

Але справжнє прагнення людини повинне бути не до відчуття Творця та пізнання Його дій, позаяк це також чисто егоїстичні бажання, бо не зможе людина втриматися від насолоди цими відчуттями і впаде в егоїстичні насолоди. Справжнім прагненням мусить бути прагнення отримати від Творця сили йти проти бажань свого тіла й розуму; тобто отримати силу віри більшу, ніж її розум та тілесні бажання настільки дієву, наче людина бачить й відчуває Творця і Його абсолютно добре правління, Його владу над усім створінням, але воліє не бачити явно Творця та Його влади над усім створінням, бо це – проти віри, а бажає тільки за допомогою сили віри йти всупереч бажанням тіла і розуму. І все її бажання – в тому, щоб Творець дав їй сили, наче вона бачить Його і все управління світами.

Володіння такою можливістю людина називає світлом, або днем, оскільки не боїться почати втішатися, бо спроможна вільно чинити, незалежно від бажань тіла, не будучи вже рабом свого тіла і розуму.

Коли людина вже осягла нову природу, тобто вже здатна виконувати вчинки незалежно від бажань тіла, Творець дає їй насолоду Своїм світлом.

Якщо спустилася пітьма на людину і відчуває, що немає у неї ніякого смаку в роботі над духовними осягненнями, і не в її силах відчути особливе ставлення до Творця, і немає ні страху, ні любові до високих речей, – залишається одне-єдине: риданнями душі благати Творця, аби змилувався над нею і прибрав цю чорну хмару, що затьмарює всі її почуття й думки та ховає Творця від її очей і серця.

І це тому, що плач душі – це найсильніша молитва. І там, де нічого не може допомогти, – тобто після того як людина переконується, що ні її зусилля, ані її знання й досвід, ніякі її фізичні дії та заходи не допоможуть їй увійти у вищий світ, коли всім своїм єством вона відчуває, що використала всі свої можливості й сили, – тільки тоді вона досягає усвідомлення, що лише Творець може їй допомогти, тільки тоді приходить до неї стан внутрішнього ридання й моління до Творця про спасіння.

А до цього ніякі зовнішні потуги не допоможуть людині правдиво, з самої глибини серця заволати до Творця. І коли всі шляхи перед нею, – як вона відчуває, – вже закриті, тоді розчиняється «ворота сліз», – і людина входить у вищий світ, чертоги Творця.

Тому коли людина випробувала всі свої можливості самій досягти духовного сходження, спускається на неї суцільна пітьма, і вихід один – лише якщо Сам Творець допоможе їй.

Але допоки, ламаючи своє егоїстичне «я», не відчула, що є сила, яка управляє нею, не перехворіла цією істиною та не досягла цього стану, – її тіло не дозволить їй заволати до Творця. І тому необхідно вчиняти все, що тільки в силах людини, а не чекати дива згори.

І це не тому, що Творець не бажає змилостивитися над людиною та чекає, поки вона себе «зламає», а тому, що лише перебравши всі свої можливості, людина накопичує досвід, відчуття й усвідомлення власної природи. Й ці почуття є необхідними для неї, бо саме в них вона й одержує, саме ними вона й відчуває потім світло розкриття Творця та Вищий розум.

ВІДЕОПОРТАЛ ZOAR.TV
http://www.zoar.tv/
В розпорядженні відеопорталу Зоар.ТВ унікальний контент: фільми, телевізійні і радіопередачі, статті.

КУРСИ НАВЧАННЯ
Мільйони учнів у всьому світі вивчають науку кабала. Виберіть зручний для вас спосіб навчання на сайті:
http://www.kabacademy.com/ або http://www.kabbalah.info/ua/
Медіа-архів: http://www.kabbalahmedia.info/ua
«Кабала українською»: facebook.com/kabbalaua
«Каббала в Киеве» [на російській мові]: facebook.com/kievkabbala

Запис до груп вивчення кабали:
Україна: +380 (44) 337-38-51, kampuskiev@gmail.com, study.kabbalah.info@gmail.com
Канада: +1-866 LAITMAN

КНИЖКОВИЙ МАГАЗИН

УКРАЇНА:
http://kabbooks.in.ua
+380 (68) 854-52-97, +380 (66) 026-76-87

КАНАДА, АМЕРИКА, АВСТРАЛІЯ, АЗІЯ
info@kabbalah.info
+1-866 LAITMAN
http://www.kabbalahbooks.info

ЄВРОПА, АФРИКА, БЛИЗЬКИЙ СХІД
http://www.kab.co.il/books

РОСІЯ, КРАЇНИ СНД І БАЛТІЇ
http://kbooks.ru

Міхаель Лайтман

ОСЯГНЕННЯ ВИЩІХ СВІТІВ

Переклад українською мовою: М. Полудьонний.
Редагування: М. Полудьонний.
Верстка: С. Добродуб.

ISBN 978-1-77228-020-3

Переклад українською мовою здійснений Міжнародною академією кабали за виданням: «Лайтман Михаэль, Постижение высших миров – М.: НФ «Институт перспективных исследований», 2009»